2013年教育部人文社会科学研究青年基金项目"生态文明视域下农村体育生态化研究"（13YJC890031）

2016年山西省科技厅软科学研究项目"山西省'城乡发展一体化'进程中农村体育公共服务体系构建研究"（2016041040-5）

山西大同大学优秀著作资助出版项目

Study on the Ecological Environment of Rural Sports
Under the View of Ecological Civilization

生态文明视域下农村体育生态化研究

孙　刚◎著

科学出版社

北京

内 容 简 介

走向生态文明新时代，建设美丽中国，是实现中华民族伟大复兴的中国梦的重要内容，也是新时代建设中国特色社会主义的时代要求。在《"健康中国 2030"规划纲要》指导下，在广泛开展全民健身活动，加快推进体育强国建设的进程中，探讨如何发展与生态文明发展相匹配的农村体育是一项摆在各级政府和体育工作者面前重要而紧迫的任务。

本书运用社会学、生态学、体育学等诸多学科理论，在生态文明视域下研究农村体育生态化发展，涉及生态文明与农村体育理论研究体系、历史沿革、发展特点、参与主体、体系构建、发展对策、个案研究等，旨在探索和提出农村体育发展的新思路，发挥其在促进农民身心健康、全面建成小康社会、实现中华民族伟大复兴的中国梦等方面的突出作用。

本书可供从事群众体育、农村体育、农民体育研究的工作人员以及高等院校体育专业的师生阅读、参考。

图书在版编目（CIP）数据

生态文明视域下农村体育生态化研究 / 孙刚著 . —北京：科学出版社，2018.7

ISBN 978-7-03-055495-6

Ⅰ.①生⋯ Ⅱ.①孙⋯ Ⅲ.①农村-体育文化-研究-中国 Ⅳ.①G812.42

中国版本图书馆CIP数据核字（2017）第281263号

责任编辑：王英峰 王丽娟 / 责任校对：何艳萍
责任印制：张欣秀 / 封面设计：铭轩堂

编辑部电话：010-64033934

E-mail: edu_psy@mail.sciencep.com

斜 学 出 版 社 出版

北京东黄城根北街16号
邮政编码：100717
http://www.sciencep.com

北京虎彩文化传播有限公司 印刷
科学出版社发行 各地新华书店经销

*

2018年7月第 一 版 开本：720×1000 B5
2018年7月第一次印刷 印张：15 3/4
字数：315 000

定价：89.00元
（如有印装质量问题，我社负责调换）

前　言

全民健身事业作为社会发展的一个组成部分，是人类文明的标志之一。党和政府历来重视群众体育的发展，十六大把全民健身体系纳入到全面建设小康社会的奋斗目标。群众体育成为建设和谐社会的内容之一，其发展关系到 2020 年能否真正实现全面建成小康社会的目标。现阶段，我国有一半以上的居民生活在农村，农村体育事业的发展关系到人民的健康和中华民族的强盛。如果农村体育不能实现小康社会的发展目标，将直接影响到我国小康社会的建设，《全民健身计划（2016—2020 年）》这项宏伟工程也很难实现，没有农村体育的发展也就谈不上全民健身运动。因此，小康社会的群众体育不仅取决于都市体育的发展，更取决于农村体育的发展。

习近平同志在十九大报告中指出，加快生态文明体制改革，建设美丽中国。现阶段建设的现代化是人与自然和谐共生的现代化，既要创造更多物质财富和精神财富以满足人民日益增长的美好生活需要，也要提供更多优质生态产品以满足人民日益增长的优美生态环境需要。报告首次提出建设"富强民主文明和谐美丽"的社会主义现代化强国的目标，这意味着生态文明建设已经上升为新时代中国特色社会主义的重要组成部分，是当前中国经济与社会实现协调可持续发展的必然选择，也是当代中国农村体育在发展中应予重视的发展背景。因此，用生态视野来审视农村体育的发展不仅仅是体育发展本身的需要，也是落实和践行科学发展观、建设社会主义新农村、全面构建和谐社会的必然要求。①

当今世界文明发展的大背景是以现代性为核心推动力的工业文明即将走过

---

① 习近平. 决胜全面建成小康社会 夺取新时代中国特色社会主义伟大胜利——在中国共产党第十九次全国代表大会上的报告 [J]. 中国人力资源社会保障，2017(11):4-28.

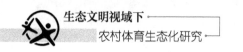

历史的辉煌，以和谐为核心理念的生态文明正悄然走来。所以，探讨如何发展与生态文明发展相匹配的农村体育是一项摆在各级政府和体育工作者面前的重要而紧迫的任务。本书运用社会学、生态学、体育学等诸多学科理论，在生态文明视域下研究农村体育生态化发展，旨在提出农村体育发展的新思路，发挥其在促进农民身心健康、全面建成小康社会、建立和谐社会、建设美丽中国方面的突出作用。

随着农村现代化建设和脱贫攻坚的不断深入，作为我国体育领域的一个重点、热点和难点课题的农村体育和农民体育问题，近年来一直备受体育研究者的关注。笔者近年来一直致力于农村体育和农民体育工作研究，本书从多学科、多研究方法、多视角对我国农村体育事业的发展进行了研究，丰富了我国农村体育事业发展的理论研究和研究方法，也丰富了农村体育和农民体育的研究成果，并为我国新农村的建设提供了理论依据。

由于笔者的学力和精力所限，书中存在观点还不成熟或有待商榷的情况，疏漏之处在所难免，恳请广大同仁予以包容，并给予批评指正。本书经过反复修改终于定稿，但是，笔者对农村体育发展的研究不会停止，愿与同仁共同努力，为农村体育的进步贡献力量、奉献才智。

本书的出版得到了相关部门领导、研究同仁和朋友无私的关怀和帮助，此外，本书还引用了诸多专家学者的观点和成果，在此一并表示诚挚的谢意！

著　者

2017 年 12 月

目　录

第一章
绪　论

一、引言

党的十八大报告把生态文明建设放在突出地位，将其融入经济建设、政治建设、文化建设、社会建设的各方面和全过程，从而建设美丽中国，实现中华民族永续发展。将生态上升为一种文明，是当前中国经济与社会实现协调可持续发展目标的必然选择，也是当代中国农村体育在发展中应重视的发展背景。用生态视野来审视农村体育的发展，不仅是体育发展本身的需要，也是落实和践行科学发展观、建设社会主义新农村、全面构建和谐社会的必然要求。

本书在生态文明建设背景下，探寻生态文明与农村体育发展的内在联系，探索农村体育生态化发展，发挥农村体育促进农民身心健康的作用，以促进农村城镇化建设主体——农民的全面发展。农村体育是在农村地理范围内，以农村人口为参与主体所开展的各项体育活动，是中国体育事业的重要组成部分。它不仅涉及农村居民的身体健康问题，还涉及农村文化繁荣问题。自改革开放以来，农村经济得到快速发展，农民经济收入增加、体力支出减少、闲暇时间增加等，使得农村居民日益增长的体育健身文化需求与农村社会所提供的各种公共体育服务不足之间的矛盾凸显，农村体育边缘化与农村居民体质不容乐观并存，农村公共体育场地设施不足与闲置并存等，同时，加快农村城镇化步伐也需要高素质劳动者为其提供支撑，这对农民的文化素质、精神素养、身体条件等提出了一系列新的要求。

本书拟通过在生态文明视域下对我国农村体育发展进行研究，提出农村体育发展的新思路，旨在为加速城镇化步伐、实现农村生态化发展、全面建成小康社会提供理论依据。

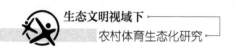
二、研究的意义

第一，本书立足于在生态文明视域下解决目前农村体育发展中的各种问题，抓住机遇，促进农村体育生态化发展，使农村体育走出困境，重塑农村体育发展理念。从增强社会发展软实力、顺应人类文明生态化发展总趋势的层面来重新定位农民体育生态化发展，从战略目标与方向、具体改革思路等方面提出有价值的对策，对于发展中国体育、实现文化强国具有一定的应用价值。

第二，本书对农村城镇化建设主体——人的生态化建设有重要价值。农村体育作为构建农村和谐社会的一部分是不能被忽视的。农村体育生态化的建设既要实现与经济、文化、政治的协调发展，也要实现与城市体育的协调发展，更应该实现农村体育中不同群体的生态发展。农村居民作为农村社会发展的主体，其生态化发展是社会和谐发展的根本前提，所以在加速农村城镇化步伐的过程中，我们要关爱农民、尊重农民，促进农民的生态化意识培养，发挥其在农村社会发展中的主力军力量。这对于全面建成小康社会有现实意义。

三、国内外研究综述

（一）国外相关研究综述

1. 关于工业文明对生态环境的反思

工业文明为资本主义创造了前所未有的财富，但也带来了一系列的生态问题，人类中心主义支撑的发展观逐渐呈现出其弊端，不得不让世人重新思考人与生态之间的关系。20世纪40年代，奥尔多·利奥波德在其著作《沙乡年鉴》中首次提出土地伦理的观点，指出"土地伦理是要把人类在共同体中以征服者的面目出现的角色，变成这个共同体中的平等的一员和公民"，主张人与自然和谐相处、共同发展，超越了工业文明时代人类中心主义的思想。霍姆尔斯·罗尔斯顿在利奥波德的基础上，在《哲学走向荒野》中提出生态系统整体价值论，创立了环境伦理学。1962年，美国生物学家蕾切尔·卡逊出版了《寂静的春天》，这本书是公认的宣传维护生态平衡、推动环境保护的划时代的经典之作。书中指出，工业文明带来的农药等破坏了生态环境，最终将危害到人类。1972年，丹尼斯·米都斯等发表了人类困境的第一份研究报告——《增长的极限》，对传统的工业发展模式进行了批判，掀起了全世界环境保护的热潮。卡洛琳·麦茜特在《自然之死》一书中探讨了"科学革命"给自然开发、贸易扩张带来的"遗患"，以及工业社会面临的种种困境，并对有机的世界和机械秩序进行了深刻的论述。

2. 关于如何进行生态保护

生态保护是以可持续发展为主要目标，为拯救生态问题而提出的措施。1972年，联合国人类环境会议提出"只有一个地球"的口号，同时制定了自然保护大纲，体现了可持续发展理念，这是世界上就生态保护问题召开的第一次全球性会议。1987年，联合国环境与发展委员会发表了《我们共同的未来》，该报告深刻检讨了"唯经济发展"理念的弊端，全面论述了20世纪人类面临的和平、发展、环境三大主题之间的内在联系，并提出将它们作为可持续发展的内在目标来追求，这是人类建构生态文明的第一个国际文献。俄罗斯学者伊诺泽姆采夫在《后工业社会与可持续发展问题研究》一书中指出，后工业社会不是工业社会"量"的扩张，而是人类文明的质的"跃进"。他在比较美国和欧盟的发展模式后，提出了可持续发展理念。美国著名生态文明研究专家小约翰·柯布在《文明与生态文明》一文中指出，新技术虽然能解"燃眉之急"，但是人类还需要改变或改善看待世界的方式和最深层的敏感性。同时，他指出解决生态问题的长期方案关键在于教育子孙后代的方式。大卫·格里芬在《全球民主和生态文明》一文中呼吁用一种全球民主、一种真正不为金钱摆布的民主去解决全球性的生态危机、发展生态文明。美国生态学家科尔曼在《生态政治：建设一个绿色社会》中强调实现社会正义是建设生态文明的基础保障。

3. 关于农村体育研究

世界各个国家由于政治、经济、文化和传统习惯不同，对农村体育的组织领导、活动方式也不一样。笔者查阅文献发现，国外学者对农村体育的研究比较少见，西方国家尤其是欧美发达国家基本没有类似于我国城乡二元结构的重大差异问题，社会经济发展较为均衡。农村与城市的体育活动区别较小，也可以说农村体育活动是城市体育活动的直接延伸，城市和农村的体育健身娱乐体系较为完善，居民健身意识普遍较强，大众体育的学术研究成果也较为丰富，但由于体制背景的差异，其观点和方法对我国的农村体育研究的应用与参考价值有限，因此本书几乎没有涉及国外相关研究的现状和文献。

（二）国内相关研究综述

1. 关于生态文明的内涵研究

1987年，我国生态学家叶谦吉教授在学术界首次使用"生态文明"一词。他认为，"所谓生态文明，就是人类既获利于自然，又还利于自然，在改造自然的同时又保护自然，人与自然之间保持着和谐统一的关系"①。1990年，李绍东教授在文章《论生态意识和生态文明》中指出，生态文明的内容包括纯真的生态道德观、崇高的生态理想、科学的生态文化和良好的生态行为。张忠伦教授等在《人类文明的起落及中国生态文明建设探要》一书中指出，生态文明是物质文明、精神文明、政治文明、环境文明的总和，是人与自然互惠共生、社会经济发展、政治稳定、文化繁荣、环境优美、人民生活高质量的文明。刘爱军

---

① 转引自刘思华. 2002. 生态文明与可持续发展问题的再探讨. 东南学术，（6）：60-66.

教授在《生态文明研究》一书中认为，生态文明是指人类在充分认识自然、尊重自然的基础上，在利用自然造福人类社会、实现人与自然和谐统一的进程中，所取得的全部文明成果的总和，是人与自然交流融通的状态。北京林业大学严耕和杨志华在《生态文明的理论与系统建构》一书中认为，生态文明的基本内涵包括三个基本方面：生态物质文明、生态制度文明和生态精神文明。石家庄铁道大学王宏斌博士在《生态文明与社会主义》一书中认为，生态文明是超越工业文明并以解决人类和自然之间危机为使命，关乎人类未来和发展命运的崭新的人类与自然之间的关系模式，是对人类与自然之间关系的理论反思与实践调整，力图实现二者之间的和谐共生。中国社会科学院余谋昌教授在《生态文明论》中认为，生态文明是人类文化建设的新途径，包括三个层次：生态社会主义精神文明、生态社会主义物质文明和生态社会主义政治文明。

2. 关于生态文明建设的理论与实践研究

国内学者在这方面主要提出以下途径：树立生态文明观、发展生态科技、保护环境资源、完善法律法规等。刘思华教授在《中国特色社会主义生态文明发展道路初探》一文中指出，"建设社会主义生态文明的主旨，是遵循自然、人、社会有机整体和谐协调发展规律，推进人与自然、人与人、人与社会、人自身和谐共生共荣，实现生态经济社会的科学发展、和谐发展、绿色发展。这是发展中国特色社会主义的崭新实践"[1]。俞可平教授在《科学发展观与生态文明》一文中强调，"我们建设的生态文明是中国特色的生态文明。一方面，它要求我们必须立足于中国特殊的自然与社会条件，建设具有中国特色的生态文明……另一方面，要把建设社会主义生态文明的目标，与社会主义现代化建设的其他远景发展目标有机地结合起来，使得生态文明的建设与小康社会、和谐社会、节约型社会的建设，及联合国千年发展目标的实现，有机地整合起来，互相协调，整体推进"[2]。黄国勤教授在《生态文明建设的实践与探索》一书中提出11条生态文明建设的路径，即树立生态文明理念、转变经济发展方式、大力发展循环经济、积极发展生态产业等。同济大学诸大建教授在《绿色的创新》一书中指出资源环境开始居于制约地位，"经济发展与环境保护相协调"应转变为"当环境与发展产生矛盾时经济发展必须服从环境保护"，建设生态文明首先要树立环境保护思想。张慕葏、贺庆棠、严耕在《中国生态文明建设的理论与实践》一书中认为，生态文明体制建设需要建立"四位一体"运行新机制，需要公众参与，需要进行法律变革。廖福霖教授在《生态文明建设理论与实践（第二版）》一书中认为，生态文明建设的主要目标是实现自然生态系统和社会生态系统的最优化和良性运行，促进生态、经济、社会的可持续发展。陈学明教授在《在中国特色社会主义的旗帜下建设生态文明的战略选择》一文中指出，建设中国特色

社会主义文明，可以推行生态导向的现代化战略，将工业文明与生态文明建设相结合，实现绿色工业化和绿色城市化。

3．关于生态支持的研究

"生态支持"这一概念是由任平教授提出来的。任平教授在《中国特色生态文明理论的构建：问题、观念与模式》一文中，阐述了生态支持的内涵，指出"保护环境"的思路是消极的。生态支持实现了人的自觉实践发展和生态改善的高度一致，它以积极的态度对待和改善生态，生态支持对人类具有回报服务功能。他同时指出，做好生态建设要合理利用资本创新为生态服务，淘汰落后产能，提升优化产业结构，将生态建设融入经济建设、政治建设、文化建设和社会建设的各个方面。

张天勇教授在《生态支持战略：中国特色生态文明的进路》一文中强调，生态支持是促进生态进步和人类进步的辩证统一，它符合生态优化与社会发展相互依存的关系，也符合当今中国的国情和发展战略，有利于对立的生态与文明实现统一。他指出实现生态优化与人类发展有机统一的关键在于人类实践与生态优化同步同构。

夏东民等在《论生态保护与生态支持的有机统一性》一文中指出，生态文明已不仅仅局限于生态保护，也强调生态支持。生态保护和生态支持相互依赖、相互作用，二者形成有机体，生态保护起到基础性作用，而生态支持是生态文明建设的优化和发展，两者相互统一的目标是实现人与自然的和谐，共同推进我国生态文明建设朝着健康、有序、可持续的方向发展。同时，他们指出，要实现生态保护和生态支持有机统一，需要有观念、政策、制度、技术等相关要素作支撑。

4．关于生态体育的研究

随着我国社会经济的发展，以及生产力和生产效率的进一步提高，人们的空闲时间越来越多，参加体育活动的人数成倍增加，由此带来了十分可观的社会效益与经济效益。体育的发展也势必会迎来属于自己的新时代。生态体育是生态文明的重要组成部分，随着我国经济社会的发展及生态文明的观念逐渐深入人心，人们对体育的要求也更加强烈，逐渐使体育朝着符合生态文明观的方向发展，生态体育随之进入人们的生活领域。近年来，人们的健康理念不断深化，人们充分认识到了健康对个人及社会的重要作用，为了保证社会的可持续发展，人们不得不重视各种活动对人类赖以生存的家园的危害。体育作为一种特殊的活动方式也开始关注自身的健康发展，努力实现体育事业的可持续化进程。积极开展生态体育是实现当今社会体育可持续发展的一个重大举措，生态体育不仅能够遵循体育自身的发展规律，还能保证体育与环境的和谐发展，加快体育的现代化进程。

国内学界对于体育生态化问题的关注始于 20 世纪 80 年代末，陈淑奇教授的《国内体育生态化问题研究综述》中有述。张争鸣在 1989 年发表的《体育与生态学——认识体育特征、功能与作用的理性思考》可以看作是国内学者对于体育生态问题研究的理论启蒙与重要成果[①]。此后，一些学者从各自视角对体育生态化问题进行了研究，并形成了一批成果，我们大致可以从理论与实践两个方面对其进行概述。

（1）关于体育生态化理论问题研究

这方面的研究主要包括对体育生态相关概念的界定，诸如概念、特征、功能、内容、方法、哲学前提等。

1）生态体育概念的研究

由于人们生态体育观念的日益加深，在参与生态体育活动中，人们体验到生态体育带给人类的种种益处，处在体育事业一线工作中的体育科研人员逐渐将研究热点向生态体育的方向转移。目前，学者对生态体育概念的研究较多，形成了各自不同的观点，但并没有达成共识，没有提出一个被大家共同认可的概念。例如，郑晓祥在《生态体育的内涵与特点》中认为，生态体育是指人类—体育—环境的相互协调、共生共融、共同发展所构建的关系或联系的活动，即在自然生态环境和社会生态环境中开展的体育运动；龚建林在《生态文明视域中的生态体育》中认为，生态体育是在生态文明观的指引下，沿着自然环境与社会、人文环境两个维度对现代体育进行全面反思和多方面努力而形成的体育理念；胡晓明在《生态体育》中认为，生态体育就是以自然的活动方式，在自然环境下，按照生物发育的规律来开展的一些身体活动；等等。综合比较诸多学者提出的生态体育概念，郑晓祥提出的概念偏重环境的生态化，而胡晓明的概念偏重体育自身的生态化，笔者对其进行概括归纳，认为生态体育就是为了实现人类、体育、环境协调和谐发展，利用各种自然资源和人文环境资源，以现代社会所倡导的生态文明理念为指导，遵循体育强身健体、娱乐休闲的本质属性及人体自身发展规律而开展起来的无污染、科学、公正的体育运动。

2）关于体育生态化称谓问题

针对体育生态化称谓问题，学者从各自的视角出发，进行了多角度的思考与探索，形成了"体育生态学""体育生态化""生态体育""体育生态系统""体育生态文明"等多个学术概念。许传宝的《体育生态学——绿色体育的理论基础》、胡晓明的《生态体育》、翟寅飞等的《构建"生态体育"体系之必要性与可行性思考》等成果着力阐述生态体育的相关问题。

龚建林将上述学者对生态体育的理解划分为两类：一类是浅层生态体育，即将生态界定为自然生态，强调在自然环境中进行体育活动；另一类是深层生态体育，即对生态的认识突破自然生态，加入了社会人文生态的内容，既注重

自然环境，也强调社会人文环境[①]。

陈光华等的《对构建体育生态学几个问题的探讨》、刘学军等的《论体育的人类生态学基础》等可以被视为体育生态学研究的代表作。尽管学者都认为体育生态学是将生态学的观点和方法运用于体育研究之中，然而学者对体育生态学的研究目的等核心问题则持有不同的观点，这也成为体育生态学构建之中急需解决的关键性问题。在此基础上，学者试图构建体育生态系统的概念，许传宝的《体育生态学——绿色体育的理论基础》、邓跃宁的《体育生态学的创建》等初步探讨了体育生态系统的内涵、特征、逻辑结构等相关问题，成为研究体育生态系统及其相关问题的代表之作。还有一部分学者认为，体育生态化与生态体育是一组相对应的概念。生态体育是"绿色的、和谐的、生态的，对自然和人类有益，符合生态规律"的体育，强调的是体育发展的结果，而体育生态化是指"体育过程中，要走生态化的道路，避免体育人群、社会、自然等之间出现不协调、不和谐的现象导致体育生态的失衡"[②]，强调的是一种过程。动态和静态是二者的主要区别[③]。

3）关于体育生态化研究范畴问题

对中国体育发展的规划一直是学界关注的热点之一。近年来，国家倡导可持续发展、科学发展理念，学者更是对中国体育发展各抒己见，产生了体育可持续发展、体育科学发展、体育生态化等观点。史燕等的《论21世纪我国社会体育的可持续发展》、谭华的《关于实现体育可持续发展的若干理论问题》、潘迎旭等的《我国体育可持续发展的理论探索》等是探讨体育可持续发展的代表之作。

学者从体育可持续发展的内涵、特征、基本原则、提出背景、制约因素、有效对策等层面出发，对体育可持续发展的相关问题进行系统梳理，进而认为，在国内国际社会大力倡导可持续发展的宏观背景下，"体育运动定能从这个新的经济、社会发展观中获得新的动力，取得更大的成绩"[④]。栾开封等的《科学发展观与新时期我国体育的发展》、苗治文等的《当代中国体育的科学发展观》、陈婷婷的《论体育科学发展的内涵和特征》等学术成果着力探讨体育科学发展问题，基本上形成了"科学发展观是对发展的一种全新认识，中国的体育尤其需要科学发展观的建立与指导。以人为本是体育发展观的本质与核心；协调发展是体育发展观的目的；非均衡发展是体育发展观的手段和过程"[⑤]的共识。通过梳理和分析可知，上述观点在产生背景、主导理念、发展路径等方面存在着相同之处，它们也成为体育生态化发展研究的理论前提和可借鉴的理念。

---

① 龚建林. 2008. 生态文明视域中的生态体育. 体育学刊，15（7）：20-23.
② 岳君，谢冬娣. 2008. 以可持续发展观审视高校体育生态化. 安徽体育科技，29（4）：77-78.
③ 刘学军. 2012. 21年来我国体育生态研究述评. 浙江教育学院学报，（5）：105-112.
④ 谢琼桓. 1999. 从可持续发展的角度看体育的现状和未来. 体育文史，（1）：10-11.
⑤ 苗治文，秦椿林，李勇勤. 2006. 当代中国体育的科学发展观. 体育文化导刊，（9）：5-7.

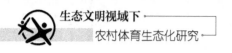
4）关于体育生态化理论渊源问题

研究这方面的学者大多从我国古代和国外的理论和实践中寻求体育生态化理论的支撑点。学界普遍认为我国古代文化蕴含着丰富的体育生态化理念和思想，传统文化中的"天人合一"、传统体育中的"养生"等理念都蕴含着通过人的身体活动达到人与自然和谐的理念。

因此，在我国，从太极拳的创立和普及到名医华佗创编的"五禽戏"等，都是朴素的体育生态观的具体表现。此外，大多数学者认为，国外生态理念从某种程度上来说，更接近于我们现代所言的"体育"的概念，"古代希腊体育，包括古代奥运会、古代雅典体育、斯巴达体育以及相应的崇尚自然、追求身心和谐发展的体育及教育思想等，都可以说是体育生态学的发轫"[①]，而维托里诺、夸美纽斯等对体育的相关论述也为体育生态意识打上了理性的烙印。

5）关于体育生态化发展的哲学方法论问题

谢雪峰在《体育生态研究的哲学前提》中指出，体育的两重性、体育生态的两重性、体育生态与其他生态的共性、体育生态的特性等方面，是体育研究主要的、具有引导作用的哲学前提。邓跃宁等在《论体育生态文明》中认为，体育生态文明观的建立必须树立生态哲学的世界观，以生态伦理学为方法、生态道德为途径，加大体育生态文明教育的力度，促进体育自然生态建设和体育绿色技术建设，需通过政府行为和社会的全面参与而实现，等等。

此方面的研究主要表现为学者对问题思考的角度不一，以对体育生态的概念探讨为例，仅以"体育生态"为关键词，理论界就思考了体育生态学、体育生态化、生态体育、体育生态系统等相关问题。学者对体育生态问题的研究没有一个统一的视角，研究成果的系统性也略显不足，不过，生态本身就是一个含义颇广的概念，多层次的思考从一个层面印证了生态含义的特性，也为准确把握体育生态的内涵及其视域范畴提供了基础。

（2）体育生态化实践研究

学者普遍认为，中华人民共和国成立以来，中国的体育取得了很大的进步，无论是竞技体育成绩的取得、学校体育体系的构建，还是大众体育相关方面的建设，都取得了一定的成绩。众多学者本着辩证地看待问题、促进体育更好更快发展的目的，也对目前当代体育的一些不足提出了各自的看法，其中，中国体育非生态化的发展现状也成为中国体育生态化实践论研究的重要方面。本着发现问题、解决问题的思路，学者也从世情、国情的大背景出发，为中国体育的生态化发展提出了可操作性的构建途径。

1）关于当代体育的非生态化现状

这一问题是学者研究和思考的主要关注点。学者从现象入手，力图挖掘出现象背后的深层次原因。蒙雪等的《低碳时代体育生态研究》、邓跃宁等的《论

---

① 朱欣华. 2010. 论现代体育生态的历史渊源与现状. 江汉大学学报（自然科学版），38（3）：106-109.

体育生态文明》等都是此方面的代表之作。周传志在其博士学位论文《当代中国体育的科学发展观研究》中对此进行了较为全面的阐释，他认为目前中国体育的非生态化现状主要表现为八个方面，即人的主体地位的丧失，反科学、伪科学行为阻碍体育健康发展，金钱对体育的渗透日趋严重，发展不平衡，体育工作普遍存在的浮躁作风，体育资源的不足与浪费并存，法制化程度和社会化程度低，体育产业化过程中存在误区。他将观念的偏失、体质的陈旧、体育外部因素的影响归结为上述现象形成的深层次原因。

2）关于当代体育生态化发展路径

在分析了中国体育的不和谐因素之后，学者也大多以积极乐观的态度对未来体育的发展提出了路径策略设想。邓跃宁等的《论体育生态文明》、周传志的《当代中国体育的科学发展观研究》等认为，应该多方位地进行体育生态建设。尽管学者见仁见智地在其著作和论文中各抒己见，他们规划出的发展道路也有差别，然而在他们的观点中，建立体育的生态文明观、加大体育生态文明宣传教育力度、体育管理的民主化和法治化、价值评判标准的理性化和客观化、政府部门在体育发展中发挥重要作用、调整体育结构、加强体育自然生态建设和体育绿色技术建设等措施，得到了大多数专家学者的认可。

3）关于体育生态化发展实践具体领域中的问题

第一，学校体育生态化发展问题。

学校体育生态化发展是学者关注度较高的一个领域。从总体上而言，学者普遍认同学校体育的生态化发展是我国加快生态化发展进程、实现生态文明目标的重要组成部分，他们分别从学校体育生态化发展的内涵、功用、课程范式、现状及对策等不同的角度对该问题进行思考。这一领域的研究重点主要集中于对学校体育生态化问题的学理思考，以及对学校体育生态化问题的现状、发展对策的探讨等。

在学校体育生态化学理内涵与现状考察方面，较有代表性的文章是周君华、韩晓东、丁永玺所撰写的《学校体育的生态环境探析》。该文章从学校体育生态环境的内涵和外延入手，对学校体育的生态环境进行学理层面的思考。文中认为："学校体育的生态环境是以学校体育为中心，对学校体育的发生、存在和发展产生制约和调控作用的 N 维空间和多元的环境系统。"[1] 它由学校体育的自然环境、学校体育的社会环境和学校体育的规范环境三个部分组成，其中学校体育的自然环境包括学校建筑、运动场馆、器材设备、地理因素等方面，学校体育的社会环境主要包括政治形态、经济形态、生产实践和科学技术等方面，学校体育的规范环境则包括文化、艺术、哲学思想、道德观念等方面，进而形成了多层次、宽领域的学校体育生态环境系统。龚建林的《对我国学校体育生态环境的思考》等文章也持有类似的观点。

---

[1]　周君华，韩晓东，丁永玺. 2004. 学校体育的生态环境探析. 北京体育大学学报，27（8）：1094-1096.

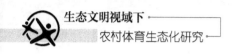
在学校体育生态化发展对策方面,《论学校体育生态的构建》《我国学校体育生态系统发展的问题及对策研究》《社会转型期学校体育的生态性研究》《学校体育的生态化与发展对策》等都以学校体育生态化发展的现状和对策为关注的重点。

在认同学校体育生态化较之以前有了长足的发展和有效的改善,并肯定整体发展的和谐向上趋势等积极现状的同时,学者也明确指出了现实中存在的问题。这些问题归结起来主要包括学校体育生态环境不尽如人意、体育课堂教学生态恶化、体育无"人"现象对生态主体生命的漠视、生态化体育课程设置不合理、学校体育内部生态关联受阻、学校体育生态性横向断裂等。这些问题的产生主要是由于生态意识不强、没有建立起完善的学校体育生态化系统等。针对以上问题,学界认为主要可以采取五个方面的对策:①强化生态理念,坚持"整体规划、重点发展、科学评估、强化管理"的原则;②制定生态体育的行为规范,构建系统性的学校体育生态环境;③落实生态理念,加强建设生态体育课程;④实施体育—文化—生态校园计划,强化生态体育的体育道德建设;⑤促进学校体育与家庭体育、社区体育一体化,恢复生态关联。

此外,部分学者也以学校生态体育教学为研究课题,例如,雷慧等所著的《学校体育生态化指标体系的构建》根据生态学、社会学原理,采用德尔菲法,构建了包括 4 个一级指标、12 个二级指标和 68 个三级指标的学校体育生态化指标体系,从评价思路和标准的角度推动了学校体育生态化进程。岳君等所著的《构建学校体育生态化课程范式探析》,从课程整体设计的角度提出了包括课程目标生态化、课程内容生态化、课程实施生态化、课程评价生态化的课程范式,初步构建了学校体育生态化课程系统。

第二,农村生态体育发展问题。

部分学者也关注到了农村体育生态化发展问题。与前两个领域研究成果相比,学者对农村体育生态化发展的关注较为薄弱,这主要是因为农村的体育发展相对滞后,体育生态化发展是在体育发展到一定阶段之后才会关注的问题,因此,农村体育的生态化发展并没有进入更多学者的视野。

尽管这一问题的解决并未迫在眉睫,部分学者仍然在建设社会主义新农村和生态文明的背景下,对农村体育生态化问题进行了尝试性的思考,并取得了一定的成果。《对新农村发展生态体育的理性思考》《城市化进程中农村体育生态化服务体系建构》《试析新农村体育生态文明观》《对我国农村体育生态环境的思考》等是其中的代表。学者大多从生态体育的一般性概念入手,对农村体育生态化进行阐释,在厘清概念的基础上,分析了农村体育生态化的现状,进而提出了农村体育生态化构建途径。

学者在对农村体育生态化相关问题的阐释中,基本上以问题的解决——农村体育生态化发展途径建构为研究重点,提出了"加强农村生态体育资源的整合与创新,构架农村民俗性、本土性、技能性生态体育资源""努力提高农民的科学文化素质，加强生态体育文化建设"等富有建设性和创造性的解决思路，也为农村体育的生态化发展提供了符合农村自身情况和发展特点的思路。

第三，社区生态化体育发展问题。

随着人们健康意识的加强，体育锻炼被看作是增强健康、延年益寿的有效途径，群众体育逐渐成为体育研究中的热门领域。城市社区体育作为群众体育的重要组成部分，也被众多学者所关注。在国家倡导生态文明建设的今天，学界也将这一指导理念运用于城市社区体育的构建之中，从而形成了城市社区体育生态化发展的相关成果。

在该领域的众多优秀成果中，学者将研究视线集中在两个层面。

首先，部分学者探讨了社区体育生态化内涵、特征及层次等概念层面的相关问题。《社区体育生态化的内涵与特点》认为："从狭义上讲，社区体育生态化的含义是，将生态局限于自然生态，强调在自然环境中进行体育活动；从广义上讲，社区体育生态化的含义是，对生态的认识突破了自然生态，同时涵盖了社会人文生态，既注重自然环境，也强调社会人文环境。所谓社区体育生态化，就是指在社区体育中，社区体育主体倾注生态意识和生态人文，以对生态环境破坏最小和资源可持续利用为导向，以和谐与发展为主题，使社区体育与人文、自然环境相互协调、相互关怀、共生共融、和谐发展。"[①] 自然性、持续性、文化性、社会性是城市社区体育生态化的特点。邓跃宁等在《社区体育生态化服务体系及其建设》中还提及了社区体育生态化的层次问题，他们指出从文化学分层理论来看，社区体育生态化包括物质层面（外层）、社区人的体育活动行为方式及组织制度（中层）、社区人的体育价值观念（内层）等三个层面，这三个层面共同影响着社区体育生态化的建设。[②]

其次，许多学者就城市社区体育生态化发展的体系构建进行思考。按照视域的不同，我们可以将这部分研究成果分为宏观研究和微观研究两个层面。大部分学者对城市社区体育生态化发展进行宏观性的总体把握。在该类研究成果中，有的学者按照"以体育活动为主线，兼顾自然、经济、社会系统，各要素协调发展"的原则，以及"健康、舒适、节能、高效、环保、保持生态平衡"的特点，构建了一个三级层次的社区体育生态化指标体系；而有的学者则以基本框架的形式对该问题进行阐释，例如，宫晓丽在《社区体育生态化服务体系的构建》一文中指出，社区体育生态化服务体系的基本框架包括：组织保障体系、人才服务体系、体育活动的内容体系、体育设施网络系统、社区体育健身环境评价体系。[③] 尽管学者在此问题上的具体表述有所不同，但是大体上都从健康意识的有效倡导、法律管理体系的健全、地方特色的普及与推广、内容上的

---

① 查建芳，洪国武. 2010. 社区体育生态化的内涵与特点. 长江大学学报（自然科学版），7（3）：384-386.
② 邓跃宁，李峰. 2005. 社区体育生态化服务体系及其建设. 武汉体育学院学报，39（7）：11-13.
③ 宫晓丽. 2008. 社区体育生态化服务体系的构建. 北京体育大学学报，31（9）：1182-1184.

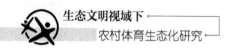
丰富完善等方面展开，基本上形成了意识—法律—内容—保障的构建体系。值得注意的是，学界对城市社区体育生态化发展大多以"服务"来定位，这一方面凸显出城市社区体育生态化的本质——它是为了增强人民体质，实现人的解放而建立的相关体系；另一方面也指明了城市社区体育生态化的应然角色和工作走向。

通过对有关研究成果的梳理，我们可以看出体育生态化发展问题已经成为当前体育社会科学领域的一个研究热点。尽管其中的部分成果存在着研究视角受限、系统性不足等问题，但在体育生态化的概念界定、建构路径及现实发展等方面进行了有意义的探索，为体育社会科学研究提供了重要借鉴。研究当代中国体育生态化发展有着重要的理论价值与实践意义，可以为当下体育的非生态化发展指明一条健康的道路，促进体育体制进一步健全完善，推动体育事业蓬勃健康地持续发展。体育事业的健康发展也可以提升中国体育事业的发展速度与发展质量，为社会主义和谐社会的实现提供支撑。更重要的是，体育的生态化发展将有助于为人类生产生活方式的转变提供一种方法论意义上的指引，为人类早日走出发展"误区"找寻到一个又好又快的方式路径与发展路途。

5. 有关农村体育研究

自 20 世纪 80 年代以来，国内外众多专家学者从各自不同的视域出发，对农村体育给予了极大的关注，形成了一大批有价值的理论和成果，按照所涉及的论题，笔者从基本理论、现状成因、发展战略、农村体育竞赛等四个主要方面，对前人已有研究成果进行了系统的梳理、分析和总结，并在此基础上展开简要的评析。

（1）农村体育基本理论研究

农村体育理论研究主要包括农村体育研究视角、研究方法等方面。我国学者并没有就农村体育的研究方法进行过专门研究，但总体来看，他们的研究主要有以下特点。①广泛使用问卷调查方法到研究地区收集资料；对典型地区的农村体育进行个案研究，对典型地区的农民体育作详细的描述和分析。此外，有些学者采用新的视角和方法来研究问题，例如，秦椿林等运用均衡和非均衡的辩证思想，讨论我国群众体育发展的可能路径。②从收集到的农村体育研究成果所采用的研究方法来看，我国学者在农村体育研究方法上主要具有以下特点：在研究的技术上，一般采用规范分析方法，偏爱从政策的解读倒推农民体育发展现状与政策的不一致，并提出相应的解决办法；在具体的分析技术方面，倾向于把各个因素平行罗列，缺乏定量分析，致使对问题的刻画不够精细和准确；对研究对象往往进行短期横向调研比较，缺乏长期的纵向跟踪研究。总体而言，我国学者对于影响农民体育发展的主要力量的挖掘尚待深化，在研究方法和技术方面略显粗糙。

学者从历史学的角度对农民体育进行研究，探讨了农民体育的发展历程。收集到的资料显示：农民体育发展的历史研究集中在学者对中华人民共和国成立以来的文献整理。例如，夏成前对1949年以来农民体育的发展历程进行梳理，并将其分为五个阶段；孙葆丽等对1949年以来群众体育发展历程进行梳理，认为中华人民共和国群众体育的历史演进可以分为开基创业、波浪发展、十年挫折、恢复发展和全面发展五个历史阶段，群众体育的发展始终受到社会的政治、经济、文化、体育政策及其他体育形态的深刻影响，并由此提出我国群众体育获得了新的历史机遇。改革开放以来，学者进行了农民体育发展的历史回顾研究。另外，学者还就农村体育研究情况进行历史性的研究，例如，卢文云以各类农村体育研究成果等文献资料为研究对象，对1949年以来农村体育研究情况进行了全面分析和总体评价，在一定程度上揭示了我国农民体育研究中存在的问题和未来努力的方向。

（2）关于农村体育发展现状及成因的研究

从农村体育发展的角度来看，体育学学者能够对农村体育发展现状进行比较准确的揭示。学者从新农村建设、小康社会、和谐社会等视角对农村体育进行现状考察。虞重干从建设小康村的视角，以山东沈泉庄为调查对象，对沈泉庄的体育现状进行全面考察，较充分地揭示并证实了小康村建设与村落体育所具有的互动效应。田雨普从建设小康社会的视角对农民体育建设进行思考。戴健等从新农村建设视角对长三角地区农民体育现状进行了实地调查，分析了长三角地区农村体育发展独特的经济、社会、文化和地理优势，对农民参与体育活动的行为特征、时间特征、空间特征、内容特征、组织特征、设施特征和消费特征进行了详细描述。还有学者对落后地区的农民体育进行了专门的现状研究，如田雨普对安徽当涂县的研究、贺泽江对武陵山贫困农区的研究等。另外，学者采用比较法对农民体育现状进行描述。田雨普的"三地调查"，以甘肃省榆中县、江苏省丹阳市和安徽省当涂县分别代表中国西部、东部、中部，试图从整体把握和揭示我国农民体育的全貌。另外，田雨普以小康社会时期为视角，从八个方面进行了城乡体育差异比较研究。

从总体上来看，在农村体育现状研究中，研究者选择某一区域或某一时间点来揭示农村体育现状，描述农村体育现象。在研究结论上，学者对阻滞农村体育发展的原因研究得到比较一致的结论，例如，在经济收入和农民体育发展的相关性上，卢元镇认为农民体育的发展和经济收入呈正相关；李英认为重庆农村移民的体育消费和经济收入成正比，并且在恩格尔系数接近60%的水平上，体育消费基本上是实物。文化素质水平、经济支付能力、体育设施状况等也是影响农民体育锻炼的主要因素。在农村体育发展的阻滞因素方面，冯晓东认为农忙季节繁重的生产劳动成为农民参加体育活动的主要障碍，此外还有组织不力、经济落后、体育场所缺乏等。孙葆丽等认为农民体育受到主流意识形态和

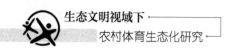

政策导向方面的影响较大，同时重大的社会事件将融入政策之中对农民体育的发展产生作用。

（3）农村体育发展战略研究

对当前文献检索样本进行分析的结果显示，农村体育发展战略主要有以下三种。

1）小城镇体育发展战略

广州体育学院吕树庭等认为发展农村体育应以小城镇为重点，并以广州小城镇体育发展现状为例，从广州小城镇的管理体制、经费投入、体育场地、基层体育组织、体育骨干队伍、体育竞赛活动、居民参与体育活动等方面阐述发展小城镇体育的现实基础与意义，提出了以小城镇为重点推进中国农村体育发展战略，发挥小城镇对农村体育的带动示范作用。此后，裴立新、刘永刚、许玖平等进一步明确了农村体育以乡镇为重点的发展路径，提出"农村体育以乡镇为重点，并首先以中心镇为切入点实现突破"的观点。此战略提出的依据是《中共中央、国务院关于促进小城镇健康发展的若干意见》（2000 年）和《中共中央关于农业和农村工作若干重大问题的决定》（1998 年）。农村经济社会发展战略与农村体育发展战略是否存在高度的一致性，是农村体育发展战略能否被采纳的关键。另外，吕树庭等的小城镇优先发展战略的提出带有一定的地域性，他们是以广东省这样一个经济发达且城镇化水平较高地区为现实基础的，对于中西部欠发达和落后地区的适用性有待进一步证实。鉴于此，研究农村体育的专家和学者提出了村落体育发展战略。

2）村落体育发展战略

上海体育学院虞重干认为农村体育的根基是村落，村落是农民生活的现实场景，村落是农民最需要的体育意境，村落应是农民体育的根基，发展农村体育应下沉到村落，积极发挥村落体育带头人的作用，并指出了以小城镇为重点的农村体育面临诸多困境。此观点的提出吸引了广泛的关注，以村落体育作为农村体育研究的原始起点的相关研究相继出现。例如，湖南师范大学罗湘林对一个村落体育的考察与分析、上海体育学院郭修金对山东三村的调查，他们以此研究视角撰写博士学位论文，按照人类学的研究方法深入村庄进行实地调研，强调以村落体育的视角对农村体育进行研究的重要性。在农村体育发展战略存在诸多争议的情况下，有的学者提出了城乡体育统筹发展战略。

3）城乡体育统筹发展战略

南京师范大学田雨普认为在国家整体层面长期存在的城乡二元结构投射到体育领域，就是城市体育和农村体育发展的经费投入、组织体系建设、居民体质健康水平等诸多方面的不平衡。田雨普基于对农村体育历史发展阶段和发展水平的深刻认识，在认真分析小康社会时期我国社会体育的城乡差异的基础上，提出城乡体育统筹发展战略思想。他认为，城乡体育统筹发展应把城乡作为一个统一的系统来对待，整体考虑城乡体育的协调发展。小城镇体育在城乡体育统筹发展过程中起到一定的桥梁作用。他在对建设小康社会进行阶段划分的基础上，提出了"总体小康阶段初期，确立以小城镇为重点""总体小康阶段后期，战略重点由小城镇逐步扩展到乡镇""全面建设小康社会，战略重点由乡镇逐步扩展到村落"的发展农村体育三部曲。

小城镇体育发展战略和村落体育发展战略的切入点存在明显不同。小城镇体育发展战略是基于乡镇独特的地域优势和经济社会文化对农村体育发展路径的探寻，带有结构主义显著特征。而村落体育发展战略突出的是农村体育主体的存在，更关注人，更体现以人为本的人文精神，凸显农村鲜活的生活场景对农村体育的意义。城乡体育统筹发展战略体现事物的整体性，以系统论的观点解决农村体育发展中的现实问题。

（4）农村体育竞赛研究

农村体育比赛是农民参与体育的主要形式之一，对农民参与体育具有辐射效应、示范效应和引领带动效应。中国农民体育协会是指导全国农民体育运动的群众性团体，成立于 1986 年 9 月。为了推进农民体育的发展，贯彻普及与提高相互结合的方针，1988 年中国农民体育协会创办中国农民运动会，这是国家级综合性体育赛事，每隔四年一届，是农民展示体育技能的平台。农村体育竞赛研究主要有以下几个方面。

第一，农民体育竞赛科学训练方面。例如，施纯志对农民运动会中游泳项目存在的技术犯规进行了深入研究；罗敏蓉对血红蛋白指标在竞技舞龙训练监控中的应用进行研究。

第二，农村体育人才的培养和管理研究。农村竞技体育人才培养研究较少。在农村竞技体育人才管理方面，杨卫民进行了相关研究，从大批竞技体育人才来自农村这一事实出发，分析上海郊县培养体育竞技人才的前景、存在问题及未来发展对策。另外，学者还对农民运动会项目的设置和农民运动会的武术竞赛模式改革进行了研究。

第三，农民体育竞赛的市场开发研究。在市场经济条件下，学者曾对农民运动会进行了市场开发研究，主要集中在农民运动会对举办地经济的影响、社会价值、媒介报道、市场运作等方面。

第四，农民运动会的基础研究。例如，周立对农民运动会发展方向进行研究，针对农民运动会存在的问题提出未来农民运动会发展策略。

农民运动会是农民参与体育竞赛唯一的系统的组织形式，农民运动员的挑选、组织科学训练及参加比赛等整个过程有非常严谨的程序和规则，需要理论研究和理论创新来指导实践。从目前情况来看，农民体育竞赛方面的研究成果无论在数量上还是在深度上都存在明显不足，并且几乎没有农民体育竞赛方面的理论研究综述部分。由此可见，农民体育竞赛被学者排除在农村体育基本理

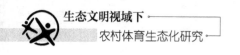

论研究之外，同时也反映了农民体育竞赛实践较落后，或者说农民体育竞赛缺乏理论支撑。

（5）农村体育生态化研究

对于体育而言，我们在从事体育事业和开展体育活动时忽略甚至遗忘了体育与周围生态的关系，使得当前体育发展过程中的非生态化现象普遍存在且愈演愈烈。李会增和高爱民在《对新农村发展生态体育的理性思考》中认为，随着农村经济条件的改善，垃圾产生的数量增多及管理的无序严重危害农村生态环境，影响农民健康。要想实现体育及社会的和谐发展，我们不得不重新审视自己的行为，找到符合体育自身发展特点及发展规律的有效途径。体育生态化的提出既是当今社会使体育走向现代化的必然要求，也是使体育自身不断完善进步的可靠保障。通过李中国的研究，我们可以发现，努力保护好农村体育的自然生态环境是实现农村体育生态化的一个重要内容，农村生态环境遭到破坏，生态体育便不能很好地开展，在农村体育的建设过程中，我们必须不断提高农民自身的生态环保意识，加强农民的生态文明观念，使农村体育的生态化从最基本的农民和环境入手。树立生态意识，加强新型农民生态体育意识，优化农村体育活动秩序，开发农村生态体育也变得越来越重要。

纵观生态文明和农村体育研究史，我们发现相关研究起步较早、成果丰富，但对生态文明和农村体育关系研究的成果尚未形成。特别是在建设社会主义新农村及当今社会所推崇的生态体育的背景下，农村体育生态发展研究成果甚少，为此本书把生态文明看作是继原始文明、农业文明、工业文明后人类文明史上的第四个阶段，是工业文明之后的一种新的、更高级的文明形态，从而在此背景下研究生态文明与农村体育发展的互动关系，在不同层面清晰展示生态文明建设给农村体育所带来的机遇，即充分揭示生态文明对农村体育的场地建设、项目开展及农村居民精神世界的影响，探寻农村体育生态化发展之路，使中国体育实现可持续发展，从而为社会发展服务。

四、研究方法

本书用系统的观点，以我国生态文明建设为背景，以农村体育活动为现实依据，主要采用文献资料法、社会调查法、比较分析法，运用逻辑思维推理，从生态学、社会学、人文学、文化学、体育学等视角对农村体育生态化发展进行多维度的理论研究。

（一）理论分析方法

本书以马克思主义基本原理及中国共产党的执政服务思想为理论指导，采用理论借鉴与发展深化、抽象与具体相结合的方法。马克思主义提出了共产主义的最终发展目标，即要实现人类的共同解放，消灭剥削，消除两极分化。毛泽东思想、邓小平理论、"三个代表"重要思想在中国实践着马克思主义的中国化，中国共产党作为执政党，提出了建设社会主义新农村、用统筹的发展观来促进城乡一体化。因此，在统筹的视角下，围绕均等化和制度创新来思考农村体育发展的问题必须以马克思主义基本理论作为方法论指引。本书认为，农民（含城市化进程中的"准市民"）、农村在体育改革成果分享上仍然处于弱势地位，我们需要从马克思主义所强调的公平和正义的角度去思考相关问题，再结合我国生态文明建设的实际情况，对农村体育的发展进行新的思索。

（二）文献资料法

本书通过查阅农村发展理论、生态文明理论和农村体育理论等的相关论文和著作，哲学、社会学、管理学、人文学等方面书籍，以及中国知网的中国优秀博士、硕士学位论文全文数据库，中国期刊全文数据库，中国重要会议论文全文数据库等网络资源，获取坚实的理论基础。本书还从国家和各省、市、县体育局网站了解有关农村体育的政策法规，从而对所研究的内容形成较为全面的认识，了解目前研究的成果及不足，以获取坚实的理论基础。

（三）专家访谈法

根据研究需要，本书设计了专家访问提纲，采用专家访谈的方法，走访了部分体育院校的专家学者，拜访了山西省体育局的有关领导，围绕当前农村体育发展的现状、存在问题和发展趋势，对专家学者和政府工作人员进行了针对性的访谈。特别是询问和了解他们对生态文明与农村体育间相互联系的看法和观点，为本书基本观点和对策的形成提供了良好的参考，并让笔者更好地了解了当前农村体育发展的情况和趋势。

（四）社会调查法

从生态文明和农村体育相互交叉影响的角度考虑农村体育生态化变革是一个比较新鲜的命题。目前，我们缺乏比较权威的农村体育生态发展数据和资料，所以运用社会调查法深入农村进行课题调研，对体育局工作人员、镇村分管体育的领导和工作人员，以及农村居民进行采访，从政府角度了解其工作思路、工作方法和目前农村体育文化建设的实际情况，从个人角度了解其对体育的认识和需求。

（五）统计分析法

本书采用现存统计资料和实地调查统计资料相结合的方法，在尽可能地进行实地调研的基础上，获取调研的第一手统计资料，并且基于研究经费来源难易度、研究人员数量等方面的考虑，将采用了大量的第二手统计资料。为了

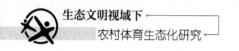

保证现存统计资料内容的信度和效度，本书中的数据来源于国家统计局、国家体育总局等官方机构发布的权威统计数据、信息，以及较权威的相关学术研究成果。

（六）逻辑分析法

　　事物与事物之间、先前事物与后来事物之间存在着普遍联系。本书根据事物是普遍联系的观点，运用体育概念、体育判断、体育推理对农村各种体育现象相互之间、农村体育与城镇化之间的内在关系等进行逻辑分析，同时，由于农村体育各种现象之间、城镇化与农村体育之间的联系又处在一个动态的运动变化之中，它们之间的变化过程是一个动态的变化过程，因此必须把农村体育镶嵌到农村整体中进行动态考察。在此基础上，本书对农村体育历史进行归纳总结，对农村体育现实进行系统考察，对未来农村体育发展趋势进行分析论证，并做出较精准的判断。

第一节　生态文明

　　人类社会的发展是一个螺旋上升的过程，从过去的原始文明到农业文明，到工业文明再到现代文明，"生态文明"的提出不是凭空产生，也不是一蹴而就的，而是时代造就的产物，是整个时代的选择。

一、生态的内涵

　　我国古人其实早就将生态的传统词义表达得淋漓尽致。南朝时期，梁简文帝在《筝赋》中写道："丹荑成叶，翠阴如黛。佳人采掇，动容生态。"《东周列国志》第十七回中有"目如秋水，脸似桃花，长短适中，举动生态，目中未见其二"。其中的"生态"可以定义为显露美好姿态。唐代杜甫的诗词《晓发公安》中有"邻鸡野哭如昨日，物色生态能几时"，其中的"生态"可以定义为生动的意态。秦牧在他的《艺海拾贝》一书里的《虾趣》中提到："我曾经把一只虾养活了一个多月，观察过虾的生态。"秦牧所提到的虾的"生态"可以说是生物的生理特性或生活习性。"生态"在现代社会中，通常被理解为自然环境下生物的生存与发展，或者生物的生活习性和生理特性，常指生物的生活状态。"生态"的产生，是从生物的个体研究开始的，随后研究所涉及的范围越来越广，领域也越来越宽泛，我们也常常将"生态"一词加以修饰，用来定义美好的事物。生态内涵的演变，主要经历了以下四个发展阶段。

　　第一阶段是 20 世纪 20 年代以前。生态一般指生物有机体与周围环境的关系。"生态"一词最早出现于希腊，原指住所或栖息地，也可翻译成"住所、房子"，或者指人类生存的环境。"生态"与"生态学"在19世纪之前是无人提及的，德国学者赫克尔于1886年首次提出"生态学"并赋予其内涵，他认为生态学是关于生物有机体与其周围外部世界之间相互关系的科学。

第二阶段是20世纪20—60年代。生态主要表现为人与自然之间的关系，它是生物有机体与外部世界的关系，人类是生物有机体中的一部分，从逻辑上分析，生态的主体应当包含人类。

第三阶段是20世纪60—80年代。生态一般指人与人文环境、人与自然环境的关系。在这一阶段，生态的主体开始逐渐地向人类延伸，其内涵也有了进一步的深化。这一阶段在人与其他生物和非生物环境之间的关系基础上，增加了人与人之间的关系范畴，自然层面与人文层面开始相互交织，丹尼斯·米都斯等在《增长的极限》中详尽地阐述了这一转变过程。

第四阶段是20世纪80年代至今。生态指人类环境中各种关系的和谐，生态的内涵再次得到升华。1991年荷兰自然规划署出版的《生态城市：生态健康的城市发展战略》，将生态界定为有效率、参与性、有活力及负责任的统一体，这就涵盖了文化、经济和社会等各种关系和谐的意思[①]。我国学者黄光宇、陈勇编写的《生态城市理论与规划设计方法》[②]和王如松编写的《高效·和谐：城市生态调控原则与方法》[③]都认为生态是政治、经济、文化、技术和自然之间的彼此协调与发展。现如今，生态的内涵已经演化为人类环境中各种关系的和谐。

二、文明的内涵

文明是历史沉淀下来的、符合人类精神追求的、能被绝大多数人所接受和认可的精神财富与发明创造，它有益于增强人类对客观世界的认知和适应。文明存在的前提是智慧生物，智慧生物为更好地认识世界而团结协作，构成了文明的物质基础，由智慧生物创造出的其余的各种现象只是文明的附属品。文明主要包含了哲学、宗教和艺术三个要素，其中，哲学是人类思想的荟萃，宗教是人类心灵的寄托，艺术是人类对万物之美的诠释。文明涵盖了人与人、人与社会、人与自然之间的关系，它可以释义为人类所创造的财富总和，如艺术、文学、科学、教育。文明的主要作用包含了维护公共秩序和公众利益，追求个人道德完善。

在当代社会中，无论是在东方国家，还是在西方国家，文明都早已成为人类的普遍用语。在现代汉语中，文明一般指社会进步的状态，它与野蛮相对立。例如，文明在《苏联大百科全书》中被释为社会发展、物质文化和精神文化的

① 董宪军. 2002. 生态城市论. 北京：中国社会科学出版社：122.
② 黄光宇，陈勇. 2002. 生态城市理论与规划设计方法. 北京：科学出版社：58.
③ 王如松. 1988. 高效·和谐：城市生态调控原则与方法. 长沙：湖南教育出版社：163.

水平和程度；在《世界百科全书》中，文明一般指"开化的社会""社会的高度发达""文明事业"等。而在现代社会中，文明一般指社会发展到较高阶段所表现出来的状态。

三、生态文明的内涵

生态就是人类赖以生存的自然环境及自然界中生物的生活状态。生态环境的开发和保护需要恪守自然社会发展的规律，维护自然社会的关系与状态，包括各种生物及社会环境之间的关系。生态文明就是在人类改造自然和社会的过程中，在尊重自然社会发展规律的前提下，建立合理有序的生态运行机制，从而创造出物质的和精神的成果。生态文明的目的是实现人类社会持续健康稳定的发展，在不违背自然和社会发展规律的基本前提下，充分发挥主观能动性，实现人与自然的和谐相处，这种绿色的发展理念确保了在不危及子孙后代的前提下，促进当代社会的全面进步。生态文明在社会生活中具有不同的表现形式，包括文明卫生的生活习惯、科学合理的生产行为及健康和谐的环保理念等。生态文明最重要的是生产和生活方式的文明，所以广大人民群众应当树立文明和谐的生产生活理念。党的十六大、十七大对生态文明理念作了深刻的诠释，特别是随着农村建设的不断深入，开创新型的经济、社会、资源和环境和谐进步的可持续发展模式是我国社会经济发展，特别是农村经济发展的根本出路。在当前我国经济形势趋于平稳的大背景下，积极开拓农村市场、大力发展农村经济才是我国未来一段时期经济持续健康稳定发展的根本出路，而农村经济发展的前提和基础是生态文明的进步。只有树立生态文明的价值理念，改变粗放低产的生产方式，创建人与自然和谐相处的生态环境，才能保障和谐、民主、文明、团结的生态农村早日建成。

党的十六届五中全会提出了建设"生产发展、生活宽裕、乡风文明、村容整洁、管理民主"的社会主义新农村的重要构想。这表明了党对农村的建设除了追求物质文明和精神文明之外，还提出了更深层次的要求——生态文明。建设社会主义新农村生态文明建设是重中之重。在西方社会发展的历史过程中，片面追求经济发展、忽视生态保护所带来的教训已经让人类自食恶果，党和政府早已了解到农村生态保护的危机感和紧迫感，所以在近些年的乡镇规划建设中更加注重生态保护——既要金山银山，又要绿水青山；既要现实中的绿水青山，又要留住灵魂深处的绿水青山。广大农村地区更加重视自身发展过程中存在的生态问题——自然环境恶化、生产方式粗放、不文明的行为习惯和卫生行为，这些问题的存在严重束缚了我国生态文明建设的步伐。农村是我国社会发展演进的根与源，是人与自然得以和谐共存的纽带，解决好广大农村地区的生态问题，我国的生态文明建设就完成了一大部分。近年来，习近平同志大力倡导新农村建设，重要目标就是生态文明建设。坚持科学发展观的指导地位，突

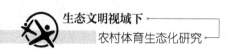
出农村地区生态保护的重要地位，强调自然生态在农村建设中的基础地位，以提高农村地区的生态文明和人民素质为重要目标，实现经济的可持续发展，是我国社会发展的必然选择①。

党的十八大报告对生态文明建设国家发展战略的特别强调和进一步丰富与完善，使得生态文明理论上升到了一个更高的层次，使得生态文明建设实践进入了一个更关键的历史时期。因此，梳理清楚生态文明的内涵及其特征，对于推进生态文明建设，促进经济、社会又好又快可持续发展，具有十分重要的意义。

对于生态文明的内涵，不同学者由于研究视角的差异，对其认识也各有不同，但是，大部分学者都认为，生态文明是指人与生态环境关系的和谐统一，是以人与生态环境、人与人和谐共存、良性互动、持续繁荣为基本宗旨的道德伦理的一种高级表现形式。他们认为生态文明有广义和狭义之分。从广义上讲，生态文明是不同于农业文明和工业文明的一种更先进的文明形式。从狭义的角度来看，生态文明与物质文明、精神文明和政治文明是并列的文明形式，是一种特殊的、强调人与生态环境和谐共存的文明形式。

综上所述，生态文明的内涵十分丰富，主要包括生态文化，生态产业，生态消费，生态环境，生态资源、能源，生态科技，以及生态制度等七个基本要素。这七个基本元素是生态文明的基本组成单元，是一个相辅相成的有机整体②。

第一，生态文化繁荣是生态文明建设的精神支柱。

生态文明是人类思维方式和价值逻辑的重大变化。建设生态文明必须遵循生态文化持续繁荣、人与生态环境和谐共存的核心价值：在世界观方面，需要超越传统的单一思维，建立一个全面的系统文化理论体系；在伦理价值方面，需要超越"人类是万事万物的主宰"的价值逻辑，重建人类与生态环境之间的互动平衡；在发展观方面，需要超越简单地追求物质财富的增长这一狭隘的发展观，重建一个强调又好又快、全面持续协调的科学发展观。

第二，生态产业发展是生态文明建设的物质基础。

生态产业作为经济、社会发展与生态文明建设相协调的产物，是人类深刻反思传统的生产方式的结果。建设生态文明必须从单纯地追求经济效益的价值逻辑向追求经济、社会和生态环境效益并重的价值逻辑转变，以人类和生态环境的和谐共存为价值逻辑，促进生产力的不断发展，从而从根本上扬弃以高投入、高消耗、高污染和低效率为主要特征的传统发展模式。

第三，生态消费是生态文明建设的公众基础。

生态消费是以维护经济、社会发展与生态环境保护之间的互动平衡为基本前提，在满足人类基本生存和发展需要基础上的一种理性的可持续的消费模式。

---

① 毛志峰. 2004. 人类文明与可持续发展. 北京：新华出版社：205.
② 廖福霖. 2003. 生态文明建设理论与实践. 北京：中国林业出版社：298.

生态消费需要依赖公众教育来积极倡导一种普适的、理性的、适度的消费理念，进而转变全社会的消费行为，引导公众从浪费型消费模式转向适度型消费模式，从生态环境破坏型消费模式转向生态环境友好型消费模式，从对物质财富的过度享受的消费模式转向既满足自身需要又不破坏生态环境的消费模式。

第四，生态环境保护是生态文明建设的基本要求。

生态环境的恶化直接危害到人类的身心健康。如果生态环境遭到严重破坏，人类的生产、生活环境持续恶化，那么人类与生态环境的和谐共存就难以实现。生态文明建设的实践目标和内在要求就是处理好人类与生态环境的关系，尽可能地消除人类活动对生态环境所构成的威胁，有效控制各种污染物和温室气体排放总量，保护好生态环境，实现生态环境的不断改善和经济、社会的可持续发展。

第五，生态资源、能源节约是生态文明建设的内在要求。

失去资源、能源的支持，经济发展就无从谈起，社会发展就会失去前提和保障。生态文明建设的重要任务，就是通过节约资源、能源，循环利用不可再生资源，积极开发可再生新能源，以保障资源、能源的可持续供给和经济、社会可持续发展。

第六，生态科技发展是生态文明建设的内在驱动力。

生态科技用生态学系统论的观点引导科学技术发展，把从整体系统中分割出去的科学技术，重新放回"人—社会—生态环境"这一有机整体之中，将生态学系统论的要求落实到科技发展的目标和途径之中。坚持走以生态科技为内在驱动力的发展道路，是实现人与生态环境和谐共存的关键，也是加速生态文明建设的内在要求之一。

第七，生态制度创新是生态文明建设的根本保障。

解决生态环境问题的根本保障在于制度创新。一方面，要建立宏观生态文明建设战略规划，着眼于长远的经济、社会发展，切实把人与生态环境的和谐共存与可持续发展纳入党和政府的各种宏观决策中来；另一方面，要创新微观生态文明建设的制度设计，通过制度变革与创新，鼓励更多与生态文明建设相关的利益主体积极参与，营造更加公平的法制环境，建立更加高效的政策工具。

第二节 农村及农村体育

一、农村

在以农业生产活动为基础的社会生活区域内，以从事农业生产劳动为主的居民聚居地，称为农村①。农村是农民生产、生活的载体和主要场所，是农村地区政治、经济、文化、社会、生活的综合体，是一种相对于城市的生活方式。农村的自然环境、人文环境和社会经济发展程度，直接影响农民的生活方式。农村社区的基本单位是村落（或称村庄）。"村落是中国传统生活方式保存最多、最厚的地方，是中国传统文化的自然载体，是中国社会最广泛、最深厚的基础。"②遍布于中国广袤大地上的大小村落，"决不单单是村民的集居点，而是一种生活方式，一种世代相传的生活方式"③。农村是一个历史的社会范畴，我国现阶段的农村是一个极其复杂的有机系统，包括生态、经济和社会等多方面内容。首先，农村是一个地域概念，包括城市以外的一切区域。其次，农村的自然再生产联系较大，第一产业比重较大，经济活动较为分散。再次，农村是一个社区概念，农村居民的交往范围较窄，重视血缘和地缘的关系，民风较淳朴，传统的伦理习惯势力大④。最后，农村是一种具有村落文化的生活方式。

本书所指的农村是国家统计局《关于统计上划分城乡的规定（试行）》（国统字〔1999〕114 号）中所定义的乡村，包括集镇和农村。集镇是指乡、民族乡人民政府所在地和经县人民政府确认由集市发展而成的作为农村一定区域经济、文化和生活服务中心的非建制镇；农村指集镇以外的地区。

二、农民

农民作为一个社会利益群体在世界各国都是存在的，由于各国产业结构不同，农民的社会地位与作用也不尽相同。有关农民的概念，各国还没有统一的界定。西方学术界有关农民定义的讨论从 20 世纪 70 年代到 90 年代一直在进行。对于这个问题，学者大体有三种意见：一是把农民看作是历史上一切时代的个体农业生产者，包括古典时代农民城邦的公民、中世纪的农奴、村社员与独立农民直到当代的农场主，但不包括非农业生产者居民；二是把农民看作不发达社会、宗法式社会或农业社会的居民，包括这个社会中的农业生产者与非农业生产者，但不包括非农业社会的农民（如发达国家的家庭农场主）；三是马克思主义学者所主张的，他们把农民定义为特定生产关系中的一个阶级，即中世纪的农民阶级。这个定义既不包括农业社会的非农民生产者，也不包括非农业社会的农民⑤。

秦晖等对农民概念进行了较为深入的研究，他认为，在当代发达国家，"农民"（farmer）完全是个职业概念，指的是经营农场和农业的人。这个概念与fisher（渔民）、artisan（工匠）、merchant（商人）等职业并列。而所有从事这个

① 韩明谟. 2001. 农村社会学. 北京：北京大学出版社：69.
② 何丽君. 2016. 地方干部对中国传统文化的认知现状及其教育路径. 领导科学，（33）：6-8.
③ 曹锦清. 2000. 黄河边的中国. 上海：上海文艺出版社：418.
④ 周志祥，范剑平. 1988. 农村发展经济学. 北京：中国人民大学出版社：21-25.
⑤ 秦晖，苏文. 1996. 田园诗与狂想曲——关中模式与前近代社会的再认识. 北京：中央编译出版社：11-12.

职业的人都具有同样的公民权利，亦即在法律上他们都是市民（西方语言中公民、市民为同一词），只不过从事的职业有别。然而，在许多不发达国家，农民一般不被称为 farmer，而被称为 peasant。而 peasant（汉语"农民"的主要对应词）的定义则比 farmer 复杂。无论在研究中还是在日常生活的语境中，它们都是一种社会等级、一种身份或准身份、一种生存状态、一种社区乃至社会的组织方式、一种文化模式乃至心理结构。而且一般来说，社会越不发达，后面这些含义就越显得比"农民"一词的职业含义重要。

朱光磊认为，在中国，"农民"是一个伸缩性很强的概念。在最通常和不严格的意义上，它是与城市居民相对应的一个概念，泛指一切农村人口。在这个意义上，它表示一种身份和地位，以及与之相对应的生活方式；而按照严格的阶层定义，农民则只能是以从事种植业和养殖业为主的农村劳动力，即我们所说的农业生产劳动者[①]。

我们应从以下几个方面认识中国农民。

第一，作为一个历史上的阶级。在阶级社会，农民作为以土地为主要生产资料和以农业为主要生产方式的利益群体，有独有的阶级属性与特征。在半殖民地半封建社会，他们缺乏生产资料，与地主阶级对立，与工人阶级结盟；在社会主义社会，他们获得了生产资料，成为新农村的主人和新农村建设的主力军，与工人阶级及其他各社会阶层一道成为社会主义的劳动者和建设者。

第二，作为一种社会分工。从社会分工角度看，农民在传统意义上是指直接从事农业生产的劳动者，他们以土地为主要生产资料，长期或专门从事农业、林业、牧业、渔业等生产劳动，为社会提供农业产品；从职业分工来说，农民是农业劳动者；从生产分工来说，是农业生产者；从社会分工来说，是农产品提供者。随着社会生产的发展，农民承担的社会分工也发生了新的变化，除继续担当农业生产者与农产品提供者的分工外，也开始进入农业产品的深加工、工业品生产、服务业等第三产业生产领域，呈现农民承担的社会分工多样化、产品提供多样化、劳动职业多样化的趋势，随着农业劳动生产率的提高和农村劳动力的社会转移，农民必将更多地进入农业以外的生产领域，参与更多的社会分工。

第三，作为一种身份，更多的是一种户籍身份。在我国计划经济阶段，人口户籍分为农业户口和非农业户口，具有农业户口的人通称为农民。按计划经济阶段的管理规定，农民原则上应在农村从事农业生产劳动和生活，对其工作范围与生产方式都有明确的限制与要求，不允许随意流动到城市生产生活，这在客观上限制了农民的自由流动，形成了农民与土地的自然联系，导致农民生产生活方式相对固定不变。改革开放后，特别是近些年，国家出台了大量支持和鼓励农民进城务工的政策措施，逐步消除了限制和束缚农民自由流动的一些

---

① 朱光磊. 1998. 当代中国社会各阶层分析. 天津：天津人民出版社：212.

规定，呈现了农民忽略户籍身份、踊跃进城务工的热潮，有的以暂住人口的身份定居在城市，过着脱离土地与农业的城市生活；但现有的政策还带有计划经济时代的烙印，进城农民还不能真正或全面具有城市户口，不能真正或全面享受城市户口所带来的同等的就业机会、同等的社会保障，以及同等的生活方式与生活质量。户籍在一定程度上仍然是鉴别和影响农民身份与生产方式的重要因素。

第四，作为一种生活方式。由于城市与农村的相对差异性，在城市居住的市民与在农村居住的农民有着不同的生活方式，市民根据工业化的工作流程与城镇的要求安排工作时间，丰富的文化生活使市民白天黑夜都享受现代文明的成果；农民则随着农作物的生长周期和天时的变化安排劳动时间，日出而作，日落而息，农忙则忙，农闲则闲，居住的分散性和远离城市的特点导致其业余生活相对贫乏。由于生产方式与经济基础的不同，农民有着独有的思想理念与精神追求；由于参与的社会化活动的环境与目标、方式不同，农民又有着独有的生活圈子与参与方式；由于社会管理的机构、体制与方式不同，农民日常生活的社会环境，以及与家庭、邻里的相处方式也不同，这些都使农民代表着一种生活方式。

第五，作为一种文化范式。农民的一个最本质的特点在于与土地有着天然的联系，这种联系不仅通过物质或生产方式表现出来，更通过文化反映出来。与土地的天然联系与对土地的依存性形成了农民的文化观念与理想追求，对土地的历史依恋已成为一种文化范式历史地积淀在农民的思想深处，土地的区域性与地块性也导致其文化的局限性、封闭性，比如，"务实思想和狭隘的功利观念、团体本位和个性的压抑、坚忍不拔的进取精神和安贫乐道的保守心理、眷恋故土情感和自我封闭观念、强调人际和谐和轻视竞争、均平思想与特权理念共存一体、重义轻利与追求功义并存"[1]，以及勤俭节约与正直诚实、注重血缘与宗族观念等。当然，随着农村经济社会的发展，特别是市场经济的发展，农民的文化与价值观念也随着时代更新。

目前，农民的定义有广义和狭义之分。广义的农民，泛指城市市民以外的所有农村人口。这是从身份和地位的综合角度来定义农民的。狭义的农民，仅指从事农业生产的农村劳动力，这是从职业的角度来定义农民的。

鉴于综合研究农村体育的目的需要及当代中国农民职业分化与身份复杂化的现实，本书中的农民不仅指从事农业生产的人，而且包括那些实际从事非农业生产但具有农民身份的人，即中国农民是指所有没有获得城市户口的具有农民身份的人，或泛指一切农村人口。

三、农村体育

1959 年，吉嘉发表了《农村中是否需要开展体育运动》一文，从此揭开了中华人民共和国农村体育研究的序幕，历经半个世纪的发展，我国关于农村体育的研究文献已不计其数。然而，在众多的农村体育研究文献中，"农村体育"的基本概念并未引起学者高度关注，"农村体育"似乎是一个不辨自明的、约定俗成的概念，但从学者行文的字里行间可发现，他们对"农村体育"这一概念的认识存在较大差异，有些甚至相互矛盾或相反。

从现有的相关文献资料来看，在农村体育研究的早期阶段，多数学者在阐述农村体育时将县及其以下行政区域视为农村，他们所参考的标准是我国现有的行政管理城乡划分方法，而上述区域内开展的竞技体育、学校体育与群众体育均属于农村体育内容。比如，有学者提出，农村体育指在县及县以下广大农村开展的、以农民为主要参加对象，以增强体质、丰富社会文化生活，促进社会主义物质文明与精神文明建设为主要目的群众性体育活动，其所包含的内容有农村社区体育、学校体育、小城镇体育及少部分竞技体育，这里的农村是指县及县以下行政区域，农村体育是一个复合体[1]。至今，依然有学者坚持这种观点，足见其在我国农村体育研究中的影响力的广泛性与深刻性。近年来，学者对这种观点产生了越来越多的质疑。首先，在县及其以下行政区域内存在县城、乡镇、行政村及村落四个行政层次，在这四大行政区域内，既有农业生产劳动者，也有工商业活动者，还有行政管理、文教卫生等从业者，显然，无论从哪个角度划分，后两者都不应属于农民。因此，部分学者主张，在界定农村之前应先依据经济学标准区分农民，农民聚居区才是真正意义上的农村。为此，有学者提出，依据经济学分类方法，以农业为主要生计，以村庄为长期居住地的那一类人才可称为真正的农民，而在这一群体聚居区所开展的体育活动才成为农村体育[2]。其次，在县城与建制镇区域内居住的居民，既有农业人口，也有非农业人口，而后者根本就不属于农民。因此，有学者以社会学分类方法为标准提出，农村体育是指在农村地域范围内，以农村人口为参与主体所开展的各项体育活动，包括农村地区的少数民族体育[3]。

另外，有学者采取了中间路线，认为上述观点都不符合我国农村体育研究的现实，农村体育有其特殊性。有研究显示：从 1994—2005 年的农村体育文献研究来看，约 60%的学者认为农村包括乡镇，约 30%的学者认为农村包括县城，据此他们认为我国体育学领域对"农村"一词的理解不统一，并为此提出了相对观点的"广域农村"（指传统和发展意义上大概念的农村，包括县城镇、建制镇、集市镇、乡和村）与"狭域农村"（泛指农村，即农民聚居地），以及重点

① 卢元镇. 2002. 体育社会学. 北京：高等教育出版社：119.
② 吴振华，田雨普. 2005. 关于中国农村体育若干问题的断想. 体育文化导刊，(6)：5-7.
③ 曾理，邓跃宁，刘仁健，等. 2004. 试论农村体育. 解放军体育学院学报，23（4）：9-11.

观点的"中域农村"（包括乡和村，以及与乡相对应的集镇）。后者对于农村体育来说更具有普适性，而且农村体育专指群众体育活动，不包括学校体育与竞技体育内容，因为他们具有自身独立的发展空间[①]。

根据上述分析，依据国家行政管理划分标准确定"农村"，再界定"农村体育"这个概念的经典方法，学者将县及其以下行政区域内所开展的各种体育活动（群众体育、竞技体育与学校体育）均纳入农村体育研究范畴。农村体育由农村竞技体育、农村学校体育、农村群众体育三部分组成。这三个方面因形式不同而互相区别，但又互相联系。它们都通过身体活动全面发展身体和增强体质，都有教育的作用，也都有竞赛的因素。

农村竞技体育是指为调动农村人口参与体育活动的积极性，发挥体育的竞技功能而举办的在农村地区运动水平较高的各种比赛活动，如省、市农民运动会，全国农民运动会，大型少数民族运动会。农村竞技体育本质上从属于社会体育，但随着现代体育的发展，农村竞技体育的一部分将演进为我国竞技体育的组成部分。农村学校体育是指地处农村或面向农业的学校所开展的体育各项活动。农村群众体育是我国社会体育的组成部分，指农村人口（农民），包括其中男女老幼及伤病残者，自愿参加的以健身、养生、医疗、游戏为手段，以健美、健康、康复、娱乐和休闲为目的的体育活动。

综上所述，"农村体育"是"体育"的下位概念，"农村体育"的概念应是在农村地理范围内，以农村人口为参与主体所开展的各项体育活动，包括农村地区的少数民族体育。

四、农民体育

农民体育是我国大众体育的组成部分，是指农村居民，包括伤病残疾者，参加的以健身、养生、健美、康复和休闲、娱乐为目的的体育活动。简言之，农民体育就是以农民为主要参加对象的身体文化活动。

农民体育是我国体育事业的组成部分，是大众的体育，是以人为本的体育，是农民作为人的最基本的生活权利。联合国教育、科学及文化组织大会通过的《体育运动国际宪章》指出，有效地行使人权的基本条件之一是每个人应能自由地发展和保持他或她的身体、心智与道德的力量，因而任何人参加体育运动的机会均应得到保证和保障。现代人权理论认为，生存权和发展权是重要的人权，健康权作为生存和发展的必要前提，则是其中重要组成部分之一。因此，我们应将农民增强体质、追求健康的权利提到人权的高度来认识。

在对农民体育的研究中，我们主要着眼于以下几个方面。

第一，农民体育是农民个人的一种闲暇生活方式，是农民对于休闲时间的一种支配方式，涉及农民对于体育这种休闲方式的认识，以及将体育作为生活

---

① 田雨普. 2005. 农村体育研究中"农村"含义的辨析. 体育文化导刊，（10）：46-48.

休闲方式的意识及可能性的大小。

第二，农民体育是一种大众体育，农民是人民群众的主要组成部分，是主力军，它开展得好与坏直接关系着全民的健康水平，关系着国家全民健身的成效，是全民健身体系的重要部分，是全民健身体系的一个重要体现。

第三，农民体育是小康社会建设进程的一项重要指标。它的发展规模和速度是衡量小康社会发展水平的重要指标。小康社会建设是农村全民健身运动的基础。小康社会建设的核心问题，就是不断地提高农民的人均收入水平。农民体育与农村经济和社会发展水平紧密相连，后者对前者具有决定性的制约作用。因此，农村经济文化发展综合实力是发展农民体育和开展农民健身活动的先决条件和基础。也就是说，农村经济发达程度，从根本上制约农民健身运动的开展程度与水平，小康社会建设促进全民健身运动的发展，是农村全民健身运动的基础。

第三节　生态体育及农村生态体育

一、生态体育

生态文明是继原始文明、农业文明、工业文明之后的又一种文明形态，是人类文明质的提升与飞跃，是人类文明史的一个新的里程碑。党的十七大首次把生态文明写入党代会报告，2012年党的十八大再次明确提出加强生态文明建设，学术界以此为契机，从不同学科视角对生态问题进行深入阐释与解读。体育生态化问题也被学界屡屡提及，并产生了一大批学术成果。中国体育的生态化发展，从其本质上说，是顺应人类文明历史的发展、强调生态和谐进步的产物。相对于人类社会发展的一般性概念而言，它从体育发展的个别视角，深层次地思考人类社会科学发展方式的根源，进而有助于完成人类生态文明时代由"愿景"到"客观存在"的转变。

生态体育反映了人与体育、人与环境之间的不可分割的关系。生态体育是一种绿色体育服务和绿色体育产品的集合。生态体育中的生态不单纯指自然环境，更有其自然化、生态化的社会人文内涵，即赋予人们亲近大自然锻炼身体理念的同时，又将忧患意识、可持续发展意识统一在一起，最终形成一个开放化、多元化的复杂动态体系。体育生态文明作为一种崭新的世界观和方法论，为人们提供了体育生态化的理念基础和思维方式。

郑晓祥认为生态体育指人类—体育—环境的相互协调、共生共融、共同发展所构建的关系或联系的活动，即在自然生态环境和社会生态环境中开展的体

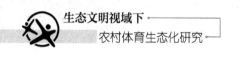

育运动^①。

龚建林认为生态体育指生态文明观下，融入了自然生态环境与社会人文环境的一种全新体育概念，强调的是生态意识与思维，注重实现体育与生态环境的协调共生。^②

结合前人研究成果，本书将农村生态体育定义为：社会主义新农村建设背景下，以生态文明建设的内在要求为指导思想，将农村人口作为体育参与的对象，借助对现有各种自然与人文资源的利用，促使农村居民与体育、自然环境实现和谐发展的一种体育活动。

二、生态体育的特点

1. 生态体育是一个环境福利型的体育

既然要强调生态，首先就应该对地理环境和生态环境要求比较高。即使本身环境好，空气负氧离子很高，给人健身的福利也高，人也要保护环境，否则环境不好了，健身也就不存在了。

2. 生态体育是一个环境友好型的体育

生态体育强调人和自然是一体化的。人不能肆意妄为，妄想成为宇宙环境的主宰，否则必将遭到环境的反作用，比如尾气问题和重金属污染问题等。生态体育一定要和环境协调和谐，发展友好型体育。

3. 生态体育是多元社群型的体育

生态体育很亲民，不分性别、职业，贫富贵贱都可以参与。生态体育中还有很多孩子活动的项目。各民族、各地方、各种人群都可以参与生态体育，表达自己的行为。所以，生态体育是一个多元社群型的体育。

4. 生态体育是人文创新型的体育

人文创新可以同时表达人对价值的认识。一切发展的基础都是建立在个人和社会健康的概念之上的，所以人的整体素质健康与否，不仅关系到个人而且关系到一个国家的综合素质，也关系到社会的发展。

5. 生态体育是低碳型的体育

保护环境需要建立一个更好的生活环境，这包括产业环境和城市环境。低碳体育也涉及我们平时的生活习惯，比如，出行方式方面，人们可以通过骑自行车实现城市低碳。

---

① 郑晓祥. 2005. 生态体育的内涵与特点. 成都体育学院学报，（2）：43-46.
② 龚建林，许斌. 体育文化生态系统的类型及其特征 [J]. 广州体育学院学报，2013，33（5）：9-12.

6．生态体育是建设型的体育

它既强调环境的建设，也包括人体的重建。我们可以通过生态体育的概念、路径、方法及内容，重建人的健康系统。

三、生态体育对生态文明的价值

1．生态体育体现了现代社会环境需求理念

生态体育融合了主客观环境中所有的有利因素，其内容丰富、亲近自然、形式灵活，不仅能提高人类的参与兴趣，而且顺应了自然规律——自主性、自发性、自觉性，重视社会发展需要与个性发展需要的协调与统一。

2．体育生态化符合时代发展的要求

体育生态化是人与自然和谐的内在要求，是人与社会和谐的客观要求，是人的身心健康和谐的基本要求，是推进体育教育事业的可持续发展的大趋势。

3．生态体育有利于培养人的思想情怀

在生态体育的大环境中，我们利用日光、空气、水等自然条件，给处于紧张劳作的人提供了一个神经放松、感情流放、充分表现自我的有利环境。利用生态体育元素的覆盖和渗透作用以"润物细无声"的形式加强人类身心等健康的优化。

4．生态体育有利于培养人的良好合作意识与团队精神，促进个性的全面发展

体育运动通过多种组织形式实施于参与者，为参与者提供广阔的人际交往的大环境，使参与者的生理和心理发展受到一定的积极影响。它能够通过多种多样的身体活动方式满足人的生理和心理需要，优化人的体质、调节人的心理情绪、磨炼人的意志、培养人的合作精神与竞争意识，使其具有良好的人格魅力与个性品质，增强其社会适应能力，推动其心理的发展，增进其自我意识的形成。

5．生态体育促进人的自我认识发展，利于其树立正确的人生观、价值观和世界观

生态体育是提高体育文化生活的重要手段，满足和丰富了人的业余生活文化，是培养与提高人类综合能力，拓展社会实践能力的平台，是开展素质教育的基础，也是构建和谐社会的一个重要理念，有利于引导人们树立正确的世界观、人生观、价值观，促进人们"公平、公正、和谐、竞争、崇尚科学、善于思考"意识的培养与提高。

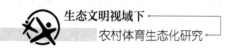

6. 生态体育促进和谐生态社会环境建设

生态体育的发展，有利于提升社会文化的内涵，推进"和谐社会、生态环境"的建设步伐。社会生态文化对人的思想观念、价值取向和行为方式等都发挥着潜移默化的作用。

7. 生态体育有利于推进社会的体育教学改革

生态体育是人们在自然环境下进行的一种以一定的身体活动形式为手段而产生最佳心理体验的有意义的自然活动方式。"和谐社会、生态体育"不仅可以转移和缓解人的生活、就业等方面的心理压力，还可以使人们在大自然中获得轻松愉快的交际环境，使人们在"和谐社会、生态体育"的社会环境中充分释放潜在的心理负担。

第四节　农村建构生态体育的必要性与可行性

一、传统文化对新农村体育发展的影响

建设社会主义新农村是党中央为进一步解决农业、农村和农民问题所提出的新理念，这就要求对农村和农民问题的关注不应该仅仅停留在经济问题上。随着农民生活水平和素质的不断提高及闲暇时间的增多，广大农民对文化生活的需求不断扩大。体育作为人类共有的优秀文化遗产，是社会主义现代化建设的重要组成部分，理所当然是新农村建设的重要内容。当前，农民体育发展呈现出整体水平不高、地域发展不均衡等特点。影响农民体育发展的因素主要有两个方面：一是器物方面，即农民体育发展所需的物质、制度条件、人力资源条件等；二是精神理念方面，具体包括传统文化、外来文化等对农民体育发展的影响。文化理念来源于长期的社会生活映射在人们内心而形成的比较稳固的思维模式，文化理念一旦形成且内化为群体的共同意识，则会表现出比较强的稳定性，并会在一定程度上排斥其他思维理念，以维持自身独特的运作方式。因此，文化理念相对于器物将更为本质性地决定农民体育的发展。

1. "和"文化孕育出了中国传统休闲养生理念

中华民族有着悠久的历史文化传统，其中有关"和"的人文思想，构成了中华文化最为亮丽的瑰宝。在我国传统文化中，"和"是一种理想境界，是人生的极致。它蕴含了人与自然、人与自我、人与人、人与社会和谐相处的思想理念，体现了中华民族传统的道德修养、哲学思想和政治理想。

"和"文化孕育了中华民族清静淡泊、顺乎自然的性格。通过调理自身，"合

于阴阳，调于四时，春夏养阳，秋冬养阴"，人的身体与天地自然和谐，与四季变化相适应，从而达到与"天、地、神"相通的境地。它在修身养性中培养自我特殊的生存能力和对外部世界的调理引导能力，追求生命的和谐与质量。

这种传统的"和"文化与当今建设社会主义新农村、构建和谐社会的理念相一致。它所体现的生命观、健康观和与此相适应的养生保健体育，蕴含着有关人体科学的丰富内容。其注重身心统一、内外协调、动静结合的辩证思想，对指导农民健身和体育活动具有重要的价值和作用。

2. "礼"文化促进了农村节庆体育活动的开展

中国是世界闻名的礼仪之邦，"礼"是中国文化的突出精神。注重礼仪是中国人立身处世的重要美德。"凡人之所以为人者，礼义也。"在中国广大农村，节庆活动是一种重要的文化现象，如传统节日中的元旦拔河、长跑，春节的扭秧歌等。农村的这些岁时习俗，多少年来被一代代接受、流传，成为人们生活中的重要组成部分。这些传统文化活动都和体育有着密切的联系，农民在庆祝节日的活动的同时也在进行着传统的体育活动。

3. 各民族民俗文化丰富农村体育内容

中国传统体育文化以"仁"为核心思想，蕴含丰富的东方哲学、宗教、道德、医学、习俗、艺术等社会文化因素，它以保健性、表演性为基本模式，以崇高的内在气质、品格、精神修养为价值取向。中国文化又孕育了丰富的传统体育文化与多样化的民族体育文化，它弘浩博大，流丽万有，克明峻德，修道以仁；刚健有为，自强不息；阴阳相济，追求神人以和。传统体育文化既有修身养性的五禽戏等各种气功导引术，又有防身健体的角抵、摔跤和武术；既有端阳龙舟、重阳登高、清明秋千，又有娱乐表演的各种球戏和技巧；既有跑步、举重、嬉水、马术、射箭等夏季项目，又有冰嬉、滑雪等冬季项目。

据统计，我国的民族传统体育项目多达 977 种。它们的延续与发展，无不与不同民族的语言习俗、岁时节日、生活习惯、思想意识、心态感情等联系在一起。民族民俗文化体现东方智慧的和谐发展观念，在中国广大的农村地区生生不息，为农民带去丰富的精神食粮。作为中国主要文化形式之一的民族民俗体育在农村广大土地上广为开展，并成为农村体育的主要内容。

4. 中庸思想制约现代体育在农村的开展

中庸之道是儒家思想的典型主张，"中"即"中正"，"庸"即"常"，指的是一种中正不偏、经常适用的方法，要求人们行为恰当适中，无过与不及，于矛盾中求统一。中庸之道在很长时间和很大程度上影响着国人的为人处世的方式，折射出人们习惯于维持不偏不倚的境界，将自己的行为规范在"温良恭俭让"里，而不希望自己处于突出的或者特立独行的地位。这种安于现状、不张

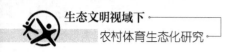

扬竞争、倡导守柔不争的民族性格特点，在不同程度上阻碍了竞争精神成为民族精神的主流。半闭塞的生活方式，使农民与社会缺乏交流，行为方式不易改变，对新生事物、新观念和外来文化持怀疑和排斥态度，缺乏群体、竞争意识与团结、开拓精神。以西方体育为主体的现代体育运动的主要特征就是竞争，竞争是一种以追求个体人格精神之完美展现为目的的活动，是人类自身的机体能力、意志品质、荣誉感、勇气和斗志的一种证明过程。

在中庸思想的影响下，以竞争为特征的现代体育运动项目并不被农民所接受，从某种意义上讲，现代体育所强调的"更高、更快、更强"的奥林匹克精神与农民的思想意识存在着明显的冲突。所以，现代体育要想进入农民的生活，成为农民余暇活动的内容，会受到无形的阻力和排斥。

二、农村生态体育的成因及生态分析

马克思的"自然向人生成"的生态世界观揭示了人的生态生成性。体育的生态生成也正体现在这一过程中。在自然向人生成的过程中，体育运动是人类能量的开发和释放。从根本上说，体育是通过人并且为了人而对人的本质真正占有的过程，是人向自身、向社会（即人的）人的"复归过程"（马克思语），而生态体育的发展正是顺应了环境的需要。这必然衍生出许多新的生态体育模式，而农村生态体育的发展，就是人类社会环境与自然环境很好地结合，这也是现代体育发展的一种全新模式。人们在自然环境中休闲健身，增加了人们对生态环境的认知价值，更使人们感受到绿色家园对人们精神世界的慰藉，激发出强烈的与自然和谐相处的愿望。

生态体育模式的形成，并不是突然的，它是顺应社会环境需求的必然产物。而这一切为农村生态体育的出现创造了有利的条件。

1. 现代城市的快速发展破坏了原有的自然生态环境和社会生态的和谐

现代工业文明在给人类带来极大的物质财富和精神财富的同时，由于没有科学的可持续发展观的指导，也给城市的发展带来了资源枯竭、环境污染、生态破坏等一系列危及人类生存与发展的问题。为了摆脱这种困境，反思人类过去的行为，绿色理念应运而生。2008 年，我国举办的奥运会就理性地提出了"绿色奥运"的口号，一些学者也开始用生态学的观点来重新认识、思考和解决休闲体育的发展问题。绿色体育理念注重人类的进步与发展要与自然环境承受力相适应，注重资源的有限制的开发利用，要求自然环境的开发与保护并重，达到和谐统一。城市里的生活空间拥挤，生活节奏快，竞争激烈。空气污染、噪声污染等，使人们承受着沉重的身心压力。而古朴的农村风貌、广阔的空间、清幽的环境、清新的空气乃至新鲜的食物、怡然自得的生产劳作方式和淳朴的乡村社会生态，无不对人产生着强烈的吸引力。

2．城市人向往休闲、和谐的乡村

伴随着激烈的竞争、文明病的侵蚀、人的冷漠及高频率工作节奏的压力，脑力劳动的比例增加，人们开始关注自身的发展，关注生活的质量和多彩的生活内容，人们迫切希望通过休闲体育来缓冲压力、调节精神。"农家乐"休闲体育活动应运而生，它以无污染的自然生态环境为依托，以休闲和谐的乡村淳朴风情为特色，满足了都市人回归自然、返璞归真的心理要求。同时，休闲体育活动对人的心血管系统、呼吸系统和免疫系统功能都有良好的影响，对缓解心理压力、获得精神自由等方面也有特殊功效，它成为人们生理上的内在需求，是人的社会生活必然的构成部分。社会个人消费活动大都是在休闲时间进行的。加强发展"农家乐"体育休闲，不仅有益于民众的身心健康和社会的精神文明建设，也有益于国民经济的增长。

3．人们的乡村情结

我国是一个农业大国，且处于城市化快速发展阶段，城市人口中很多来自农村，与农村有着密切的关系。另外，知识青年上山下乡等一些历史活动，也使城市与农村建立了亲密的关系。在现代都市的环境污染和人际关系冷漠的现实面前，原来居住的乡村优美的自然生态环境和和谐的乡村人际关系又成了很多都市人的梦想追求。

三、农村建构生态体育的可行性

《中共中央国务院关于推进社会主义新农村建设的若干意见》（国发〔2007〕1号）中明确要求"推动实施农民体育健身工程。积极开展多种形式的群众喜闻乐见、寓教于乐的文体活动，保护和发展有地方和民族特色的优秀传统文化，创新农村文化生活的载体和手段，引导文化工作者深入乡村，满足农民群众多层次，多方面的精神文化需求"。新农村建设在今日并非无源之水、无本之木，它有着深厚的文化传统。因此，任何地方的新农村建设都不是全部推倒重来的，更不是简单的文化殖民，而是建立在继承传统文化基础上的创新和发展。新农村之"新"，不仅是城市的扩大和延伸，更应该是另一种文明与文化的建立。我们应利用农村自身天然形成的自然环境优势，打造丰富多彩的人文和自然环境。新农村的体育文化是多元且相互促进的，也是整个社会环境优雅而和谐发展的体现。因此，建设农村生态体育是现代体育发展的有利补充，也是构建现代生态社会和谐的必然趋势。教育、科技、经济的迅猛发展为构建生态体育体系创造了诸多有利条件，也为发展农村生态体育创造了有利的空间。

1．人类的生态意识增强为构建农村生态体育体系提供了主观条件

随着人类生存活动对大自然的影响日益加强，人类自身逐渐意识到个人的

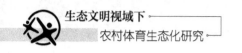

发展只有与生态相协调才能实现可持续发展。人类潜意识里渴望身体与灵魂能够回归自然，挑战自我、天人合一，渴望建立人与自然和谐共处的科学的体育生态环境，进而从根本上提高生活质量，实现全人类的可持续发展。

2. 发展农村生态体育是塑造社会主义新型农民的必要途径

社会主义新农村的"新"，不仅表现在使广大农村人口享有丰富的物质生活和公平的社会保障，更应该表现在使广大的农村人口和城市人口一样享受丰富、健康的文化生活和政治生活。《中华人民共和国国民经济和社会发展第十一个五年规划纲要》在"建设社会主义新农村"部分中提出"加快农村教育、技能培训和文化事业，培养造就有文化，懂技术，会经营的新型农民"。建设新农村，必须要培养新农民，而新农民的培养离不开综合素质的提高。综合素质包括思想道德素质、科学文化素质、身体素质。有研究指出，我国农村医疗保障体系不完善，农民的身体素质不高，发病率高增加了农民经济负担，也制约了农村经济的发展。而利用农村现有的资源发展农村生态体育不仅提高了农民的身体素质，也丰富了农民的精神文化生活，还将带动当地的经济效益及社会效益，为提高农民的整体综合素质提供了必要的条件和基础。

3. "绿色奥运"理念下的奥运工程成为构建生态体育体系的示范工程

国际奥林匹克运动会作为世界上最高级别的体育盛会，其理念直接影响体育的发展。人类对奥运精神的理解逐渐加深，从最初1896年的和平理念演变至2008年北京倡导的"绿色奥运、科技奥运、人文奥运"理念，在奥运历史的进程中"绿色奥运"理念逐步趋于核心地位。无论是悉尼的"生态奥运"还是北京的"绿色奥运"理念，都强调现代体育发展要与社会发展和谐共处，创造出生态体育的目标与愿景。而在国家大力扶持新农村建设的同时，发展农村体育事业也成为现代体育事业发展的有利延伸，为体育事业向着更健康和谐的方向发展指明了新的思路与目标。

4. 生态体育体系的建立有利于提高生态、经济和社会效益

建立生态体育体系后，体育与生态之间的联系将更加紧密，这将有利于避免不和谐因素的产生。有了生态体育理论与实践作为后盾，体育公共基础设施的设计与建设将更符合生态要求，其选材、选址都将从生态的角度出发。开发体育项目也将从遵循生态的角度出发，结合实际需求，创造出属于不同层次、不同需求的运动项目，利用现有的资源去发展适合当地自然条件的运动项目，真正做到合理利用资源，带动地方和社会经济效益。因此，利用农村得天独厚的优势发展农村生态体育就显得尤为重要。

四、建构农村生态体育的必要性

1. 它是后工业文明社会回归大自然的表现

从原始社会到后工业文明社会，人们对物质和精神生活的追求越来越高。然而，人类对大自然的肆意掠夺，导致我们赖以生存的地球频频发生自然灾害。城市人口膨胀、高楼林立、交通堵塞、环境污染等这些日益严重的城市问题疏远了人与自然、人与人之间的距离，拥有着辉煌工业文明的后工业社会正在失去与自然的和谐相依。人们迫切需要一种原生态的、贴近生活的改变，来驱使他们找到一个恰当的时机与方式回归乡村自然。进入 21 世纪，生态意识、生态效益已成为学者和民众关心的问题，人们追求生态平衡、生态和谐的呼声越来越高，大家祈求人类和自然和平共处。

2. 它体现了人与自然和谐统一

自然环境构成了农村生态体育的经营环境，而体现人与自然和谐的体育运动、体育文化、体育产品等则构成了农村生态体育。乡村居民在与自然几千年的相处过程中，学会了适应自然，构筑了人与自然的和谐关系。例如，"农家乐"休闲体育，以贴近自然、消费实惠、简单便捷、既能观光又能锻炼身体的特点深受人们的青睐，成为一种观光产品向度假产品过渡并实现良好结合的旅游开发形式。在与自然相处的关系中，不同地域的体育文化和体育理念，构筑了不同的乡村风情，这一切体现人与自然和谐的文化构成了农村生态体育的特色。

3. 它带动相关体育产业发展，并促进农村经济的发展

新农村建设开展以来，我国农村正在发生翻天覆地的变化，尤其是农村经济的快速增长，其显著表现在农民生活水平的提高上，体育运动正在成为一种时尚逐步进入农民的视野。农民参加体育的意识逐渐增强，通过体育锻炼，农民不仅达到了强身健体、增强体质的目的，而且节省了看病的开支，并在一定程度上有利于经济的发展。对于省下来的钱，农民则更愿意将之用于购买体育器材、体育产品，这样就拉动了农村体育消费。重要的体育市场来源，是农村体育产业形成的重要动因。所以，挖掘农村体育市场的潜力，是实现农村经济可持续增长的一个新亮点。

4. 它有利于农村精神文明建设

虽然我国农村经济快速发展，但农民的精神生活十分匮乏。业余生活也相当单调，似乎除了唠嗑、打麻将、下象棋外就没有别的事情可做，而体育正好填补了农民业余生活的空白。通过集体或者个人的参与，农民形成了体育锻炼的意识，好的体育氛围随之形成。越来越多的农民参与不仅丰富了农民的业余文化，还促进了他们之间的交流，增进团结，使农村社会秩序更加稳定，为

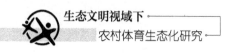

农村经济发展提供了保障，同时也塑造了新的农民形象，推动了农村精神文明建设。

5. 它有利于农村政治文明建设

农村政治文明主要体现在农村社会民主化的完善程度上，而农村社会民主化主要表现为农民的政治、经济、文化权益能够得到保障。体育不但对农村物质文明建设和精神文明建设产生影响，也对政治文明建设发挥重要的作用。农民参与体育锻炼的意识增强，参与度就会提高，从而就会建立起一系列规范制度来保障其参加体育锻炼的权利。农民由原来被动地参加体育活动转变为积极主动地行使自己的参与权。农村社会政治民主的逐步改善，有利于农村社会的团结和稳定，并为农村的经济建设、精神文明建设提供了良好的政治环境。

6. 它有利于调整农业产业结构

农村生态体育是农业产业改造和升级的重要途径。我国传统农业以种养为主，经济效益低，经营风险大。开展"农家乐"休闲体育旅游，使农业从专注土地本身的单一经营发展到"天地人"和谐共存的更广阔的空间，在大幅提高农业经济效益的同时对第三产业中的商业、饮食服务业的发展具有极大的促进作用，而且带动了第一、二产业的发展，有助于产业化生产体系的形成，调整和优化了整个地区的产业结构，进一步缩小了城乡差别，使其生活设施公共化、生活服务社会化、生活方式现代化，逐步推进了农村的城市化进程。

在我国，如何促进农村经济、社会和谐发展成为农村建设的主题，通过大力发展农村体育事业，刺激农村消费，拉动农村体育产品内需，形成农村体育市场，促进农村精神文明建设的发展，对农村经济良性发展起着重要作用。农村各项事业的发展，尤其是体育带动经济的可持续发展，符合我国"十三五"规划的精神，也是我国实现包容性增长的要求和不竭动力。

第三章

生态文明提出前后的农村体育发展历程

不论是全球范围的生态危机出现，还是我国农村的生态文明建设都经历了漫长的发展过程。同古论今，以史为镜，我们在生态文明视域下研究新时期农村体育发展，有必要对中华人民共和国成立以来农村体育和农民体育的发展历程进行总结和梳理，并从中发现农村体育的历史发展规律，总结经验，吸取教训，为全面规划新时期我国农村体育、农民体育健康可持续发展提供理论支撑。这也对全面推进全民健身工程、实施《"健康中国 2030" 规划纲要》有重要意义。

按照中华人民共和国成立以后我国社会政治经济文化发展的阶段特点、农村社会政治经济社会历程，我们将生态文明提出前后的农村体育发展历程，大致归纳为五大阶段。

第一节　举步维艰，维形可喜（1949—1958 年）

一、建国安家，发展体育

中华人民共和国成立之初，我国的国情是工业基础薄弱、农业生产落后，整个国家百废待兴，政治、经济、社会需要稳定发展。因此，提高劳动人民身体素质和健康水平对社会经济的发展显得尤为重要。

在当时，中国共产主义青年团经常组织农村体育活动，农村青年和民兵是农村体育主要参与者。1949 年 4 月，召开的中国新民主主义青年团第一次全国代表大会宣告中国新民主主义青年团正式成立。这次大会通过的《中国新民主主义青年团工作纲领》第五项第二条规定："发扬青年爱好活动、团结互助和创造的精神，组织青年的文化娱乐和体育活动，加强体格锻炼，并建立各种文化的、艺术的、娱乐体育等团体"。

1950 年 7 月 1 日创刊的《新体育》杂志在当年的第 5 期上发表了《体育为劳动生产服务》。该文章旗帜鲜明地指出：为劳动生产与国防服务是体育的两个最基本的任务[1]。1952 年 6 月 10 日，毛泽东为中华全国体育总会成立大会的题词为"发展体育运动，增强人民体质"。在中华全国体育总会成立大会前夕，中华全国体育总会筹备委员会副秘书长黄中给筹备组全体人员传达了毛泽东的这个题词。当时，一些不了解体育工作的知识分子，听了传达后，精神为之一振，逐渐转变了体育不过是"打打球""玩一玩"的肤浅认识。当年唯一的体育刊物《新体育》杂志以整页的篇幅刊登了毛主席的这一题词，并突出宣传了"发展体育运动，增强人民体质"、为生产建设和国防建设服务这一重要思想。这一题词体现了共产党人为人民服务、为人民群众谋利益的最高宗旨，明确了中华人民共和国体育事业的根本目的和发展方向，推动了我国体育运动的发展。朱德为中华全国体育总会成立的题词为"普及人民体育运动，为生产和国防服务"。这些题词反映了党和国家领导人为中华人民共和国成立初期的体育工作提出了指导思想和发展方向。

1953 年 6 月，当时的中国新民主主义青年团中央书记胡耀邦同志在中国新民主主义青年团第二次全国代表大会工作报告中指出"青年团的组织必须发动和组织青年参加各种体育活动和运动竞赛，协助和支持体育组织开展群众性的体育活动"。1953 年 6 月 30 日，毛泽东同志在接见中国新民主主义青年团第二次代表大会主席团时，号召全国青年做到"身体好、学习好、工作好"，更是激起了广大农村青年为革命锻炼身体的热潮[2]。

二、农村体育由各级学校、行政机关、部队、厂矿向农村地区延伸

中华人民共和国成立初期，群众性体育活动多在学校、行政机关和各类厂矿中开展，后来逐渐向农村地区延伸。农村地区的群众性体育活动具有一定的滞后性。1954 年 1 月 8 日，中共中央批转《关于加强人民体育运动工作的报告》，提出"使群众性的体育运动首先在厂矿、学校、部队和机关中切实开展起来"。1954 年 1 月，《新体育》杂志发表了中华全国体育总会秘书长荣高棠同志的文章《新中国四年来的体育运动》。这篇文章介绍了学校、部队、机关、厂矿的体育活动，也提到了农村体育活动。在当时的广大农村地区，农村体育有了一定程度的开展。山西黎城、河北怀安等地结合民兵训练，开展了武术、单杠、双杠、

---

① 郝克强. 1950. 体育为劳动生产服务. 新体育，(5)：13.
② 夏成前，田雨普. 2007. 新中国农村体育发展历程. 体育科学，27（10）：32-39.

木马、投手榴弹、越野赛跑等活动。安徽巢县、广东台山县等地农民组织了各种运动队[①]。

三、广播体操成为群众体育传播的加速器

广播体操成为中华人民共和国成立初期群众体育广泛开展的加速器。1951年11月24日，我国第一套广播体操公布。同日，中华全国体育总会筹备委员会、中央人民政府教育部、中央人民政府卫生部、中央人民革命军事委员会总政治部、中国新民主主义青年团中央委员会、中华全国总工会、中华全国民主妇女联合会、中华全国民主青年联合会和中华全国学生联合会等9个单位发出《关于推行广播体操活动的联合通知》。1951年11月25日，《人民日报》发表了中华全国体育总会广播体操研究小组的文章《大家都来做广播体操》。中央人民广播电台的广播体操节目从1951年12月1日开始，每天上午10点播放广播体操口令和配乐，做广播体操成为学校、企业、机关等单位必做的、熟悉的体育活动，这也成为中国历史上破天荒的新鲜事。20世纪六七十年代的广播体操，几乎每个人的学生时代都是在它陪伴下度过的。在那个时代，甚至更早时候，随着广播体操音乐的响起，"众人齐做操"的场面蔚为壮观，这种场面深深地映入人们的记忆里，成为当时中国群众体育运动的缩影，蕴含着一代又一代中国人的青春记忆。从1951年中华人民共和国第一套成人广播体操颁布开始，至今中国已经先后颁布了九套成人广播体操。回首广播体操60多年来走过的足迹，或许更能帮助我们理解体育的根本宗旨：让更多的人在运动中强健身体。

四、农业合作化促进了农村体育迅速发展

1949年10月至1953年，以办互助组为主，同时试办初级形式的农业合作社出现了。1951年9月，中共中央召开了第一次互助合作会议，讨论通过了《关于农业生产互助合作的决议》，并以草案的形式发给各地党委试行。此后，各地党委加强了领导，农业互助合作运动取得了较大的发展。1955年7月，毛泽东在中央召开的省、市、自治区党委书记会议上作了《关于农业合作化问题》的报告，报告认为"在全国农村中，新的社会主义群众运动的高潮就要到来"，对农业合作化运动要全面规划，加强领导。同年12月16日，中共中央公布了《关于发展农业生产合作社的决议》，此后，农业合作社从试办进入发展时期。农业合作化的产生促进了体育在农村地区的普及与开展。1956年1月9日，《光明日报》头版头条发表了《逐步开展农村中的体育活动》，文中指出随着农业合作化运动高潮的到来，我国历史上空前的文化建设高潮也就要来到[②]。随着农业合作

① 马玉芳，夏成前.2010.新中国成立以来农村体育的浮沉与变迁.南京体育学院学报，5（24）：41.

② 刘玉，方新普.2009.我国农村体育发展进程中的利益机制研究.西安体育学院学报，26（2）：134-138.

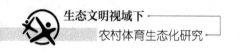

化运动和农业生产的发展，各级政府加大了农村基础设施建设，农村地区的体育活动也随之逐步活跃起来，农业合作化带动了农村体育的发展，体育活动成为当时农村青年喜欢参与的群众性活动。1956 年 6 月 10 日，由原国家体委和青年团中央共同举办的农村体育工作座谈会在北京召开，会议要求迅速建立县一级体育运动委员会，广泛开展农村体育活动，全国群众体育活动形成热潮。

五、农村社会主义建设中的体育大发展大繁荣

1955 年底，毛泽东亲自主持编辑的《中国农村的社会主义高潮》一书出版，这是新中国农村社会主义革命和建设中的一件大事。该书籍对农村的阶级斗争、农业的社会主义改造和集体化农村的政治、经济、文化工作等方面都作了极为重要的指示，直接推动了农村社会主义建设高潮的到来。在政府和体育部门推动下，全国各县农村体育运动发展很快。例如，浙江临安市各乡之间逢年过节都要举行篮球比赛。1956 年，临安举行农民篮球赛 13 次，参赛农民 2000 余人；山东省青岛市即墨区在 1956 年建立体育协会 31 个，发展会员 3560 人。此后，各单位纷纷组建体育队，开展体操、篮球、乒乓球、象棋比赛。1981—1984 年，县直各部门每年举行篮球、乒乓球、钓鱼、拔河、羽毛球、越野长跑，以及棋类等各种体育竞赛 40 余次，参赛运动员达 1.3 万人次。广东省新兴县于 1956 年 4 月成立县体委，体育活动逐步趋向于有领导、有组织、有计划地开展，活动项目有田径类以及武术、篮球、象棋、乒乓球、柔道、举重等。县体委成立后，选拔组成了县篮球代表队和农民篮球代表队，建立了正常的训练制度。

1958 年初开始的"大跃进"是中国共产党在全国范围内开展的极"左"路线的运动，农村中呈现出热烈的社会主义大生产大建设浪潮，农民体育也加入红红火火的"大跃进"队伍。1958 年 3 月 19 日的《人民日报》社论《让体育工作也来个大跃进》这样描述了上海市近万人参加的体育积极分子大会和北京市七千多高等学校体育积极分子集会上提出的体育口号："每人每天参加十分钟体育活动，争取为社会主义多工作十年"；"人人上操场，天天都锻炼，为祖国健康地工作五十年"。这样响亮的体育口号，体现了当时全国成千上万身强力壮的人民群众每日在运动场上锻炼的场景。事实也正是这样，在社会主义建设全面"大跃进"的形势下，群众要求体育"大跃进"的热情十分高涨，群众性体育运动高潮已在逐渐形成。当年，国家体育运动委员会还召开了体育工作会议，讨论并确定了体育运动十年发展纲要，对以后十年体育运动的发展做出了规划，纲要的制订使当时体育工作的奋斗目标和努力方向更加明确，对我国体育事业的跃进将会起很大的促进作用。

到 1958 年初，全国有 1000 万人经常参加体育活动，有 168 万多人通过劳卫制，有等级运动员 95 000 人。在第一个五年计划期间，全国运动纪录共被打破 1725 次，并出现了三个世界纪录。省同省、市同市、厂矿同厂矿、学校同

学校及农业社同农业社，都已纷纷提出体育运动的相互竞赛评比。工人、农民、青年学生都投身到群众性体育运动高潮中来，农村体育的跃进之势已经形成。

第二节　曲折历程，可圈可点（1959—1965 年）

一、轰轰烈烈的农村体育

1958 年后的一段时间内，我国农村体育曾出现了表面上轰轰烈烈、热热闹闹的局面。在发展农村体育的过程中，各级政府忽略了农村与城市的城乡差异，极力推动农村体育与城市体育并举开展，制定了发展目标，在四到五年甚至更短的时间内，在我国广大农村地区要基本普及农村体育，提高农村的体育参与率，五年内使每个乡镇建设一个体育场、一个体育辅导站、一个体育馆、一个游泳池；在农村和学校中广泛实行"准备劳动与卫国体育制度、等级运动员制度、等级裁判员制度"，开展"千人表演"、"万人誓师"大会，工人"挑灯夜战做体操"，农民"白天千军万马、晚上灯笼火把"。甚至有些农村，在农民农忙生产时期组织数千人进行体育训练，投入大量经费去购买体育服装和体育器材等。如甘肃省临夏回族自治州，在 1958 年农村掀起"篮球热"，农村集镇、公社所在地是办农民篮球比赛的集中点。据统计，大队以上开辟的篮球场占全州球场总数的 80% 左右，篮球队数以千计。此间，农村武术活跃，全州 80% 的农民老武术家就地收徒，演练者甚多。此外，农村民兵还开展了投弹、射击、刺杀等军事体育活动。

二、困难时期竞技体育对农村体育的影响

1959—1961 年，由于"大跃进"运动以及牺牲农业发展工业的政策所导致的全国性的粮食短缺和饥荒，我国进入社会经济发展的困难时期。人民生活陷入非常艰难的境地。在粮食短缺、大面积灾害的情况下，农村体育基本停滞。在严重困难面前，全党上下决心认真调查研究，纠正错误，调整政策。

1959 年国务院总理周恩来在《政府工作报告》中指出："在体育工作中，应当贯彻执行普及和提高相结合的方针，广泛开展群众性的体育运动，逐步提高我国体育水平。"当时中国共产党和人民政府十分关怀中国年轻一代运动员的成长，鼓励他们创造新成绩、新纪录，在国际比赛中争取优胜，为国争光，让他们有充分展示自己体育运动才华的机会。经过系统的科学训练，广大运动员的运动技术水平迅速提高，在一些运动项目中成为世界纪录创造者和跻身世界冠军的行列，改变了过去在国际比赛中的落后状况，为中国成为世界体育强国奠定了基础。

中华人民共和国第一届运动会于 1959 年 9 月 13 日至 10 月 3 日在北京举行。参赛的有各省、市、自治区，以及中国人民解放军等 29 个单位 10 658 人。比赛项目 36 项，表演项目 6 项，有 7 人 4 次打破世界纪录，664 人 884 次打破 106 项全国纪录。大会向中华人民共和国成立 10 年来打破世界纪录和获得世界冠军的 40 多名运动员颁发了体育荣誉奖章。这次运动会是在社会主义建设总路线的指导下，在全国范围内开展"人民公社""全民皆兵"运动，执行体育运动为生产和国防服务的方针，加强党的领导，反对右倾思想，学习苏联和其他国家的先进经验的背景下进行的。其目的是普及群众体育运动，增强人民体质，提高运动技术水平，检阅我国体育运动十年来的成绩，以进一步团结全国体育工作者，推动群众体育运动的发展，迎接中华人民共和国成立 10 周年。当年，容国团在第 25 届世界乒乓球锦标赛中，先后战胜了世界乒坛名将，为中国夺得了第一个乒乓球男子单打世界冠军。1960 年 5 月，中国登山队伍胜利登上珠穆朗玛峰，这是人类历史上第一次从北坡登上世界第一高峰。

1961 年 1 月，党的八届九中全会正式决定对国民经济实行"调整、巩固、充实、提高"的八字方针，三年来造成严重后果的"大跃进"运动实际上已被停止，国民经济开始转入调整的新轨道。这一时期国家收缩对群众体育的发展，把体育工作重点放在了竞技体育上。

1961 年 4 月，第 26 届世界乒乓球锦标赛在北京举行。中国乒乓球健儿经过近半个月的鏖战，放出了震惊世界的异彩，斩获 3 项世界冠军、4 项亚军和 8 个第三名。竞技体育的政治功能和社会功能凸显出来，振奋了民族精神，提高了国家的国际地位，激发了人民群众的爱国热情。

国家经济困难，体育事业经费不足，有限的体育经费的绝大部分被投入竞技体育领域，中华人民共和国成立后繁荣起来的农村体育迅速下滑，出现萎缩发展，渐入低谷。

三、经济复苏中的农村体育

1963 年底，第二届全国人民代表大会第四次会议上，时任国务院副总理兼国家计划委员会主任李富春代表国务院作了《关于 1963 年国民经济计划执行情况和 1964 年国民经济计划草案的报告》，该报告指出，我国的国民经济按照以农业为基础、以工业为主导的总方针，在调整、巩固、充实、提高的工作中取得了巨大的成就，已经战胜了连续三年的经济困难，纠正了具体工作中的缺点和错误，取得了社会主义建设的丰富经验，我国的国民经济已经开始全面好转。此时，农民体育活动也逐渐在全国各地活跃起来。如江苏省北凌乡在 1964 年举办了首届农民体育运动会，创设了扁担拔河、树木爬高、竹篮投球、老年太极拳等运动项目，参赛运动员有 240 多人，运动会的成功举办源于原北凌乡政府积极倡导农民在田间地头经常开展各项体育活动，本次运动会也使北凌乡成为全国农民体育运动的发祥地。

1965 年 1 月,原国家体委在北京召开全国体育工作会议。会议指出,必须坚决贯彻普及和提高相结合的方针,大力开展群众性体育运动。同年 6 月,国家体委在北京召开全国群众体育工作会议。会议主要研究了群众体育工作如何进一步贯彻党中央、毛主席对体育工作的指示等问题。会议提出:各级体委应当在党委统一领导下,主动配合教育、工会、共青团、军事部门积极开展群众体育活动,把一定时期组织大规模的群众活动与经常锻炼结合起来,经济复苏中的农村体育出现了短期的繁荣景象。

第三节　寒冬而至,百花凋零（1966—1976 年）

一、"革命"体育影响了群众体育发展

"文化大革命"初期,群众体育活动因为政治环境的变化骤然降温。学校是重灾区,在新闻舆论的煽动下,全国学生"停课闹革命",学校处于混乱状态。1967 年,中央要求全国学校"复课闹革命",虽然恢复了上课,但体育课被军体课取代,主要学习解放军的队列、投弹、刺杀等简单动作,以往的教学内容因属于"资产阶级教育"范畴而被取缔,很多学校干脆用劳动代替军体课教学。由于学校体育场地和器材被占用损坏,学生课余时间主要用于"民兵训练"和"学军活动",课外活动几乎取消。

与学校体育一样,"文化大革命"初期,群众体育活动因为政治环境的变化骤然降温。从 1966 年下半年到 1969 年,除了在每年 7 月 16 日为纪念毛泽东畅游长江而举办的游泳活动外,只有少数干部职工参加的手持《毛主席语录》跳"忠字舞"活动。受迫于当时上纲上线的恐惧,人们不再进行娱乐性体育活动,再加上很多开展体育活动的场地被用作搞揪斗的集会地,群众体育几近消失。"文化大革命"初期,由于农村特殊的社会环境,农民体育受到的冲击相对较小,但与"文化大革命"前相比,无论在规模还是内容上都已经大大萎缩了。值得一提的是,1968 年开始的大规模"上山下乡"活动,某种程度上使得城市学生对农村体育的普及起到一定的推动作用。

二、知识青年上山下乡带动了的农村体育发展

1968 年 12 月 22 日,《人民日报》文章引述了毛泽东指示:"知识青年到农村去,接受贫下中农的再教育,很有必要。"随即全国开展了知识青年"上山下乡"活动。此后,到 1978 年,有近 2000 万知识青年上山下乡,接受"很有必要"的"贫下中农再教育"。知识青年上山下乡,是特殊的历史为一代青年提供的一

条特殊的道路。在这条道路上，有宝贵青春的荒废，有美好理想的破灭，有生活信心的动摇，更有一代知青的奋斗业绩。当时的农村文化生活比较单一贫乏，知识青年们为了丰富生活，把体育活动作为生产之余积极参与的社会娱乐活动。在下乡知识青年的带动下，大量农村青年也参与到体育活动中，一定程度上促进了农村地区体育活动的开展。

1972年后，在毛泽东、周恩来的支持下，邓小平开始主持中央日常工作。对各行业进行全面整顿，国民经济和党与国家正常工作秩序开始恢复，体育竞赛和运动训练也随之恢复，各类体育报刊复刊。当年11月，全国农村体育工作座谈会在安徽芜湖召开，大会对恢复和发展农村体育进行了讨论，会议提出，开展农村体育，要与农村经济发展水平相适应；要积极地、有步骤地开展农村体育活动，要根据农村生产特点，农忙少搞，农闲适当多搞，采取灵活多样、方便群众的组织形式，开展群众喜闻乐见的活动；要因地制宜、因陋就简、自力更生、就地取材、修旧利废，制作简易体育器材，尽量做到不花钱、少花钱，农村体育逐渐走向正规化。

三、政治运动中的农民体育

农村体育在十年"文化大革命"过程中，带有较强的政治色彩，有时被利用为斗争的工具。开展农村群众性体育活动，是丰富农村文化生活，用社会主义占领农村思想文化阵地的重要措施，对于巩固无产阶级专政具有重大意义，绝不是可有可无的小事[①]。当时北京红星人民公社和天津小靳庄大队的体育活动开展得较好，两个地方的经验和做法在全国得到推广，农民体育活动成为农村文化建设的重要组成部分，积极组织农民参加到革命的体育活动中来有时影响到了农民的生产生活。

第四节　山回路转，枯木生花（1977—1985年）

一、"文化大革命"后的农村体育恢复

"文化大革命"导致国民经济发展缓慢，主要比例关系长期失调，经济管理体制僵化，对教育、科学、文化、体育的破坏尤其严重，影响极为深远。1976年，"文化大革命"结束，各个领域拨乱反正，恢复正常的工作秩序。农村体育在历经了"学大寨""学小靳庄"的热闹场面后，回归了正常的发展轨迹。1978年的中央工作会和党的十一届三中全会上，农业问题是研究讨论的重要问题。

---

① 夏成前，田雨普. 2007. 新中国农村体育发展历程. 体育科学，27（10）：33.

会议讨论了《中共中央关于加快农业发展若干问题的决定（草案）》和《农村人民公社工作条例（试行草案）》两个文件。文件指出要开展好农村的文艺体育活动，丰富活跃农民的文化社会，这为农村体育的深入开展提供了政策支撑。

1979年，中国体育充满春的气息，在国际奥委会的合法地位由此得到恢复。当年3月，国家体委下发《关于加强群体工作的意见》，该文件指出，条件好的和体育基础好的公社、大队，根据本地实际情况，坚持业余、自愿、小型、多样和勤俭节约的原则，因人因地因时制宜，开展体育活动，组织各种运动队，把体育列入民兵组织的军事训练内容之一。农民体育活动的内容和形式丰富多样。除了广播操、生产操、工间操等集体形式的群众性体育活动，以个人爱好和自愿参加为前提、不受场地限制的跑步、气功、武术等也成为大家乐于参与的体育项目，全国各级部门也在整理收集民间的传统体育项目。例如1979年1月，国家体委发出《关于发掘、整理武术遗产的通知》，广东省体委组织各方面力量深入调查，搜集整理民间传统体育，特别是群众喜闻乐见而又濒于失传的项目，并予以扶持提倡。此后，海南农村和少数民族地区的传统体育逐渐恢复活动，一些多年不见的项目如"打狗归坡""粉枪射击"等也重新出现。

二、改革开放为农村体育腾飞插上翅膀

1980年1月，全国体育工作会议在北京举行。会议总结了中华人民共和国成立30年来体育工作的基本经验，并提出，提高人民健康水平，提高运动技术水平和建设精神文明，把体育事业搞上去，让体育更好地为实现社会主义现代化服务。

1981年8月15日，中共中央发出《关于关心人民群众文化生活的指示》，要求各级党委和有关部门重视人民群众的文化生活，把它放在党委工作的重要位置上，认真抓好，切实解决在这方面存在的各种有可能解决的困难问题，引导人民群众的文化娱乐活动走上更加丰富、更加健康的轨道。为了贯彻中央的文件精神，建设好人民群众的文化生活，同年12月，国家体委在广西玉林召开全国农村体育工作座谈会，会上对建设农村文化体育生活进行了讨论。

1982年11月，国家体委、文化部、团中央联合举办的全国农村体育工作会议在福建省龙海市角美公社召开，参加会议的有各省、自治区、直辖市体委、文化局、团委和部分县、社、队的代表300多人。会议总结和交流了党的十一届三中全会以来开展农村体育工作的经验，提出了应加强对农村体育工作的组织领导，县、区、乡（镇）政府都要有专人负责文体工作的要求，研究制定了新的历史时期农村体育工作的方针、任务和措施。这次会议进一步提高了大家的认识，让大家明确了任务，鼓舞了其斗志，增强了其信心，与会代表一致表示要为开创农村体育工作的新局面做出贡献。

1983年2月，国务院要求各级人民政府加强领导，从实际出发，逐步地把

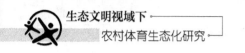
农村文化体育活动开展起来。同年,全国体工会提出要在 20 世纪末成为世界体育强国,主要标准有:普及城乡体育运动,运动技术达到世界第一流的水平,拥有现代化的体育设施,建设一支又红又专的体育队伍,并订了一些指标。当时全国有 70% 以上的公社(乡)建立了文化中心(站),体育活动是农村文化中心、文化站的重要活动内容,各种农村体育竞赛增多,农村的本土体育也日趋活跃。

1984 年,国家体委下发《关于加强县级体育工作的意见》,指出应着重抓好经济较富裕和体育基础较好的乡镇体育。这一时期,国家体委先后颁布了《全国体育先进县的标准和评选办法》和《全国体育先进县标准的细则》,通过开展体育先进县的评选,发挥了农村体育工作的龙头模范作用,调动了社会办体育的积极性,又把农村体育工作向前推进了一步,这一包含竞争和激励机制的举措有力地推动了农村体育建设的广泛开展。

这一阶段农村体育的经费投入主要依靠社队集体经济力量,同时重视资金来源的社会化,广开门路,拓宽融资渠道,多方筹集资金。首先,各级政府在可能的条件下,拨出一定的经费,扶植农村文化、体育事业的发展,各级体委、文化部门也拨出一定比例的经费用于农村文化体育事业;其次是利用自筹的办法,争取和鼓励社会上有关方面和热心体育的人士自愿资助。在物力资源方面,农村发动群众,自力更生,修旧利废,修建简易体育场地和制作简易健身器材。1985 年 10 月,《全国体育先进县标准的细则》提出建好四项符合国家标准的公共体育场地设施,即"两场(标准田径场、带固定看台灯光球场)、一池(游泳池)、一房(综合训练房)"的要求,促进了体育设施的规范化建设,使县级体育活动的条件得到了明显的改善。

第五节　深化改革,繁荣发展(1986 年至今)

一、建立体育组织,稳步有序发展

1986 年 9 月 11 日,中国农民体育协会成立,党和政府加强了对农村体育的领导、组织和宣传工作,标志着我国的农村体育形成了较系统的专门组织机构,对培养农民体育积极分子、体育工作者、体育人才,推动农村体育的发展,提高农民身体健康水平,丰富农村文化建设,都有着重要意义。

第一届全国农民运动会于 1988 年 10 月 9—16 日隆重举行,共设乒乓球、篮球、足球、自行车、田径、射击、中国式摔跤等七个比赛项目和武术、蒙古式摔跤两个表演项目,来自 30 个省、自治区、直辖市(台湾除外)的 1425 名男女运动员参加了角逐。运动会期间,来自全国各地的 1000 多名农村体育积极分子和第二批 80 个体育先进县获得了表彰。中国农民体育协会的成立、体育积极分子和体育先进县表彰以及举办的首届全国农民运动会，标志着我国农村体育工作成绩突出，农村体育制度政策日趋完善、农村体育人才队伍培养体系不断健全、农村体育场地建设力度逐步加大。1989 年，为庆祝中华人民共和国成立 40 周年，国家体委、国家教委等联合出台《关于国庆节前广泛开展群众性体育活动的通知》，各级政府积极贯彻落实文件精神，在广大农村地区组织形式多样、内容丰富的各类体育活动，以农民喜闻乐见的形式迎接国庆节的到来，为中华人民共和国成立 40 周年献礼。

1990 年，农业部、国家体委和中国农民体育协会为推动乡村农民健身活动，最大规模地发动农民群众参加体育锻炼，促进农村经济的发展和农村精神文明建设，在全国以乡镇为单位组织开展了"亿万农民健身活动"。"亿万农民健身活动"的广泛开展，充分满足了逐渐富裕起来的广大农民对提高健康水平和精神文化生活的迫切需要，适应了农村经济发展和精神文明建设以及社会稳定的需要，因而受到了广大农民的拥护和响应，得到了地方各级党委、政府的高度重视和支持。因此，"亿万农民健身活动"在全国广大农村普遍开展起来。

二、强化体育改革，完善法规制度

1992 年 11 月中旬，国家体委在广东省中山市召开了以学习邓小平同志南方谈话和探讨体育改革为主题的座谈会。该会议后来被称为中山会议。在此次会议上，体委主任伍绍祖提出了"六化六转变"，从不同层次把握体育运作过程，重构不同利益主体的行为模式，从而形成一个耦合的运行系统，构成了与体育改革总目标相适应的体育发展模式。

伍绍祖还指出："深化体育发展，并不是对原有体育体制和运行机制细枝末节的修补，而是按照社会主义市场经济的要求和现代体育运动的发展规律，对原有体育进行根本性的变革。"会议确定了"以全民健身为基本内容的群众体育"的体育发展战略。1993 年 5 月，国家体委制定了《关于深化体育改革的意见》，目标直指"政事分开、管办分离，运动管理责权利的统一"，指出了开展全民健身计划的重要性和必要性。1995 年，"一法两纲"（即《中华人民共和国体育法》、《奥运增光计划纲要》和《全民健身计划纲要》）的颁布健全了体育制度，使包括农村体育在内的中国体育有法可依、有章可循。《全民健身计划纲要》明确提出"提高农民的体质与健康水平是农村社会发展的一项重要内容，充分发挥村民委员会和各级农民体育协会的作用，并与文化站协同配合，做好农村体育工作；继续开展评选全国体育先进县活动，推动农村体育的发展"。

1996 年，《关于深化改革，加快发展县级体育事业的意见》经国务院批准

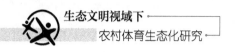

出台，党的十四届六中全会通过《中共中央关于加强社会主义精神文明建设若干重要问题的决议》。这两个文件都指出了大力开展群众体育，大力发展县级体育，加强农村体育建设，提高农民的身体健康水平。

1998 年，国家体育总局为了贯彻执行《中华人民共和国体育法》和实施《全民健身计划纲要》，使全国体育先进县的评比表彰常态化、规范化、程序化、制度化、公平化，颁发了《全国体育先进县标准细则的补充规定》，体育事业发展列入全县国民经济和社会发展规划，成为社会主义精神文明建设的重要内容。

1995—2000 年是《全民健身计划纲要》第一期工程实施阶段，在政府重视、群众响应、社会支持的良好局面下，该纲要在全国各地有序实施，成绩显著。城乡体育人口大幅增加，健身意识增强，各类体育社团不断涌现，体育场地设施明显改善，人民群众的健康水平逐年提高，对形成良好社会风尚，促进社会稳定，构建社会主义和谐社会起到了重要作用。

三、体育下乡入村，覆盖偏远山区

2001 年，国家体育总局在全国偏远农村地区实施"雪炭工程"，该工程是国家体育总局运用体育彩票公益金，分步骤在延安、井冈山、遵义、西柏坡等革命地区，新疆、西藏、广西等少数民族地区，西部及老少边穷地区，下岗职工较多、资源采掘枯竭或受到严重自然灾害需要重建地区，援建小型公共体育设施。"雪炭工程"树立了体育彩票"取之于民、用之于体、服务于民"的良好社会公益形象，在社会主义市场经济条件下弘扬了中华民族扶危济困的优良传统，有利于扶持和引导贫困地区发展体育事业，缩小地区间差距。

2002 年，中共中央、国务院下发了《关于进一步加强和改进新时期体育工作的意见》，明确指出把增强人民体质作为体育工作的根本任务，努力构建多元化体育服务体系，继续深入实施《全民健身计划纲要》，加强农民体育、职工体育、民族体育、残疾人体育等，注重地区之间、城乡之间的协调发展，加大对经济欠发达地区和农村体育事业的支持力度。2002 年 12 月发布的《农村体育工作暂行规定》，对发展农村体育的各个方面进行了全面规范，强调要将农村体育纳入当地经济与社会发展整体规划，纳入精神文明建设与小康建设的内容。

2003 年的群众体育活动普遍升温。由于"非典"疫情的出现，广大人民群众对参加体育运动、增强体质的认识普遍提高。各级体育部门不失时机大力倡导和指导群众体育锻炼，并推出全民健身的新举措。国家体育总局于 2003 年 4 月 28 日下发《关于因地制宜开展多样健身活动积极预防非典型肺炎工作的通知》，及时对群众在科学健身、增强体质、保持身心健康等方面进行指导，同时对各地体育行政部门如何应对"非典"、满足群众健身工作提出要求。2003 年是《全民健身计划纲要》第二期工程第一阶段实施计划的第三年，这一阶段的工作目标是：经过五年的努力，初步建成面向群众的多元化的体育服务体系。截至 2003 年底，国家体育总局把体育彩票公益金的 60%，总计达 10 亿元人民币用于实施全民健身计划，加上各省区市每年投入的彩票公益金，平均每年用于全民健身的金额超过 5 亿元人民币。

2004 年国家体育总局适时提出了"生活奔小康，身体要健康"的口号，为调动农民的体育锻炼热情，增强广大农民朋友的身体素质，国家体育总局把这一年确立为"农村体育年"，并启动以体育场地设施、体育健身指导和体育科普知识为内容的"体育三下乡"活动。该活动旨在改善和提高开展农民体育的物质条件，满足偏远地区农民的健身需求，提高农民的幸福指数，促进农民的身心健康，带动社会主义新农村建设。

为配合社会主义新农村的建设，2006 年国家体育总局在全国启动"农民体育健身工程"，相继颁发了《关于实施农民体育健身工程的意见》与《2006 年农民体育健身工程实施方案》。"农民体育健身工程"通过各级政府、社会团体、公益彩票的资金投入，把体育场地建到田间地头、农民身边，便于农村居民的体育参与，为农村体育的开展提供场所和平台。我国农村体育将在该工程的支撑下，在建设社会主义新农村的方针指引下，进入一个持续、快速、稳定、健康发展的历史新阶段。

2007 年，国家体育总局、国家发展和改革委员会、财政部联合出台了《"十一五"农民体育健身工程建设规划》，"十一五"农民体育健身工程建设是体育、发改和财政部门合作进行大规模体育场地建设的尝试和探索，没有前车之鉴和成熟模式。该规划要求"十一五"期间，在全国完成 10 万个行政村的公共体育场地设施建设。当年，在中西部地区遴选了 9277 个行政村作为建设对象，投入建设资金 1.8 亿元（其中体育彩票公益金投入为 9500 万元），用于建设农民体育健身工程。国家体育总局投资 4000 万元，在全国各地修建了 1000 条全民健身路径和 16 个全民健身活动中心，大幅增加了农村体育场地建设。

2008 年，北京奥运会成功举办，农民体育发展掀起了新高潮。农村体育场地类型和数量增多，农村居民体育健身意识增强，农村体育指导员和体育骨干队伍不断壮大。

2009 年，国务院第 77 次常务会议通过了《全民健身条例》，该条例的制定

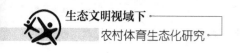

是为了促进全民健身活动的开展，保障公民在全民健身活动中的合法权益，提高公民身体素质。当年，为了纪念北京奥运会成功举办，国务院批准每年 8 月 8 日为"全民健身日"，从而满足广大人民群众日益增长的体育需求。

2010 年 6 月，国家体育总局、文化部、农业部印发了《关于发挥乡镇综合文化站的功能进一步加强农村体育工作的意见》，该意见指出：农村体育工作是农村社会主义精神文明建设的重要方面，是社会主义先进文化的重要组成部分，乡镇体育工作是其重要环节。有关方面要进一步明确农村体育工作在我国体育事业中的地位和作用，依据《中华人民共和国体育法》，以乡镇为重点开展农村体育工作，逐步夯实农村体育工作基础，实现农村体育工作有机构、有人员、有阵地、有经费，改善农村公共体育服务条件，提高服务能力；以综合站为重要阵地，通过广泛组织开展体育活动，不断满足广大农民日益增长的多元化体育健身需求，提高农民体育健身意识和体质健康水平，为构建社会主义和谐社会、全面建设小康社会、建设社会主义新农村服务。

2011 年 3 月，国家体育总局发布关于印发《体育事业发展"十二五"规划》的通知，该文件指出要加强全民健身设施建设。把"农民体育健身工程""雪炭工程""全民健身路径工程"并重发展，加大新农村农民体育设施建设力度，力争覆盖 50% 以上的街道、社区、农村。

四、迈入新时期，全民健身热

2012 年，中国农民体育协会工作会议在河南南阳胜利召开，2012 年国家体育总局将从四方面加强农村体育工作，分别是积极推进农村地区基本公共体育服务的均等化，不断提高农村体育组织化水平，广泛开展农民体育健身活动，支持和配合农业部、中国农民体育协会办好第七届全国农民运动会。

2014 年，国家体育总局发布了《体育总局关于加强和改进群众体育工作的意见》（体群字〔2014〕135 号），该意见指出，加强和改进群众体育工作是落实"将全民健身上升为国家战略"的必然要求。全民健身上升为国家战略，充分发挥体育的综合功能和多元社会价值，保障和改善民生，满足人民群众多样化的体育需求，使人民群众享受体育健身带来的健康和快乐，提升幸福指数，对推动经济社会转型升级、全面实现小康社会、构建社会主义和谐社会、实现中华民族伟大复兴的中国梦有积极的推动作用。

2016 年，国务院印发了《全民健身计划（2016—2020 年）》，该文件指出，强化全民健身发展重点，着力推动基本公共体育服务均等化和重点人群、项目发展。依法保障基本公共体育服务，推动基本公共体育服务向农村延伸，以乡镇、农村社区为重点促进基本公共体育服务均等化。坚持普惠性、保基本、兜底线、可持续、因地制宜的原则，重点扶持革命老区、民族地区、边疆地区、贫困地区发展全民健身事业。

2017年，农业部、国家体育总局发布了《关于进一步加强农民体育工作的指导意见》，将农民体育事业作为全民健身国家战略和"三农"工作的重点任务，以强健体质、砥砺意志、提高农民健康水平为根本目的，以激发和满足农民多元化体育健身需求、促进人的全面发展为出发点和落脚点，以乡村为阵地，通过强农补短、重点推进和延伸覆盖，大力推进改革发展和统筹建设，着力补齐农村体育健身公共服务体系短板，努力提升农民体育社会组织服务能力，将农民健身与农民健康有机融合，有效推动农民体育蓬勃发展，为全面建成小康社会和推进健康中国建设做出贡献。

第一节　农村体育的特点

在中华人民共和国成立初期，我国的农村体育带有自发性特点，人们认为生产劳动是体育产生的基本根源。自 1949 后，体育活动成了我国农村城镇化基础建设的重要组成部分，伴随着社会经济体制的变革发展，人民生活水平逐步提高，农民有了可自由支配的空闲时间，为农村体育活动的发展提供了时间保障。各级政府重视农村体育发展，加大人力、物力、财力投入，完善了农村体育基础设施，成立了各级农民体育协会，举行了农民运动会等，使农民体育成为社会主义新农村精神文明建设不可或缺的部分。但是有关生态文明的研究起步较晚，在生态文明的背景下人们对农村体育的特点认识尚浅。因此，本研究的主要任务是研究生态文明视域下农村体育的特点及其发展规律。我国农村体育活动的特点和特征受政治、经济、文化、环境、生活方式、价值观念等影响较大，因此，生态文明视域下农村体育的特点与特征表现如下。

一、体育参与者的普遍性和体育活动组织的业余性

我国农村人口众多，分布较广，地域分散，随着农民体育健身工程的深入开展和全面覆盖，村庄有体育场地，乡镇有文体中心，形成体育健身参与普遍性的特点。从国家发展的角度来看，我国正处于社会主义初级阶段，由于政治、经济、文化的相对落后，农民的主要活动是劳动生产和社会主义新农村的建设，早日实现小康社会，而对参加体育的重要性认知不够，良好的体育价值观念还

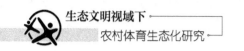
有待于进一步形成。目前我国的农村居民以留守老人、妇女、儿童居多,文化程度普遍偏低,体育健身意识淡薄,由于年龄、性别等特征明显,较难开展群体性强、覆盖面广、参与度高的体育活动。农村专业体育人才短缺,多数体育活动由农村干部和群众自发组织。目前随着全民健身的深入开展,我国对体育人才的需求也在逐渐增多。经过国家、社会、学校的多方努力,我国培训了一定数量的社会体育指导员,但多数人的就业选择更倾向发达城市,到农村工作的专业体育人才较少,农村体育指导员短缺已成为农村体育发展的瓶颈问题。由此可见,农村体育场地已经建成,但是由于专门体育人才的短缺,农村体育组织呈现出业余性特点,科学地、有组织地开展农民健身活动将是一项十分艰巨的任务。

二、农民体育需求的多元化和体育参与的灵活性

随着社会主义发展,市场经济确立,近年来我国的经济得到了快速发展,农村居民的经济收入增多,物质生活条件改善,幸福指数逐年提升,农民可支配的余暇时间也在增加,健康生活的理念逐步扎根在农民心中。随着互联网逐步覆盖农村,以及智能手机的广泛普及,农村居民逐步认识新型体育并且积极参与其中,农民体育需求呈现多元化趋势。同时,农民体育参与也具有灵活性,农民根据自己的余暇时间、兴趣爱好和体育需求选择自己喜欢的体育运动,参加时可以与邻里结伴集体参加,也可以个人参加;可以参加县、镇、乡、村等政府组织的体育活动,也可以参加社会社团、个人组织的体育活动;可以是现代流行的瑜伽、街舞、跆拳道,也可以是带有民族传统特性的舞龙、舞狮、赛龙舟、武术等。

三、体育活动的临时性和季节性

在过去,受生活环境和生活水平的限制,农村人口的大部分时间都用于务农,日出而作,日落而息。在南方,农业活动一年两作甚至三作,即使在干旱的北方也至少一年一作,这就决定了农民的闲暇时间极少,在体育项目上分配的时间更是少之又少。农村体育活动基本上以一个村子为单位组织,其目的可能是完成某项传统纪念或响应政府号召,体育活动多以行政组织为主。但是现在,随着人们生活水平的提高、个人健身意识的增强及农业生产机械化的发展,以人力为主的劳动逐渐转变为以机械为主,节省了劳动力,所以农村居民的闲暇时间增多。因此,农村的体育活动由行政组织向自发性临时开展转变。农村居民根据气候条件开展农忙,在不耽误正常农业生产的基础上进行自发的临时性的体育活动。而进入21世纪以来,自2004年开始,中央一号文件连续14年聚焦农业、农村和农民,凸显了"三农"问题在我国"重中之重"的地位。国家对农业、农村、农民问题的关注度提高,在农村进行大量的投资,为农村居

民建设了各种体育设施，把体育场地建设在农民身边，方便农民进行体育健身锻炼，开展各类体育活动。但是我国幅员辽阔，村庄不像城市那样范围大或者集中，有些村庄处在边缘山区，人口少，交通不发达，有组织有计划地组织村与村、乡与乡之间的大型体育活动的可能性较小，因而农村体育活动多为村民临时性的体育锻炼。

由于农村的生产特点，农村居民的体育活动受到农业生活的限制，人们在不耽误正常农业生产的情况下参与体育活动。在北方，气候节令分明，农民春秋季节多数忙于劳作生产，夏冬季节闲暇时间相对较多，所以农民体育多在夏冬季节举行，但是受气候条件的影响，冬季进行体育活动的人数相对较少，多数人选择室内的棋牌活动。在气候温暖的南方，农业生产活动集中，所以人们的体育活动一年四季都很零散。

除此之外，作为一个历史悠久的文明古国，不同的习俗遍布中华大地。正是在这些传统风俗的影响下，农村人口会在某段时间集中举行某项体育活动，较为大型的体育活动会吸引附近村庄中的居民参与，这样不仅使得体育活动的规模扩大，而且使得体育活动的内容更为丰富，形式更为多样，在活动过程中也增长了人们体育健身锻炼的热情和信心，让体育活动在更为广阔的范围传播开来。例如蒙古族的那达慕大会、塔吉克族的播种节、汉族的元宵节等。在这些特定的节日里举行民族传统体育项目，既是风俗习惯的延续，又是体育发展的需求，体现了农民体育的季节性特征。

四、体育项目的区域性和民族性

我国地大物博，国土面积横跨亚欧板块，且有众多的江河、湖海、森林、草原、山地、荒漠、洞穴等贯穿其中，地形呈自西向东逐阶递减，地貌丰富多样，犹以西北和西南最为复杂。东边毗邻海洋，西南有世界屋脊青藏高原，西北是黄沙戈壁，北边是悠悠草原。各地分布在不同的气候区，使得人们的生产方式、生活方式不同，生理结构和心理结构各异。因此在某些体育活动中，各地居民的表现也不尽相同，他们有不同的运动能力，不同的运动方式，各地在地形、地貌、地理环境、气候环境、生活方式等影响下形成了具有本地域特点的体育运动项目，如北方的冰雪、草原项目、戈壁项目等。不同地域形成不同的文化和生产生活方式，孕育了不同的体育项目，不同的体育项目构成了一幅幅缤纷多彩的体育赛事图，形成了一道道美丽的风景线。

我国的 56 个民族共同聚居于广袤的大地上，56 个民族形成了各民族风土人情和生活习惯各异的特点。2015 年 8 月，中国少数民族传统体育文化展在鄂尔多斯市举行。会展资料显示，在中华民族五千年的历史长河孕育的近千项民族民间传统体育项目中，近 700 项来源于少数民族，这些多姿多彩的项目构成了博大精深、蔚为大观的少数民族传统体育文化。随着社会发展和文化交流，历史上不同民族的体育元素不断交融，共同汇入中华古代体育文化之中，如春秋山戎秋千、战国胡服骑射、汉唐西域乐舞、元代骑射、清代冰嬉等，这些古代民族的体育元素被发扬光大，对中华民族体育文化的形成发展起到了助力作用。每一种民族民间体育活动，都是特定地域内某一民族文化的载体，其所汇成的洋洋大观正是人类文化多样性的珍贵标本，也是当代中华文化软实力不可分割的组成部分。这些民族体育项目可以强身健体，可以陶冶情操，深受各地民众喜爱。喜闻乐见的民族体育项目有维吾尔族的达瓦孜，哈萨克族的姑娘追，蒙古族的摔跤、赛骆驼，朝鲜族的秋千，锡伯族的射箭等。民俗节日的体育庆典活动有傣族的泼水节、苗族的踩花山、白族的三月街、壮族的歌圩、藏族的藏历年和望果节等，诸如此类节目深受当地民族风情影响，带有浓重的民族特色，成为农村百姓茶余饭后的主要娱乐活动。

五、锻炼场地的多样性和简陋性

近年来，我国大力支持体育事业的发展，促进了体育产业链延伸、体育市场繁荣，国民运动的热潮也随之而来。这极大地促进了我国社区体育、学校体育快速发展，特别增加了城镇和农村体育设施方面的投入，且通过举行各种各样的大型体育活动激发了人们的运动热情，拓宽了体育进入人们生活的渠道。从相关的调查和研究来看，选择空地、公路和街道进行体育锻炼的农民占39.63%，选择自家庭院的占27.68%，选择公园、体育场（馆）、文化指导站等的占13.54%，选择其他如田间、河畔等的占19.15%[①]。进一步分析可知，城郊农民体育锻炼的首选场所为公园、体育场（馆）和田间，普通农民和边远农村选择自家庭院、街道和文化指导站。可见农村居民参加体育锻炼的场所呈现多样性特点。

虽然农民的体育热情不断增长，但是由于经济水平有限，公共体育设施短缺仍然是农村体育运动深入开展的瓶颈因素。乡镇尚有一些新旧不一的、以篮球场地为主的公共体育场地以及新建的少量花园绿地和小广场，这些可用来充当健身场所。但是，作为广大农民聚集地的村落，很少有合乎标准的体育场地。即使是农村中小学，体育场地器材也很缺乏、陈旧[②]。近年来各级政府通过财政支出、公益彩票、社会团体投资等渠道，在老少边穷的偏远农村地区建设了一批批场地，包括小绿地、小广场、篮球场、乒乓球台、健身路径器材、文化活动中心等，但这些场地建设标准较低，有时被农民当作打粮晒粮的场所，年久失修，损坏较为严重，所以目前农村的体育场地设施总体来说还是较为简陋、单一。

---

① 黄静珊，王兴林，李宏印，等. 2004. 陕西省农民体育的现状调查与对策研究. 体育科学，24（4）：9-11.

② 田雨普. 2007. 现时期我国农民体育的发展特征. 体育文化导刊，（8）：5-7.

六、农村体育功效的积极性和偏向性

农村开展的体育项目多数为传统体育项目，这些项目最初来自农民平时的生产劳动经验、祖祖辈辈的生活总结。后来，体育表演和体育比赛渐渐在农村出现，原来的传统体育项目不仅得到了很好的继承，而且逐步发展下来。这种经过双重加工的传统体育有着具体而丰富的表现形式和深远的文化修养，与现代体育项目相比，同样具有强身健体、传播文化、丰富生活、修心娱乐等积极的功效。若结合实际，将农村体育活动与当地的政治社会经济文化发展结合起来，既发扬现有的体育特色，又将这种特色文化传播到更广的地方，那么这种体育势必能够带来更加积极深远的意义。但是，当我们执着于农村体育积极方面的时候，不能忘记"双刃剑"这一现象总是存在于诸多事物之中，我们更应了解到在特定状态下体育存在的消极影响。因为农村体育多数是自发性出现的，所以它本身的组织和领导能力是相对缺乏的。目前，我们必须面对的一个问题是农村体育效率的偏向性问题。比如，有些农村居民利用传统节日举办斗鸡、赛马、下棋等进行赌博，造成了不良影响；有的地方借助元宵节舞龙舞狮、端午龙舟等传统体育活动传播宗族行为、迷信思想等。以上种种，都使体育活动根本功能与实际价值的发展偏离了正常的方向和轨道，需要加以注意并正确引导。

第二节　农村体育发展的基本特征

一、价值取向多元化

体育价值观是体育的价值在人们头脑中的反映，或者说是体育价值的基本观点、基本看法，在人们对体育问题做出价值判断和价值取向时起指导作用，对个人的价值观有着深刻的影响，甚至作用于更广泛、更持久的行为。根据物质与意识的辩证关系原理，意识对物质具有能动作用，正确的社会意识会促进客观事物的发展，指导社会实践。人们在建设社会主义新农村过程中，对农村体育参与形式、基础设施、功能作用及其地位等的认识程度将决定着新农村体育活动形态的发展进程。近年来，我国政治、经济、文化飞速发展，社会主义新农村进程加快，人民生活水平逐步提高，幸福指数逐年提升，有了大量的空闲时间可供自己支配，这样的条件为形成健康、向上、健全的体育价值观念提供了基础。社会存在决定社会意识，随着社会物质文化的发展，人们的体育价值观也随之发生变化。在经济飞速发展、文化繁荣、政治清明的今天，在人们日益增长的物质文化需求下，人们的体育价值观念也出现了新的变化。"健康第

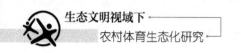

一、终身体育、全民健身、大健康"等新的价值观念取代了"劳动即体育和体育无用"等观念。体育价值观出现了多元化的特点，不仅在于强身健体，更加在于精神教育、调节心理、娱乐、发扬民族精神等方面。这种多元化的体育价值取向培养了人们的顽强意志、竞争创新意识、协作精神、奋进拼搏精神及社会责任心，在增强人们的使命感和爱国意识方面起了很大的作用，更是为社会主义新农村体育建设和如期实现小康社会提供了精神保障。

二、锻炼手段阶层化

随着"大健康""健康中国2030"的提出，农村居民的体育价值观念发生了深刻变化，人们越来越注重自身的健康。经济建设体制的改革给人们参加基本体育活动提供了保障，但是不同地域、不同民族的农村居民有着不同的生产方式、行为习惯、价值观念、生活习俗、经济收入、文化水平，这些不同的条件使得人们处于的社会阶层不同，对体育认知需求不同，体育锻炼方式也不尽相同。例如高收入阶层者大多选择在环境良好、有组织、有指导的收费健身场所；低收入者则一般不会考虑在体育活动上投资过多，所以他们一般选择在免费的公园、街道上运动，有的人直接在自家庭院里锻炼。可见，农村体育在满足特定的人的特定需求时，既具有区域性，因地适宜，又有阶层性，因人而异，兼有针对性和个性化特点。

三、运动项目民俗化

众所周知，我国是一个多民族国家，不同的民族分布在我国不同的疆域上，受气候、地形等自然因素及社会因素的影响，各民族孕育了特色鲜明体育活动和体育项目，如北方地区农村的狩猎、滑雪，中原地区农村的扭秧歌、撑旱船，西部高原农村的腰鼓，南方农村的龙舟赛，草原游牧地区的摔跤、赛马等。体育活动精彩纷呈、丰富多彩，不同的体育活动带有不同的地域特色。除此之外，少数民族居住地区受民族传统文化和生产生活方式的影响，形成了各类民族传统体育项目，引人注目，绚丽多彩，如达瓦孜、叼羊、射箭、狩猎、荡秋千、珍珠球、木球、摔跤等项目。这些具有民族特色和地方特色的传统体育项目，一定程度上给人们勾勒出一幅农村人民生产劳作的画面，体现了各自民族的特有文化习俗和区域特征。所以，我们挖掘、整理、传承这些优秀的民族传统体育项目，继承、保护、发展它们，使这些烙上民族印迹民族传统体育项目繁荣发展。

四、场地投资扩大化

全民健身路径是我国近年来在兴起的一种深化体育改革、发展群众体育、倡导全民健身、提升全民健康水平的政策部署。全民健身路径所占用空间较少、易于建设、方便参与，是一种集娱乐性、健身性、艺术性于一体的群众公共体育设施。1996 年，我国在城市各大社区和农村开始修建全民健身路径。随着我国全民健身计划、农民体育健身工程、体育三下乡等相继实施，农村地区的场地建设大有改善。第六次全国体育场地普查结果显示，到 2013 年 12 月 31 日，全国共有各类体育场地 169.46 万个，用地面积 39.82 亿平方米，建筑面积 2.59 亿平方米，场地面积 19.92 亿平方米；2016 年国家体育总局援建全民健身场地设施和捐赠体育健身器材 205 182 万元。体育设施的修建，为广大人民群众就近就便参加体育锻炼创造了良好的条件。举办全国性的健身路径比赛，可以带动更多的人参与到健身运动中来，使健身路径成为重要的"民心工程"，从而更好地推动全民健身工程进一步发展。

五、发展时期过渡化

"不积跬步，无以至千里；不积小流，无以成江海。骐骥一跃，不能十步；驽马十驾，功在不舍。锲而舍之，朽木不折；锲而不舍，金石可镂。"社会主义新农村的建设离不开农民参与，是一个长期而漫长的过程，体育建设也成为新农村建设的重要组成部分。虽然新农村建设一直在农村体育基础设施建设和新农村体育的发展提供契机，但是体育政策执行难、体育制度不完善、农村体育人口流动大等因素使"新农村体育"的建设发展存在诸多的困难。因此，新农村体育还处在过渡时期，其目的是扩大参与人数，改善人民生活质量，提高人民精神生活水平，促进其形成健康丰富的生活方式，改善国民生活质量和健康水平，在 2020 年全面建成小康社会后，力求形成适合居民需求且符合社会总体发展水平的农村新体育。

第五章
社会变迁与农村体育生态化

第一节　社会变迁的概念简述

古希腊哲学家赫拉克利特曾说过："一个人不能两次踏入同一条河流。"为什么？因为这人已经不完全是原来的人，这河也不完全是原来的河了。它告诉我们一个非常深刻的哲学道理——"万物皆流"。社会现象也是如此。一切社会现象也都处于不断变化之中，社会学把社会结构与制度的变化称作社会变迁。

为进一步理解社会变迁的含义，我们应注意把握以下几点。

从方向看，社会变迁（social change）概念不同于社会进步：第一，社会进步具有一维性和单向性，它只代表社会向前的变化、发展，往往与社会发展概念等同；而社会变迁具有多维性或多向性特点，它既包括社会的进步、发展，又包括社会的倒退，既包括整合，也包括解体。第二，社会进步带有价值判断的成分，人们由于认识水平、价值标准的不同，对社会进步的认定也会出现差别；而社会变迁本身是事实陈述，不具评价性。

从内容来看，社会变迁是一种全面性的社会结构性变化。学术界对社会变迁的内容一直存在着争议。以浙江大学奚从清先生为代表的学者认为，社会变迁是一切社会现象的变化；以刘豪兴为代表的部分学者认为，社会变迁是社会关系变化；北京大学的专家们则认为社会变迁是"社会结构方面发生的任何社会制度或人们社会角色模式变动的过程"[①]。我们认为，社会学上的社会变迁并不是指一切社会现象的变化，而是指包括社会的基本结构（阶级、组织、职业

---

① 孙刚. 2013. 城镇化进程中农村体育研究. 北京：中国言实出版社：77.

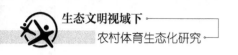

等结构）、基本制度及具体制度（政治制度、经济制度等）、生活方式、价值观、科技文化等的全面性变化，这种全面性的变化体现为一种结构性变化。

从范围上说，社会变迁既可以是社会整体系统的变化，也可以是地区性或层面性的局部结构变化。传统社会学认为，社会学侧重于社会的整体结构的变迁，局部变化本身不被认为是社会变迁。社会学产生于 19 世纪上半期整个社会剧烈动荡的时代，因而往往更重视从整体上研究社会变迁。但今天，社会变迁的含义更广泛了，我们不仅把社会整体的变化称作社会变迁，也把社会日常生活的局部结构的变化或者部分社会或集团的变化称作社会变迁。

从原因上说，社会变迁的原因有内部的也有外部的。因为社会是一个开放性系统，而在一个开放性系统中，系统本身的演化既受内部组成要素如经济、政治及社会价值观等的影响，又受外部因素的影响，比如武力征服、殖民统治、经济制裁、国际贸易等，这些要素产生的协同作用导致社会的结构性变化。

从过程来看，社会变迁的时间、速度、道路、过程是复杂的。变迁的时间可长可短，变迁的速度有渐进也有突发，变迁的道路是迂回曲折的，变迁的过程有发展、进步也有停滞、倒退。但这并不是说社会变迁没有规律性，恰好相反，从社会学创立开始，学者就一直关注社会变迁的规律，力图通过对变迁规律的认识，来实现社会的良性运行。马克思主义也致力于对社会规律的概括，但目前国外学术界出现了历史发展的偶然性的观点，如波普尔的历史非决定论，对社会规律问题提出质疑。

综上所述，社会变迁是指一切社会制度、社会结构、社会组织、人口、人的环境，以及道德、法律、哲学、宗教、文学艺术、风俗习惯、时尚等一切社会现象突发的、急剧的变化，或演进的、缓慢的变化。

第二节　社会变迁的类型

一、社会变迁的类型

对于社会变迁有哪些类型，社会学界看法不一。我们认为，按照不同的标准可以把社会变迁划分为不同的类型。

（一）社会进步与社会倒退

从社会变迁的方向来看，社会变迁可以分为社会进步与社会倒退。虽然社会变迁本身是对社会变化演进的客观描述，不带有任何价值判断的成分，但当我们具体考察一定历史环境中的变迁时，就不得不将社会变迁同保障社会的良性运行联系起来，从而出现方向上的差异。能促进社会良性运行和协调发展的社会变迁，就是正向的社会变迁，是社会进步；相反，不利于社会财富的增长、阻碍甚至破坏社会良性运行和协调发展的社会变迁，就是社会倒退。

社会进步的总方向一般是由低级向高级、由简单到复杂、由愚昧向文明。而社会倒退则是社会局部或整体从已经达到的较高发展阶段向较低发展阶段变化的过程。社会进步代表了人类社会发展的总趋势，但战争、天灾或其他不测事件，或者是新生社会结构在尚未成熟时就遭到原有的旧结构的破坏，都会对社会产生较大影响，引起文明程度下降，从而导致社会出现倒退现象。社会倒退在根本性质上是不符合社会发展规律的，相对于社会总的进步趋势来说，社会倒退是一种特殊的社会变迁形式。不仅如此，它往往还是更大进步的前奏，相对于更大的进步，倒退只是暂时的，因而，社会倒退还是一种暂时的社会现象。比如，我国清朝封建专制统治倒台后出现的张勋"辫子军"复辟闹剧，这种历史的倒退仅维持了很短的时间。

（二）整体社会变迁与局部社会变迁

从社会变迁的规模与范围来看，社会变迁可分为整体社会变迁与局部社会变迁。整体社会变迁是指社会整体结构与制度体系的变迁，比如，中华人民共和国的成立，就不仅实现了政治结构与制度上的彻底变革，而且实现了经济、文化等全面的结构与制度的变迁，是典型的整体社会变迁。局部社会变迁是指社会系统的部分结构和制度的变化，如地区性社会变迁，最终引起社会变迁的文化变迁、人口变迁及社会成员生活方式的改变等。

从一定意义上说，局部变迁是整体社会变迁的基础，因为社会整体的变迁，特别是一些渐进性的社会变迁，都是从局部的变迁开始的，局部变迁达到一定程度时，达成了社会整体的变迁。当然，这并不是说整体变迁是局部变迁之和，因为整体社会变迁是组成社会系统整体的各个要素变迁的协同作用的结果，或者说各个局部变迁的合力形成了整体的变迁，当局部变迁的方向和社会整体变迁方向一致时，会促进社会整体变迁，相反，当方向不一致时，则阻碍社会整体变迁。正因如此，有计划地实行社会变迁显得尤为重要。

（三）社会进化与社会革命

从社会变迁的性质上看，我们可以把社会变迁分为渐进的社会变迁与突发的社会变迁，主要表现为社会进化和社会革命两种形式。社会进化是一种缓慢的、有秩序的、渐进的变迁形式，它往往是针对社会的内部结构的不协调及与外部环境的关系所做的有序的调整，是社会的一种量变积累。这种变迁往往是局部变迁的积累，如家庭结构的变化、人们生活方式的变化、价值观念的转变及城市结构的改变等。社会进化往往没有结构性的重大变化。

突发的社会变迁是社会急剧发生的、带有质变性质的变迁，其中，社会革

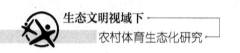

命是突发性社会变迁的主要形式。社会革命的目的与结果往往是改变社会的生产关系，因而，社会革命是社会结构、社会制度的根本性变化，是根本性的社会变迁。不仅如此，社会革命还是一种急剧的、飞跃式的社会变迁，它一般来势迅猛、急剧，是社会系统、社会结构原有秩序在短时间内的彻底打乱与重新调整。社会革命既可以表现为暴力革命的形式，如阶级冲突与斗争所引发的整个国家的制度、性质的变化，也可以表现为和平过渡的方式，如一个国家内部比较激进的改革。

（四）自发的社会变迁与有计划的社会变迁

从人对社会变迁的参与和控制程度来看，社会变迁可以分为自发的社会变迁与有计划的社会变迁。社会变迁有时候是自然而然发生的，有时候是人们有意推动的。自然而然发生的社会变迁就是自发的社会变迁，其首要特征是自发性或者说无计划性。它可以分为两类——自然条件的改变而导致的完全自发的社会变迁和个体有目的和预期而社会整体无计划的半自发的社会变迁。一般来说，人类在对社会发展缺乏足够认识的情况下，只能盲目地参与社会变迁。迄今为止，历史上大多数社会变迁都是自发的、无计划的。随着人类对社会规律的认识的提高，人类对社会变迁的参与和控制能力也逐渐提高。人们有计划地设计与规划而推动的社会变迁，就是有计划的社会变迁。在现代社会，有计划的社会变迁已成为社会变迁的主要形式。目前，各国纷纷制订社会发展计划，实际上就是有计划地推进社会变迁。

社会改革是有计划的社会变迁的一种重要形式，它是人们根据社会规律对社会进行一些主动、有意识的调整，所以社会改革是人的自觉行为。同时，社会改革也是一种较为迅速的社会变迁。比如，我国几十年的改革历程，使人人都已经感受到它的力量及迅猛之势。

二、各种社会现象的变迁

1. 自然环境变迁

社会变迁的过程总是在一定的自然环境中进行的，自然环境为社会的生存和发展提供自然资源和物质条件。自然环境依其自身规律演变，影响社会的变迁，人类作用于自然环境引起自然环境的变化，进而影响社会的变迁。

2. 人口的变迁

人口变迁主要指人口数量、质量、构成及人口流动和分布的变化。一定的人口是社会存在和发展的基本前提，人是社会生活和社会活动的主体。人口的变化给整个社会的变化以极大的影响。

3．经济变迁

它包括生产力的变化、生产关系的变化、生产量的增长和生产质的提高。社会经济的变化与发展是社会变迁的主要内容之一，给整个社会变迁以决定性的影响。

4．社会结构的变迁

它主要体现在两个方面：一是社会功能性结构的变化，表现为人们为了满足生存和发展的需要而产生的各种经济、政治、组织、制度等结构要素的分化和组合；二是社会成员地位结构的变化，表现为社会成员由于其经济地位、职业、教育水平、权力、社会声望等的不同和变化而产生的社会阶级和阶层关系的变化。

5．社会价值观念和生活方式的变迁

社会价值观念的变迁主要通过人们的行为规范和思想体系表现出来。人们的社会活动都是在价值观念指导下不同程度地发生的，社会价值观念的变化往往成为整个社会变迁的先声。

6．科学技术的变迁

科学技术作为社会结构体系中独立存在的知识系统，对于现代社会的变迁有着越来越大的影响。科学技术发明创造的变化和研究规模、组织形式的变化，一方面直接影响到社会经济、政治、观念和生活方式的变化，另一方面促使现代社会变迁日益加速。

7．文化的变迁

文化的变迁是分析社会变迁内容的一种综合角度，主要是指文化内容或结构的变化，包括文化的积累、传递、传播、融合与冲突引起的新文化的增长和旧文化的改变。

第三节　影响社会变迁的因素

影响社会变迁的因素有很多，但有些因素的变化却在每个社会都能影响到社会的变迁，这些因素主要有以下几个方面。

一、社会生产力的发展

社会生产力的发展是社会变迁的根本因素。历史唯物主义认为，社会变迁

是多种因素相互作用的结果，但其中最重要的是社会生产力的发展。生产力是人类物质生产方式中最活跃、最革命的因素，生产力中的人决定了生产力发展的水平，生产力中的生产工具则是生产力水平的标志。人总是不断地改进生产工具，而生产工具的每一次革命，都推动了社会生产极大地向前发展，并引起整个生产方式的变革，而生产方式的变革又带动相应的政治制度、价值观、生活方式等的变迁，从而引起整个社会结构的变迁，比如，在机器取代手工劳动时最终导致的资产阶级革命与资本主义制度的建立。因此，以生产力为动因的经济因素是社会发展变迁的根本动力。

当然，这里经济因素并不是唯一起决定作用的因素。恩格斯在 1890 年写给柏林大学学生约·布洛赫的信中说："根据唯物史观，历史过程中的决定性因素归根结底是现实生活的生产和再生产。无论马克思或我都从来没有肯定过比这更多的东西。如果有人在这里加以歪曲，说经济因素是唯一决定性的因素，那么他就是把这个命题变成毫无内容的、抽象的、荒诞无稽的空话。"[①]

二、文化交流与社会价值观的变化

文化对人们的社会生活有着重要的意义，人类社会发展史就是一部文化史。文化变迁是社会变迁的重要因素。而文化的变迁不仅源于文化的创造，更源于文化的交流或传播。美国社会学家林顿提出，文化发展的 90% 是通过文化传播来推动的。社会价值观是文化的重要组成部分，文化的交流不仅可以使物质与各种理论形式得以传播，更重要的是会引起一个社会的价值观的重大变化，从而影响整个社会的变迁。这种影响主要表现为通过对人们的思维方式与行为方式的改变来影响整个社会的变迁。当人们接受了一种新的价值观后，人们的思维方式与行为方式都会发生相应的变化，当这种变化成为社会的一种普遍趋向时，社会变迁就会随之发生。我国社会的体制改革就是价值观念的变化导致社会变迁的最好例证。体制的改革首先启动于改革者观念的变化，这些观念包括社会主义目标、计划与市场的关系、经济建设与政治斗争的关系、人们对个体经济的态度等，进而是整个社会价值观念的变化，我们的体制改革得以展开，最终导致整个社会制度、结构的巨大变迁。

在当代，反映现代文化、后现代文化的价值观大行其道，它对人们思维方式、行为方式的影响是深刻的，也是根本性的，最终必然促使整个社会结构与体制产生根本性的变化。

三、人口变动

人口是社会构成的基本要素，一定数量和质量的人口是社会存在和发展的

---

① 张顺洪. 2010. 用唯物史观基本原理指导世界史研究. 史学理论研究，(2)：8-11.

基本前提。人口变动可分为人口数量的变动、人口质量的变动、人口结构的变动，这三方面的变动对社会变迁产生不可忽视的影响。

人口数量的变动包括出生与死亡等自然增长率的变化和人口迁移等，其变动对社会一些具体方面的变化有着直接而深远的影响，比如，持续的高生育率会对社会的抚养、教育提出新的要求，不仅会影响生产的投资，而且还将影响人口的质量，并对就业及家庭结构等带来一系列的影响。而大规模的人口迁移会使一些地区衰落或兴起（如深圳、"北大荒"），盲目的人口迁移不仅会带来一定的文化冲突而影响社会关系，而且会影响社会生活的稳定与发展。

人口质量主要涉及人口的文化素质、受教育水平及思维方式等，其变动直接影响到社会的发展与变迁。一个国家整体受教育水平与文化素质的提高，无疑对新技术的发明与使用、社会改革的启动与推广、生产方式与生活方式的变更等都产生举足轻重的影响，进而影响整个社会的变迁。

人口结构指人口的组合状态，包括人口的自然组合与社会组合。人口的自然组合主要指人口的性别与年龄等构成状况，其变动也会对社会变迁产生重大影响。比如人口的性别结构，这种结构合理时，会使人口资源得到有效的利用，有利于社会的稳定与发展；而不合理的性别结构不仅会造成一定的社会问题，而且不利于某些生产行业的展开，从而影响社会的发展与变迁。人口的老龄化对社会的影响也是全方位的。而人口的社会组合标志着社会的生产方式与社会关系状况，其变动直接影响着社会结构的变迁。

四、自然环境的变化

自然环境是指构成人们生活和活动的自然条件，包括与人类生存相关的地理位置、气候、自然资源及生态环境等。自然环境作为人类生存与发展的条件，其变化必然对社会变迁产生重大影响。

自然环境对社会变迁的影响表现在两个方面：①环境的自然变化对社会变迁的影响。一般来说，环境的剧变会在较短的时间里引起社会变迁，比如，火山爆发、洪水泛滥迅速影响当地的人口布局和经济发展，甚至直接毁灭一种文明；自然环境的缓慢变化虽然对社会变迁的影响一时不易觉察，但其影响还是存在的。②由人类活动引起的生态环境的变化也会给社会变迁以很大影响。盲目的破坏会遭到大自然的报复；而有益的建设维护则不仅有利于社区发展，而且对整个社会的发展变迁产生有利影响。比如，我国黄河上游过度砍伐林木，造成严重的水土流失而影响西北部的发展；相反，"三北"防护林工程建设又使我国北方形成一座巨大的绿色长城，都江堰造就四川"天府之国"。

当然，自然环境对社会变迁的影响并不是决定性的，也不是绝对的，它往往与其他因素产生协同作用。

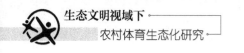

第四节 现代社会变迁的主要特点

一、社会变迁的速度日趋加快

20世纪70年代初，一位法国经济学家进行过一次估算，认为当时每3年发生的变化，相当于20世纪初30年的变化，相当于牛顿时代以前300年的变化，相当于旧石器时代3000年的变化。虽然这种说法不一定确切，但社会变化日趋迅速却是不争的事实，且是全球趋势，在发达国家尤为突出。托夫勒认为只有用"浪潮"这样的字眼才能形容社会变化之壮观。其主要原因有两方面：①现代社会变迁受科学技术的影响越来越大。在现代，科技转化为生产力的周期大大缩短，且以更迅猛之势引动社会生活各个领域的巨大变化。②信息革命致使国际社会的联动效应加强，并形成国际性改革浪潮，同时使社会变迁提高到前所未有的高度和速度。

二、社会问题与社会变迁的循环效应更加明显

社会变迁带来社会问题，社会问题促进了社会变迁，二者产生一种循环效应成为当代社会变迁的重要特征。在推动经济发展、加速社会变迁的同时，人类自身却陷入了生存与发展的双重危机之中：生存环境危机与道德信仰危机。

首先，经济发展带来生存环境日益恶化的问题，生存环境危机出现了，并主要表现在：①工业生产、交通运输和生活排放的有毒有害物质的生活环境污染，对人的健康和农、林、牧、副、渔造成很大损害；②对自然资源不适当地开发引起的生态环境的破坏，突出表现为植被破坏、水土流失、土壤退化、沙漠化、气候异常等。当前，这种环境污染与生态破坏已经成为全球性的严重问题，其"复合效应"将会对人类的生存造成巨大危害。

其次，科学技术的发展与经济腾飞却使人类陷入了工具理性横行、信仰天平失衡的困境，出现了道德信仰危机。一方面，在科技发展导致科学主义盛行的情况下，人们却陷入了工具理性横行、人文关怀缺失从而丧失自我的异化状态之中；另一方面，在经济发展带来的巨大物质利益面前，人们却陷入物欲横行、信仰缺失、道德下滑的信仰危机之中。

与此相伴随，城市化中的人口问题、贫富两极化问题、社会发展不平衡问题、人的素质提高问题等一系列社会问题出现。这些问题大多是人们长期片面追求经济增长造成的。问题的出现促使人们不断反思，并寻找解决问题的途径。而解决问题一方面要依靠经济发展，只有经济发展了人们才有力量去治理环境；另一方面要靠加强道德信仰领域的建设，从而创造出高度的物质文明和精神文

明。这种可持续发展的新思路，必将实现经济发展和环境保护、科技进步与人文关怀的良性循环效应，从而大大推动社会的变迁。

三、世界各国社会变迁的相关性日趋增强

马克思、恩格斯在《共产党宣言》中说："资产阶级由于开拓了世界市场，使一切国家的生产和消费都成为世界性的了。"随着工业化而来的近代生产方式，有力地打破了过去传统的生产方式所造成的各个国家、民族的封闭、半封闭状态，科技的发展使人们有可能冲破交通和通信条件的阻碍，各国之间的联系日益增强，出现了全球化趋势。第一次世界大战后爆发的人类历史上最大规模的世界性经济危机，不仅荡涤一切资本主义国家，殖民地附属国也被牵涉到了，这说明了世界各国的依存性大为增强。第二次世界大战后，联合国成立，截至2011 年已有 193 个国家加入。在一系列动荡、分化、改组中，人们迎来了全球性的社会新时代。

四、社会变迁受人们自觉控制的程度不断提高

随着人类对社会的认识的不断提高，人类形成了较为科学的社会发展观，为有计划的社会变迁提供理论指导，从而使人们对社会变迁的过程、方向、速度、形式和条件进行自觉控制和有计划的指导成为可能。

科学的社会发展观的形成有一个不断成熟的过程。20 世纪 50 年代末 60 年代初，出于振兴经济的考虑，国际上形成了以经济增长为核心的发展战略。而这种发展战略产生了许多社会问题，不仅导致了环境污染、生态破坏等环境问题，而且加大了贫富差距。此后，国际性的社会发展观实现了两大转变：一是从以经济增长为核心到以社会的全面发展为宗旨的转变，强调经济发展与社会发展的均衡；二是从以发展的客体为中心到以发展的主体为中心的转变，即"以人为中心的社会发展观"。美国社会学家迈尔斯在《人类发展的社会指标》一书中不仅强调"社会平等、区域及国际平等"，而且提出关心未来生存（即不损害后代人发展）、注重现在（即后代人的发展不应意味着对现在这代人的剥夺）的社会可持续发展观。

2004 年，党的十六届三中全会明确提出："坚持以人为本，树立全面、协调、可持续的发展观，促进经济社会和人的全面发展。"这种科学发展观正是社会可持续发展观的体现。

总之，这种社会发展战略的发展，为有计划的社会变迁提供了理论指导。另外，科学技术的发展与信息技术的广泛应用，为有计划的社会变迁提供了现实条件。

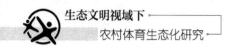

第五节　社会变迁对农村体育生态化的影响

现阶段，中国社会的变迁引起了农村社会的结构和功能的巨大变化，这些变化主要表现在大量的农民工在城乡之间流动就业，半耕半工型的农村经济形态在整个中国的大部分农村中成为主流，传统的农耕社会正在向农工社会演进，中国农村正发生着深刻的结构性变化。农村社会生产结构、社会基本单元、社会阶层结构、社会组织机构的深刻变化，影响到农村体育结构和功能的变化。农村体育的主体在时间上发生着动态变化，相应地，农村体育的功能也发生着动态的变化。

一、社会变迁对农村体育结构的影响

（一）社会生产结构变化引起的农村体育主体在时间上的动态变化

社会生产结构的变化是生产力发展到一定的水平，随着市场化程度的加深而逐渐发生的变化，这些也是农村社会生产结构发生变化的重要原因。随着农村生产结构的变迁，农村出现大量剩余劳动力。而社会生产力的进步引起的城市快速发展，需要农村的剩余劳动力参与到城市的建设中去。于是，农村主要劳动力非农业化。大批青壮年进城务工，从而使非农业生产成为农民家庭的主要收入来源。但是，外出务工存在收入上的很大风险，而且相对于城市中高额的生活费来说，他们在城务工的收入无法支持一个家庭在城市中生活，甚至无法支持个人长期生活在城市中。这就迫使农民将农村的耕地作为他们最后的生存保障，所以他们只能长期流动于城市和农村之间。这样的社会形态既不同于传统的男耕女织、自给自足的农村社会，也有别于西方发达国家高度工业化、市场化、城市一体化的现代社会，而是一个从二元社会过渡来的三元结构的社会。在这个三元社会中，在时间和空间上存在一批动态变化的农民工，他们不但是农村社会建设的主力军，也是农村社会体育的主体。农民工动态流动改变农村体育的结构，同时影响着农村体育的发展。首先，农民工的长期流动性，使得农村体育非正式组织主体在时间上存在着动态变化；其次，农民工的流动性使得农村体育活动的内容发生了变化；最后，农民工的流入和流出给农村带来了城市中先进的体育活动组织形式和组织内容，以及新的体育活动理念和活动意识。除此之外，流动途径的多元化对农村体育也有一定的影响，历史常见的稀少的流动是升学或者入伍，这样的流动比较固定。自从外出务工、经商这种流动盛行以来，农民的流动因为地域、经济条件、乡土风情及所获得的外出务工的信息不同而呈现出多元化流动状态。刘奇先生将其分为三类：第一类是

"离土不离乡"，农民在当地进厂务工；第二类是"离乡不离土"，即农民到外地承包土地、发展多种经营；第三类是"离土又离乡"，既包括进城从事第二、三产业，并在城镇或大中城市落户定居，彻底脱离农业农村的人员，也包括长期工作、生活在外地，逢农忙、春节等时节才返乡的农民工。从人口流向看，"离土又离乡"的农民主要从农村流往大中城市，从内地省份流向沿海地区。大量农村劳动力在不同省份之间、城乡之间流动就业，成为农村社会流动的主要特征和一个长期的历史现象。这样复杂的流动现象使得农村体育的组织和运作也呈现动态变化。

（二）社会变迁引起的农村体育基本单元的变化

农村社会的基本单元是人口和家庭，同样也是农村体育的基本单元。农村人口和家庭随着社会的变迁发生了巨大变化。农村人口的变化主要表现在"人口红利"[①]。所谓"人口红利"是指总人口结构"中间大、两头小"，使得劳动力供给充足，而且社会负担相对较轻，进而带来劳动力、储蓄的增加等。事实证明，这种"人口红利"社会现实促进了中国整个社会的各方面的发展和进步，中国农村也得到了较快的发展。但是，由于过去"剪刀差"式的政策长期实施，农业虽然发展了，但是农民的收入水平却没得到相应的增长。农业生产的现代化致使农村出现大量的社会劳动力。工业城市中经济因素等的吸引，以及大量农村人口涌向城市，加上计划生育的作用，致使农村农业从业人口减少。农村劳动力正从过去的供过于求逐步转向供不应求。农业的从业人员在年龄和性别特征上也将发上重大变化。与西方发达国家城市人口老龄化高于农村的情况不同，因为社会变迁和计划生育政策的实施，我国农村的人口老龄化比城市严重。中央农村工作办公室 2009 年公布的数据显示，我国当时农村老年人口为 1.05 亿人，是城市 0.62 亿的 1.69 倍。农民工在城市从事的工作多是繁重的体力劳动，因而进城务工者大部分都是男性，大量农村青壮年女性留在农村照顾家庭和进行农业生产。因此，在农村农民工进城务工期间，农村体育的人口主要是小孩、老人，以及部分青壮年女性。

农村家庭结构发生的变化主要表现在：在社会变迁的主流社会背景的影响下，农村家庭结构形式发生了变化。农村家庭规模小型化，规模较大家族式家庭已经几乎消失，小家庭逐渐成为主要的家庭结构。同时，社会变迁下大批农民工的动态流动，致使农村家庭成员的动态性逐渐呈现。由于外出务工人员是家庭中的青壮年，他们不但承担着家庭经济收入的重大责任，还承担着教育下一代、抚慰老人的社会责任。青壮年外出务工使得其无法承担一些家庭功能，而这些责任必将转向社会，家庭向社会寻求帮助。农村体育作为农村社会生活的一部分，其教育功能、文化娱乐功能等能够对农村家庭教育和家庭文化环境

---

① 刘奇. 2007. 转型期农村经济社会形态与结构的变化特征. 中国发展观察，（2）：23-25.

起到补偿作用。农村体育的作用在农村不同的发展时期是不同的，因此，在农民工返乡和外出务工的不同时期，应该根据农村社会生活的需要，开展内容不同的、活动和组织形式多样的农村体育活动，使老人和小孩，以及妇女在家庭成员暂时缺失的时候在精神上得到慰藉，从而满足他们精神上的需求。这样的社会需求及家庭承载功能的动态变化，必将导致农村体育的组织内容、组织形式的动态变化。

（三）社会变迁引起的农村体育文化的变化

调查显示，在社会变迁背景下，在流动过程中，农民工的体育健身观念出现很大变化，他们对其与自己健康的密切关系的认同度要大大超过非流动的农村人口。非流动的农村人口往往认为：劳动就是体育锻炼，不要再进行专门的健身；健身对身体没用，健身一样生病；健身是可以的，但健身需要钱，没那么多闲钱搞体育。其实，这些一方面是他们的认识误区，另一方面也体现了经济条件对他们健身选择的影响。马克思认为，在私有制出现后，一切活动都与经济密切相关。我国曾经的主要矛盾"人民日益增长的物质文化需要和落后的生产力之间的矛盾"在农村一定范围内还存在。农村人口劳动强度大，收入低，可自由支配的资金有限，是农村健身观念无法科学化的主要问题。而在流动人口中间，他们的健身观念朴素实在，但是他们首先认识到了健身的重要作用，这是最重要的。他们认为，"体育锻炼，做起事来有精神些"；"就是自己不进行体育健身，儿子、女儿一定要身体好"；"锻炼一下总不是坏事情"[1]。当然，这些首先要求他们的经济情况必须有所改善。另外，在城市，他们耳濡目染城市的体育锻炼如火如荼，以及职能部门对健身作用的积极宣传。这对他们思想的触动不可小视。同时，城市的健身场地和条件较好，尤其是随着群众体育活动的开展，体育健身成为低消费和零消费的活动，也让流动到城市的农民中那些想进行体育健身的群众的积极性大大增强[1]。流动人口健身观念的改变，会随着他们的返乡而被带到他们世世代代所居住的农村。健身观念的改变仅仅是农村体育文化的一部分，这部分流动人口在城市中所学到的城市体育的组织方式、组织内容、活动形式，以及体育与城市、与其他文化的融合，与经济发展的协调发展形势，也将是农村体育发展的有效途径，流动人口可以借助"走出去""带回来"的方式，促进农村体育的发展。流动人口把城市体育文化带回农村，不等于农村体育一定能够得到"甘泉"的滋润，它需要有促进因素，那就是政府的宏观政策。影响农村体育文化的因子可以概括为宏观因素、中观因素、微观因素，且制度、社会文化环境、流动人口分别构成宏观、中观、微观影响因子的核心。

---

① 姜辉军，冷新科. 2007. 流动与城市体验对农民健身观念的影响. 安康学院学报，（2）：93-96.

（四）社会变迁引起的农村体育在组织形式、组织内容动态上的变化

在社会变迁背景下，农村体育的主体存在着时间和空间上的动态变化，社会阶层也正在进一步分化出不同的农村社会角色类型，农村体育文化也在宏观、中观、微观三种因素的影响下发生着变化。在诸多动态变化因素的影响下，农村社会体育必将发生重大的变化。农村体育的组织形式、组织内容是由农村经济发展水平、政府政策、农村民俗，以及农村体育主体需求和组织者的组织水平决定的。首先，在社会变迁背景下，农民收入相对增加、农村生活水平提高是基础性的改变，同时外出务工人员所带来的城市中的体育健身观念和健康意识影响到民俗的改变，他们从城市中学到的现代化的体育组织形式、体育活动内容丰富了农村体育。其次，农村人口中农民工这一流动因素使得农村体育存在着组织上的动态性，因为农民工多数为农村的青壮年，他们不仅是农村社会经济发展的中坚力量，也是农村体育活动的主体成员，因为他们相对于其他群体来说更有知识、更有成熟的思想且更具影响力。因此，他们返乡以后是农村体育的组织者，是体育文化的传播者，而且体育活动的内容也更具活力，且以健身和娱乐为主。而当这部分人进城务工以后，农村剩下的是老人、小孩，以及部分妇女，这时候他们就成为农村活动的主体，他们的活动内容强度相对较小，更具娱乐性。但是，值得注意的是，农民工的每次返乡都会给农村体育注入新鲜的血液，因此，在他们返乡后，虽然农村体育的主体仍然是老人、小孩和部分妇女，受农民工的影响，他们的活动内容、组织形式，以及组织者组织能力也会增强。所以，农村体育的组织内容、组织形式发生着动态性的变化。

二、社会变迁对农村体育功能的影响

农村体育的功能是我国农村经济和社会发展不可或缺的部分，它的地位和作用是不可忽视的，不能用任何其他的文化生活来代替。这是社会文明进步的一部分。因此，在社会变迁的历史背景下，只有更深入地把握农村体育功能的性质和原因，深刻理解体育各功能在农村社会发展中的作用，才能推动我国农村体育的发展。

一般来说，体育有健身功能、政治功能、教育功能、娱乐功能、经济功能。其中，健身功能是体育的本质功能，适当的体育锻炼可以提高人体的各种机能，增强其适应环境的能力等。体育本身没有政治的性质，作为政治交流和服务的工具，体育特别是竞技体育披上了浓重的政治色彩，而在广大农村，特别是在目前社会状态下，政治功能不存在。教育功能也是体育的本质功能，世界上任何国家和地区无不强调德智体的全面教育，这充分体现了体育的功能多样性，体育是教育不可或缺的一部分。随着社会发展，体育的这一功能逐渐社会化，它不仅是学校教育的一部分，还成为社会教育的主要内容。娱乐功能说明体育是使人愉悦、排解痛苦的活动，这也是体育区别于体力劳动的重要方面。体育

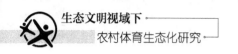

产业化在社会中是一种社会存在，也是体育事业发展的不竭动力，体育的经济功能必将为体育的发展提供强大的经济基础。

农村经济条件落后及农村本身的工作性质等造成了农村体育发展相对落后的社会现状。体育的各种功能因此也没能在农村中传播开来，农民所看到的主要是它的健身功能，加之农民将健身功能等同于体力劳动，农村体育经常被他们忽视，所以体育功能也很难被发掘和利用。但是，随着社会的进步，农村对体育各种功能的需求越来越多；同时，在社会变迁背景下，流动人口对农村体育文化发展的促进也必将带动农村体育功能的动态性变化发展。

体育的上述几种功能在社会的发展过程中存在着动态变化性，在社会变迁背景下，农村社会的发展存在着动态变化性，因此农村体育的功能也受到相应影响，具体表现如下。

（一）生产结构变迁引起的体育功能的变化

社会变迁过程中出现了长期流动在农村和城市之间的人口。中国社会正从二元结构向三元结构变迁，这些不但引起整个社会的变迁，而且改变着农村社会的发展和产业结构的变化。在时间和空间上动态变化的农民工，不仅是农村社会建设的主力军，也是农村社会体育的主体。农民工的动态流动改变农村体育的结构，同时影响着农村体育的发展：①农民工的长期流动性，使得农村体育非正式组织主体在时间上存在着动态变化；②农民工的长期流动性使得农村体育活动的内容发生了变化；③农民工的流入和流出给农村带来了城市中先进的体育活动组织形式和组织内容，以及新的体育活动理念和活动意识。农村体育主体结构上的动态变化，使得农村体育功能发生动态发展：①农村体育活动的组织者随着农民工的流入、流出发生着动态变化，不同组织者对体育的理解不同致使农村体育活动呈现出不同的组织形式和内容，体育活动也因此呈现出不同的功能；②农民工的流入、流出所带来的农村的先进组织内容、形式以及组织理念和体育知识，可以不断更新和强化农村体育的各种功能，对留守的农村体育组织者来说，这也是一种知识和能力上的洗礼和进步；③不同的时间，因流动人口的流入和流出，农村体育主体发生着动态上的变化，且不同的人群对体育功能的需求是不同的。同时，流动人口所造成的家庭成员和农村社会成员的缺失，使得这部分人所应该承担的家庭和社会责任转嫁到农村社会文化生活上面，包括农村体育，承担这部分责任就意味着农村体育必须展现新的功能形式，农村体育功能也因此更加丰富。

（二）社会基本单元时间上的动态变化引起的体育功能的变化

农村社会的基本单元——人口和家庭，同样是农村体育的基本单元。农村人口和家庭随着社会的变迁发生了巨大变化。在社会变迁的主流社会背景的影响下，农村家庭结构形式发生了变化——农村家庭规模小型化，规模较大家族式家庭已经几乎消失，而小家庭逐渐成为主要的家庭结构。同时，社会变迁下大批农民工的动态流动，致使农村家庭成员的动态性的暂时缺失。由于外出务工人员是家庭中的青壮年，他们不仅承担着家庭经济收入的重大责任，还承担着教育下一代、抚慰老人的社会责任。青壮年外出务工使得其无法承担一些家庭功能，而这些责任必将转向社会，家庭向社会寻求帮助。

因此，在农民工进城务工以后，农村体育活动除了体现其健身功能外，更多的应该体现其教育和娱乐功能，从而满足老人、小孩及部分农村妇女精神上的需求，让他们从体育活动中感受到集体的归属感，弥补家庭成员暂时缺失给他们带来的精神上的孤独感。同时，体育的教育功能主要展现其德育和智育功能：①德育方面，通过组织一些娱乐性的体育活动丰富留守人口的文化生活，培养留守人口之间的互助能力和互助意识，提高他们的道德修养，同时，通过消遣农村儿童的课余时间，满足他们精神上的空虚感从而降低儿童的犯罪率，当然也可降低成年人的犯罪率。②智育方面，主要是通过各种形式的体育活动提高农村留守人员的组织和自我管理的能力，同时，通过一些益智性体育活动开发农村儿童的智商和情商，这些对家庭教育的缺失是一种很大的弥补。

当流动成员返乡后，家庭成员回归，其原来缺失的功能恢复，农村社会也因青壮年主体成员的回归而变得活跃起来。这时体育功能也因主体成员的变化和体育活动内容的变化而变化，但是不是某种功能的弱化，而是因流动人口的加入得到更丰富的发展。农村体育因服务对象的变化，而出现组织形式、组织内容的变化，这使得其某种功能暂时成为主体显现。

（三）社会阶层结构的变化引起的体育功能的变化

农村阶层分化是随着市场经济的发展而进行的，由于农民知识水平相对比较低，加上农村经济相对落后及原来政策上的倾斜，农民的阶层分化一直在不稳定地演进，在社会变迁背景下，人口的流动性使得农民获得了更多的社会角色。从表面上看，他们具有农民和城市从业者的双重身份，其实，他们的身份远远多于这些，由于他们在城市中的工作性质和工作内容不同，他们的身份、获得的知识、学到的技能、受到的主流文化熏陶等也不同。迄今为止，农民工的社会角色远未达到一个比较稳定的程度，带有鲜明的过渡性。这种不稳定性不仅与上述的外界环境有关，也与他们的自身素质有关，包括原有的知识水平及他们自身的学习能力。

农民工角色和身份的不断变化对他们自身来说，是一种不稳定的进步过程。正因为他们的角色和身份在时间上存在着动态的变化，他们的每次返乡才能给农村社会带来新鲜的血液。同样，这部分农民工在城市中对城市体育的体验，以及获得的体育健身和健康观念，对农村体育系统是一种负熵流的注入，只要合理利用，其必将推动农村体育的发展。所有这些丰富了农村体育的功能，促进和改变了农村体育功能向着更加完善的方向发展。

　　社会阶层对农村体育的另外一个影响体现了"英雄人物""偶像"的影响力对体育功能的作用。农村社会阶层的变化，产生了新的"英雄人物""偶像"。过去带有政治色彩的阶层分化出来的"英雄人物"主要是村干部或乡干部，农民将其作为偶像进行效仿，由于"英雄人物"比较单一和稳定，农村社会各方面学习和效仿的知识和能力较少。随着社会变迁下阶层的结构变化，农民眼里的"见多识广"的人多了，他们效仿和敬重的人多了，而这些打工归来的"英雄人物"在城市中所获得的体育知识因他们的影响力而更容易被人们接受。"英雄人物"的力量将会促进农村体育功能的丰富和发展。

第六章

生态文明视域下的农村体育主体分析

在世界文明的演变过程中，人类占据着主导地位，推动着文明向前发展。最初原始文明与农业文明无法利用生产工具对自然环境进行大幅度改进，人类与自然的关系只是人类对大自然的崇拜与敬畏，在文明加紧向前迈进、工业文明范式产生、生产工具大幅度改善的过程中，广泛地使用机器能够让人类对自然进行更大程度的开发，但这引起了一系列生态危机，使得人们对工业文明技术的进步进行反思。但是，从文明发展的长远历史来看，人类对经济生态化、政治生态化、行为生态化等方面的提倡却没达到一定的效果，生态危机的内在冲动不能得到有效的遏制。由此，笔者认为，人的生产与消费活动会使生态环境发生改变，人的发展程度也直接影响着生态文明的建设与推进，人类文明如果要实现由工业文明走向生态文明的转变，就必须实现人的生态化发展，使人从单纯的生态资源消费者成为生态文明的保护者。农村体育生态化发展亦是如此，只有实现人的生态化发展，才能促进农村体育生态化发展。

一切社会活动都离不开人，人是主要的参与者。体育运动是竞争性的活动，无论是何种运动，其主体都是人。在传统的中国，农民和市民的不同主要在于居住区域和从事的工作，还有一些不同在于市民的身份、权利、地位比农民优越。而且在城市和乡村不断迁移的政策推动下，农民和市民之间的职业和身份变动比较困难，开始出现一些固态化的趋势。农村的体育是我国建设社会主义小康社会中重要的一部分。改革开放以前，由于城乡之间人口迁移问题的处理，农村和城市、农民和市民还是有一定的差别，农民和市民中所存在的一系列问题并没有得到解决。伴随着改革开放，城乡工业开始快速发展，人口的迁移问题逐渐加速，从以前的"红灯阶段""黄灯阶段"到现在的"绿灯阶段"，大量农民工向城市迁移，他们不仅是城市建设不可忽视的重要部分，也是农村发展的支撑力量。但是农村人口大迁移的现象也给农村体育的发展设置了很多阻碍，不仅农村人口生存的空间发生了改变，而且农村人口的结构、数量、教育程度等很多方面也开始出现不同程度的变化。那些拥有农民身份的农民工长期以来都在外打工，很多的老人、孩子、妇女被留在乡村，由此产生了空巢家庭、空巢村或者是留守家庭、留守村。另外，很多的乡镇企业大规模迅速发展，使得外省的农民工群体也纷纷涌入。

因此，在城镇化和生态文明发展进程中，农民不经常在农村生活，居住在农村的也不一定是农民，这样的情况就使得原来农村的一些方面，比如农民和农村的关系、农村的组织结构、农村的家庭组成及农村的生活生产方式等都发生了很大的改变。

20世纪80年代改革开放以来，我国的城市和乡村人口发生着很频繁的变动，特别是往城市迁移的农村人口越来越多。在这种趋势下，农村主体主要从三个维度进行界定。一是居住地点，指在农村居住。二是时间维度，居住6个月以上①。这主要是指乡村的一些知识精英、政治精英或经济精英，这些人的工作主要是非农业方面的，他们的户口也是非农业的，也就是说他们的根或者归属地不属于农村。但是由于某些原因，他们大部分时间都必须在农村。三是心灵维度，指归属感在农村，主要是指一些农民工。他们虽然经常不居住在农村，但是他们的根在农村。在城市中，农民工虽然为城市的发展做出了巨大贡献，但并不是现代城市生活的享用者，农民工受到城市种种排斥而难以融入城市生活。农民工"人在城市，根在农村""职业在城市，归属感在农村"，所以，他们理应成为农村体育主体。因此农村的体育参与人员比较复杂，不但有辛勤劳动的劳动者，还有农村的企业领导者、工作者，基层乡镇、农村的干部，基层医务人员，基层教育工作者，基层扶贫工作者等。还有一些留守妇女、留守老人、留守儿童等特殊群体。所以，农村的体育参与主体类型比较多、结构比较复杂。

由此可以了解到，本书将在农村地区从事体育实践活动和体育认识活动的人定义为农村体育主体，他们是农村体育活动的执行者。从广义的定义来说，农村体育主体是指在农村地区居住或者在农村的一切人或群体有归属感的人。

第一节　农　民　工

在人类的发展过程中，就工业城市还有现代化的发展历程而言，中国和西方的一些国家都是类似的。可是，在中国快速发展的过程中，农民工这个概念

---

① 魏城. 2008. 中国农民工调查. 北京：法律出版社：9.

是在这一城市化过程中出现的，成为中国社会外出务工的独特现象。这是我国社会组织的改变，是社会经济利益的上升，更是中国的工业化，城市化，现代化发展的重要表现，从这点出发，农民工的概念是："指具有农村户口却在城镇务工的劳动者，是中国传统户籍制度下的一种特殊身份标识，是中国城市化进程和传统户籍制度严重冲突下所产生的一类弱势群体，是现有流动人口的主体。"①这个概念从大小两个方面进行了论述，大的方面指在自己的家乡从事各种各样的以简单体力劳动为主的工作，从小方面来讲指离家在外从事工业、服务业的人民。后者主要指从大的方面定义的农民工的"另一部分"。

一、对农民工体育研究文献的简要回顾和分析

（一）量化研究

现阶段的中国农民工的主体是 18~30 岁的青年，他们的文化水平相对而言都较低，他们对于体育锻炼的理解还远远不够，这也阻碍了农村体育的开展和发展。通过实地访谈可知，只有很少一部分农民工表示会经常参加集体举办的体育活动，较多的农民工都是偶尔参加集体举办的体育活动，甚至相当一部分人表示没有参加过集体举办的体育活动。我们在进行数据分析后发现，农民工的经济水平、自身身体状况及自己所工作单位的体育文化等对他们参与体育活动的次数有直接影响。另外经过调查我们发现，近一半的农民工在工作日能休息的时间都不到 1 个小时，少部分的农民工在工作日的休息时间可以在 3 小时左右，并且只有部分的农民工在周末可以有 4 小时左右的休息时间，在较少的休息时间中，能够参加到体育活动中的农民工是极少数的。更多的农民工会选择相对比较轻松的活动来打发休息时间，比如一群人一起打牌、下棋，在家看电视，上网聊天等。因此，我们认为由于自身文化素养和受教育程度的限制，农民工对于体育锻炼的观念也存在差异。但是在工作之余，他们是有时间和精力，也有经济能力参加体育活动的，只是缺乏对于体育锻炼相应的认识。这时就需要更加完善的政策给予支持与引导，让更多的农民工参与到体育活动中来。

（二）质性研究

对于质性的研究，我们主要从社会学的角度来分析农民工参与体育的程度。有学者认为，农民工不积极参与到体育活动中去是因为农民工的文化水平低，他们没有参与体育活动的概念。只有努力提高农民工群体的权利，使他们可以去表达自己的需求，同时得到社会的认可，才会增加农民工群体的自我认同感。还有研究从社会排斥的角度指出，社会的经济文化水平会在一定程度上存在对农民工的不认同。为了使社会不排斥农民工，我们需要相关的政府机构和用人

---

① 祁桂娟. 2008. 农民工体育研究进展（综述）. 体育科技文献通报，（3）：120-122.

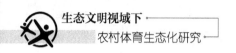

单位对农民工群体进行体育健身的指导，同时增加农民工群体的休息时间，提供免费的场地设施，改善农民工的生活条件，提高农民工的工资待遇，让农民工有社会认同感和归属感。

由此可知，我们对于农民工参与体育的研究还没有引起大部分学者的关注，在少有的研究成果中，更多的还停留在质和性的探讨上。因为农民工属于社会群体，所以更多的研究还是停留在社会学的角度，仅有简单的描述性分析是远远不够的。简单的描述性分析没有深入剖析这一社会现象，研究结果对现实社会的指导有局限性。而少数对于量的研究则显得过于简单重复，无法更加全面地进行深层次的研究，这就使得对于此类问题的研究意义不大。

二、影响农民工体育融入的因素分析

（一）各种制度的影响

中国的经济在计划阶段时，就已经在一些方面，比如制度和管理方面，把城市和农村完全分开了，形成了城市和乡村的二元结构。改革开放之后，中国经济处于市场发挥作用的建立和完善阶段，虽然城市和乡村的二元结构有所调整，但是还没有完全改变和改善。从农村走向城市的农民工的存在状态改变了，改变为在城市和农村之间流动。农民工所处的社会地位和不良的工作环境这一现实使得他们在城市中参与体育运动的机会在无形中被剥夺，使他们享受体育运动的权利被夺取，让他们处于城市主流配置之外。农民工在城市的生活状态受到一些因素影响，比如户籍制度、社保制度、企业用工制度等。传统的中国户籍制度形成于计划经济时期，它把人们按照一定标准划分为"市民"和"公民"，给他们一定的权利，也让他们承担一定的义务。这样的体制与公民得到的国民待遇和公共服务密切相关。所以，户籍制度不仅是它本身的存在，也是身份等级划分的重要区别特征。社保制度是以这一户籍制度为前提实行的，当下实行的户籍制度让城市和乡村的居民享受不一样的社保待遇，享受着不一样的社会服务。有的公共体育场只有市民可以享受，而农民工却没有机会去享受。这样农民工就被体育网络体系封锁，享受不到一样的体育设施。对于就业来说，很多城市对外来务工的人员存在排斥行为，原因是为保护当地居民的就业机会。还有收入方面的不同等因素，使得很多的农民工对娱乐设施产生了抵触情绪。

（二）城市认同不足的影响

马克思主义认为，人的本质不是单个人所固有的抽象物，在其现实性上，它是一切社会关系的总和。对于人类的交往，人和社会中的其他人之间必然会产生一些关系，有政治的、经济的、文化的、生活的等各种各样的关系。进城的农民的数量越来越多，而城市中的资源也越来越紧张，他们的进入给城市生活中的很多方面，如交通、住房、教育、医疗等造成了很大的压力。当地居民的自豪感使得他们对外来人口有着不妥协性，难以相互认同。有一些城市居民将农民工看作"二等"公民，社区的公共设施也仅免费提供给本地居民，并没有免费提供给农民工。

（三）农民工自身因素的影响

1．经济能力不足

农民工群体收入水平低，在体育设备、体育服装、收费类健身场所、消费类体育赛事观赏方面的投入有限，另外，农村或企业的免费体育健身中心未把农民工纳入到管理服务对象。

2．农民工自身文化素质修养偏低

所接受的教育和自身的文化水平对人们对体育的消费和锻炼身体的看法态度有一定的影响。城市和农村一样，人们文化程度越高，也就越重视体育锻炼。2009 年国家统计局农调队的数据显示：大多数农民工的文化水平为初中学历，文化水平较高的农民工只占一小部分。据此可看出，农民工的文化水平较低，进而影响了他们对于体育锻炼的认知。他们对于体育运动缺乏热情和积极性，从而影响了他们体育运动权利的行使。

3．人际交往能力较差

体育的作用之一是加强人们的交往能力。农民工的社交圈较小，生活的方式和范围比较封闭，不能紧跟社会发展的步伐，与文化的更新越来越疏远。另外，社会中的排斥现象使他们不敢参与到体育活动中。

三、我国农民工的体育状况

（一）工作生活压力影响农民工体育参与

在一定程度上为了提高劳动生产，农民工应该多进行体育运动。它一方面可以锻炼身体提高身体素质，有利于减轻工作的压力；另一方面可以大大地增加农民工的闲暇娱乐，有利于调节一些负面的情绪，如焦虑，还可以在运动中使全身心都感觉到放松。但是，我国参与体育运动的农民工只有11％，低于全国的平均水平。从地区分布上看，东部地区农民工的参与率达到43.8％。而在西部，就算可以去参与体育项目，大部分的农民工并不会去，害怕延误工作[①]。体育项目作为一种精神活动，需要一定的物质条件支撑。通过分析农民工的生

---

① 鲁长芬，王健，罗小兵等．2005.城市农民工参与全民健身的现状调查与分析．天津体育学院学报，(5):12.

活情况，我们可以进一步感受他们的精神需求，生活的好坏反映了物质和精神方面对于人们的生存及发展的满足程度。在收入方面，人社部原部长尹蔚民在2011年3月8日的十一届全国人大四次会议上表示，2011年全国农民工平均月工资已达1690元；在居住环境方面，有些农民工住在工地随意搭建的简体住房里，还有一些住在本地居民以前住的废弃房屋里，也叫"老宅区"。在工作时间方面，因为我国农民工主要从事建筑或者餐饮等职业，加班是经常发生的。2011年在外务工的农民工平均工作的时间是9.8个月，相当于每个月工作25.4天，每天工作约8.8个小时①。与2010年相比较，虽然农民工劳动的超时现象有所缓解，但是每周工作时间超过《中华人民共和国劳动法》规定时间的农民工仍高达84.5%；在社会地位方面，农民工在城市中的社会地位得不到保障，很多方面比如子女入学、劳动保险等都带给他们特别多的困难。这一现状使得他们的经济地位与社会地位非常不匹配有关。条件恶劣、劳动时间较长、空闲时间少的工作现状，使那些还在为生活不断忙碌的人们处于非常弱势的地位，他们的生活在很大程度上还处于原始的状态，即吃饭、工作、睡觉的一般作息。所以，这种极大的反差是我们无法理解的，农民工尚未完全得到生活需要及社会交往需要和精神需要的满足。

（二）体育价值观念淡泊影响农民工体育参与

威廉·奥格本文化堕距理论指出：在文化发展的过程中，文化的各组成部分是相互关联的，但是他们的发展速度是不一样的，有的发展得快，有的则发展得慢。这种不同等的发展就暴露出了很多问题。例如体育文化在发展过程中可分为物质文化和非物质文化，农民工参与体育所需要的经费、体育健身的基础设施等物质文化，以及体育相关政策法规和思维价值观念的非物质文化，要求农民工必须要有文化素养，大部分农民工对于体育的认识还仅仅停留在"劳动就是体育""体育就是竞技"等层面。现阶段阻碍体育发展的就是人们对于体育的认识不够深入。

因此，我们应更加辩证地看待这个问题。起初，我们应该研究清楚农民工的体育思维观念为何没有改变。在我国经济社会快速发展的过程中，原先的城乡二元结构所带来的弊端越来越凸现，给社会的发展带来了很多的问题。例如城市工业化的快速发展带动经济的快速增长，进一步促进了城市各方面的发展。而农村依靠传统的农业发展，其经济发展缓慢使得农村各方面的发展都和城市存在很大的差距。城乡差距的加大使得很多农民工没有机会接受良好的教育，导致他们的文化水平普遍偏低，这也就直接导致了他们的体育思维观念比较落后。如果他们在农村上学时接受过新的体育思维观念，就可以很直接地改变他

---

① 国家统计局网站. 去年外出农民工月均收入2049元 平均每天工作超8小时. http://finance.ifeng.com/news/macro/20120427/6389134.shtml[2018-04-27].

们对于体育的理解。加上相关体育政策的不完善，各地对于农村体育教育的投入相对而言比较少，也使得农民的体育观念没有很大的改变。当然，体育场地设施的短缺、专业体育工作者的缺乏以及相关体育组织和协会制度不完善等都导致农民工的体育观念没有发展。由此可见，体育文化的不均衡导致农民工的体育观念没有产生发展变化。

（三）城市公共体育服务不健全影响农民工体育参与

在改革开放发展的过程中，我国的经济由原先的计划经济转变为现在的市场经济。这样的变化使一部分人通过自身努力先富了起来，同时社会资源的短缺和现代工业的大力发展，造成了更大的贫富差距。广大的农民工群体在发展过程中成为较为贫困的一部分。由"马太效应"我们可以明白，富者会越来越富，而穷者则会越来越穷。富者可以利用自己现有的有利资源变得更富裕，而农民工等弱势群体则由于本身贫困的无法改变一直处于较低的社会地位。现如今农村的恩格尔系数相对而言比较高，农民的消费还更多地停留在物质方面，对于简单的生活需要还没有办法得到保障，更不用说对于体育娱乐等精神文化的消费了。根据学者鲁长芬的调查显示，有近一半的农民工一年的体育消费为零，月体育消费能达到 20 元的农民工还不足 5%。现如今发达城市中市民一个月的体育消费还远远大于这一数据。我们的目标是先富带后富，共奔富裕路。这就需要政府出台相关的政策，让最先富裕起来的人们承担更多的社会责任，帮助仍处于贫困中的人们也逐渐富裕起来，让他们可以享受更优质的生活。可以适当地开展一些免费的体育活动，让更多的农民工参与进来，满足广大农民群众对于体育锻炼的需求。我们通过与部分省市的体育局工作人员的沟通了解了现如今部分省市体育发展的状况。在发达省市中的部分城镇以及欠发达地区的大部分城市中，对于农民工参与体育锻炼的情况几乎无人问津，面对经济投入的不足及管理机构的不完善等问题，很多为加强农民工体育锻炼而设置的组织和协会基本处于无作为状况。那些为城市建设付出心血的农民工群体，却没能和城市中的市民一样得到相应的体育锻炼，这显然是不公平的。城市居民的排斥，农民工用人单位对于农民工体育锻炼的经济投入不足，政府组织对于农民工体育活动的组织存在不作为的情况，都导致农民工虽然和市民同住一个城市，却无法享受到同等的体育锻炼活动的待遇。

第二节　留守妇女

自改革开放以来，随着我国工业化和城市化的发展，上亿的男性劳动力走出农村，进入我国大中型城市，成为城市建设的主力军。大量的青壮年农民流

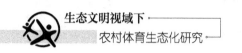

动到城市参与城市的建设，留守在农村的更多的是老人和儿童，当然还有部分的青壮年妇女。这些妇女在丈夫不在农村时，要承担起原先由他们丈夫所承担的责任，包括农业的生产和对家庭其他成员的照顾。同我国相比，许多其他国家在城市化进程中往往是全家整体搬迁，然后定居某地发展。而我国传统的安土重迁的思想及城乡二元化结构带来的弊病，使得大部分的农民工必须把农村作为他们赖以生存的最后阵地。当无法融入城市中去时，他们还可以回到农村继续从事农业生产来满足生存需求。这样就使得妇女由于自身条件的限制，不得已留守在农村，承担起原先丈夫应该承担的责任。

那些留守在农村的妇女由原来的辅助角色逐渐变为主力军，在丈夫不在农村时，为农村的发展做出了重要贡献。农业生产的繁重使得留守妇女的体力和精力面临巨大的挑战，但是却从未得到丰厚的收入；她们往往一个人要照顾孩子，照顾老人，还需要承担家庭劳动，她们的家庭负担非常沉重。长期的分居生活使得她们的婚姻产生很多的问题，她们的心里是孤寂的，感情是落寞的。

夫妻间长期的两地分居生活也使这些留守妇女特别缺乏关爱。各级政府和社会组织多关爱留守老人和留守儿童，关心这些人的亲情缺失和生活困难，因留守妇女正处于青壮年阶段而对留守妇女的关爱较少，这种状况是社会公共服务职能不全面的体现。因此，社会各界应当给留守在农村的妇女更多的照顾。例如我们可以在政策上对她们进行经济上的补贴，在医疗健康方面给予她们减免，还可以成立相应的农村妇女关爱志愿者队伍，从方方面面给予她们帮助，提高她们的生活水平，进而满足她们自身发展的需求。

现如今农民工的数量已有了一定规模，且在近几十年仍然会保持甚至会有所增长。农民工的数量也会进一步增至数亿人，因此留守妇女不只是当前存在，在以后的若干年里留守妇女的数量也会一直增多，对留守妇女的关爱是特别有必要的，这一研究具有时代性的意义。

一、留守妇女的身心状态分析

顾名思义，身心状态就是指身体和心理的状态，因此就需要我们对身体和心理表现出来的情况进行研究。通过研究我们发现，与城市中的普通妇女相比，农村留守妇女在身体健康、精神状态和文体需求满足方面都与城市中普通妇女有着显著的差异。这主要是因为农村妇女承担了原先他们丈夫应该承担的那部分责任，更多的体力活动由她们来负责，同时家庭成员的缺失使得她们精神空虚，心理压力较大。这样下去，身体承受着繁重的劳动，心理还要承受着精神上的空虚，在没有丰富的文体活动可以调节的情况下，她们的身心健康水平极易受到影响。

二、生活方式分析

生活方式是个人或者群体在一定的社会环境下所做出的自身生活中的活动形式和行为方式。在经济基础较为差的前提条件下，留守在农村的妇女不仅从事繁重的农业生产，还得面对空虚的业余文化生活，这就使得她们的生活方式显得不够健康科学。在农闲时，她们更多的是在一起打牌、在家看电视节目以及上网聊天，在这个过程中形成了诸多不良的习惯。

三、健康意识分析

一个人的健康意识影响着一个人身体健康水平。在对农村留守妇女的调查中我们发现，农村妇女更多关注的是营养能否跟得上，是否能够参加足够的体育活动，以及生活是否可以更规律。合理的营养摄入能给人们带来健康，不合理地营养摄入必定会对身体有害。但很多人都认为增加肉类和蛋类食物就是在合理地增加营养，这是不对的，大量的蛋白质摄入反而会导致其他疾病。那些留守在农村的妇女认为，从事的农业生产劳动本身就消耗着大量的体力，就相当于参加了体育锻炼。同时她们还认为在体育活动上花费更多的时间，反而会更加劳累。她们知道健康的重要性，也愿意有一个健康的身体和高质量的生活，但是她们却不愿意改变那些不良的生活习惯。

四、留守妇女参与体育活动状况分析

（一）体育活动参与率与体育人口

在对河南省留守妇女的调查中我们发现，她们参与体育活动的比例要远远低于我国群众参与体育活动的平均值。其原因还是经济发展的缓慢，文化水平的低下，造成她们的体育思维观念落后，同时也没有相应的体育锻炼场地和设施为其提供基础的物质保障。留守在农村的妇女更喜欢在农业生产上花更多的时间，而不愿意参与到体育锻炼中去。

（二）留守妇女参与体育活动的主要场所

那些留守在农村的妇女参与体育活动时更喜欢参加集体的活动，即一起跳广场舞之类的。于是，村委会的大院和农村中的体育文化广场成了农村妇女参与体育活动的主要场所。当然，也有不喜欢群体性体育活动的妇女，他们更愿意选择在家中自己进行体育活动。那些年龄较大的农村妇女喜欢进行简单的、强度小的体育活动，如散步、慢跑等。而年龄较小的则喜欢到邻居家一起参加体育活动。

（三）留守妇女参与体育活动的主要形式

留守在农村的妇女一般选择和邻居、子女一起或者单独进行体育锻炼。但如果说一同参与体育锻炼的人中有中途放弃的，留守在农村的妇女中的大多数也会因为没有一起参与体育锻炼的人而选择放弃参与体育锻炼。和城镇居民相比较而言，留守在农村的妇女参与到体育锻炼中的人数还是比较少的，因为她们的体育思维观念更保守，不愿意在集体场合被关注。加之基层农村体育管理部门组织的活动更多的是适合男性参加的活动，体育活动的强度较大且多为集体性的项目，这就使得妇女不愿意参与其中。况且更多的体育活动还是在逢年过节的时候才有的，平时较少组织有规模的体育活动，这样就会进入一个恶性的循环，体育活动形式的不合适使妇女参与不到体育活动中去。经调查，留守在农村的妇女喜欢参与的体育项目有慢跑、太极拳、广场舞、跳绳、羽毛球等。

（四）留守妇女的经济水平与体育消费

留守妇女的经济水平与体育消费的关联很密切，只有在经济基础达到一定条件的时候，对于物质的需求已经得到基本满足的情况下，留守在农村的妇女才会进行文化体育等精神层面的消费。留守在农村的妇女年均体育消费远远低于我国人均体育消费水平。留守在农村的妇女在体育消费方面，更多地会选择花费在体育服装上，用于运动器材、体育书籍的消费较少。

第三节　留守老人

随着我国社会的发展，我国的人口结构也在不断地进行着变动，而现在我国人口老龄化的情况越来越严重，人口问题越发凸显。20 世纪 80 年代以来，中国工业化的发展和城市化的进程使得农村的青年男子不断外出务工，出现了一种叫作"民工潮"的现象。很长时间以来，受到很多因素，比如社会经济结构、家庭状况等因素的影响，一般情况下，家庭中男性劳动力进城务工，把妻子、子女、父母留在乡村，农村中出现了留守家庭。陈浩在《农村留守老人养老问题研究》一文中的定义："70% 以上的农民工在进城时（包括进城学习、工作和定居）把父母留在了农村，催生了留守老人这一特殊的群体。我们把这种由于农村人口迁移引起的特殊现象所构成的老人群体称为农村留守老人群体。"[①] 它阐述了老人独自在家乡，儿子女儿外出进城打工、学习等现象。

截至目前，虽然中国对留守老人的数据统计仍然不准确，但是可以确定的是伴随着工业化和城市化进程，农村劳动力的流出这一现象变得普遍存在。这

---

① 陈浩. 2007. 农村留守老人养老问题研究. 湖南农机，（9）：132-133.

也使得农村老人养老问题得不到保障，养老资源短缺，社会养老问题不可避免地凸显出来。劳动力的流出也代表着子女不在身边，导致与父母间距离增大，相处时间减少，必然也会导致农村留守的老人在日常生活中缺乏子女的关怀。在社会中，农村留守老人是一个弱势群体，农村留守老人有许多困难，解决农村留守老人问题既和老人的健康和幸福有关，也和我国如何面对老龄化问题及全面建设小康社会有关。这就需要我们更加关注留守老人。

一、留守老人娱乐活动较为单调

那些留守在农村的人群中，相对于留守在农村的妇女和儿童而言，留守老人的问题更为突出，矛盾更为尖锐。首先，那些老一辈的农民早已适应了土生土长的那片土地，习惯了保持多年的生活状态。他们更喜欢农村自由自在、无拘无束的生活。他们的思维观念和城市中的市民的观念不一样，他们不喜欢城市中狭小的空间以及那些条条框框的规章制度。其次，老人们适应不了城市的生活，却有可能会在城市中增加儿女的负担，这也使得他们不愿意在城市中生活。最后，那些留守在农村的人群中，留守老人这个群体属于弱势群体，这就使得社会对老人的关爱越来越缺乏，使老人不得已孤独地留守在农村。

农村留守老人交际圈子比较小，范围也比较窄。在工业化城市化给农村带来了很大的变化的同时，一些老人在农村发展中逐渐被边缘化。留守老人的交往方式也仅仅是在农村周围活动，去邻居家串门或者去近处的亲戚家走动是他们主要的活动方式。老人的闲暇活动方式有看电视、聊天、散步、赶集和参加宗教信仰活动等。他们对于空闲时间和活动空间的要求并不高，只要有一个可以容纳下他们的小房间，再加一个可以用来活动的桌子，他们就可以在一起进行娱乐活动，不管天气是炎热还是寒冷，都对他们影响较小。经过调查发现，部分地区的农村中的留守老人主要以打牌、下象棋作为他们的娱乐活动。

二、留守老人生活幸福感较差

农村留守老人的自我幸福感程度较差。受社会家庭等方面的影响，他们不能够很好地认识自己的价值，特别容易轻信一些不正确的、偏执的观点。所以，对于留守老人来说，他们很容易产生错误的认识，当遇到困难时，他们的内心会很无助和难过，因此应该给予他们更多的物资帮扶和精神关怀。

三、农村留守老人身体健康水平有待提高

人的身体发育分为几个阶段：生长发育期、发育完成期、身体减退期和身体衰退期。在步入老年后，人的身体素质就逐渐开始降低，对各种疾病的免疫力越来越差。所以要加强对农村留守老人的体育锻炼指导，增加其身体的免疫

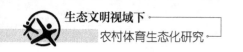

能力。农村留守老人，特别是 60~70 岁的老年人的子女常年在外，老人会对子女担心、焦虑和思念；由于没有特定的经济来源，他们必须承担一定的劳动生产；经济水平低下致使留守老人的饮食简单无规律，患病的风险大大上升。许多农村留守老人患有风湿病、高血压、心脏病等。

第四节　留守儿童

随着我国城市化进程发展，"留守儿童"是近年来在中国出现的一个新的现象，社会中的各个群体开始关注这个群体。在留守儿童成长过程中，他们的父母或者一方家人会长期在外面打工，父母对孩子的教育特别少，他们的情感在一定程度上难以沟通。另外，由于父母的打工，留守儿童必须学会自己承担一定的生活重担，这对儿童的健康成长有一定的影响。我国的留守儿童人数约6100 万，存在诸多留守儿童问题，如果这一问题不能得到解决，就很有可能形成社会不安全的因素，阻碍和谐社会的发展。[①]

一直以来，随着社会经济发展，社会人口经常会发生流动，人口流动会导致家庭成员的流失。家中的剩余成员成为留守人口。如今，在我国城市化快速发展的过程中，在农村孩子的父母外出打工过程中产生了留守儿童，这一群体是经济快速发展的产物，它并不是我国所特有的群体。我们在其他发展中国家也可以看到这一群体，这是国家经济发展的一定表现。

留守儿童的现象和我国的很多政策有很大关系，与改革开放、经济发展、城市化息息相关。第一，由于我国的经济转型。我国的城市化工业化迅速发展，使得许许多多的农民流向城市，成为城市"农民工"，他们外出务工造成家庭成员的分离。第二，由于我国户籍制度的规定。我国规定孩子必须在户籍所在地的学校上学，并进行每个阶段的升学考试。就算这些孩子和他们的父母在一起生活，高昂的学费和教育方面的一些不平等待遇也让他们在受教育的过程中受到很多的阻碍。此外，并没有可以接受他们户籍的城市学校，这导致留守儿童只能留在农村上学。

农村留守儿童的心理健康问题也是人们关注的一个重点。体育教育是教育体系中不可缺少的一部分，在学生的发展方面有着重要的意义，体育锻炼可以磨炼意志、促进人际交往。一项对学生体育锻炼与心理健康的调查研究得出，一定的体育运动不仅可以使学生的心情愉悦，还可以增强学生的身体素质，并改善不良的心情，减轻心理负担[②]。因此，我们应积极促进农村体育运动的发展，

---

① 参考消息. 外媒：中国留守儿童高达 6100 万 精神创伤 .http://www.sohu.com/a/67099539_119826[2018-04-28].

② 蔡赓，季浏，苏坚贞. 中小学生体育锻炼感觉和体育运动动机与心理健康关系的研究 [J]. 心理科学，2004, 27(4):844-846.

关爱农村留守儿童的发展。

一、农村留守儿童运动情况

（一）农村留守儿童的体育参与

1. 留守儿童的体育渴望

我们一般认为的兴趣是指个体对于某事物有强烈地去了解去参与其中的欲望，总会表现出对于该事物的积极性。而体育兴趣是人们积极主动认识和优先从事体育学习或体育锻炼的心理倾向，也可以说是人们主动关注和参与体育运动而使得心情快乐和开心的一种感觉。我们通过一些资料得出，较非留守儿童来说，留守儿童对体育运动的热情不高[①]。一项兴趣的培养不仅与个体自身的性格特点有关，还与周围的环境和事物有关，尤其是父母对此的影响也很重要。体育运动是孩子表达自己的兴趣爱好的一种方式，孩子在运动过程中感受的快乐和开心是超越一切的，这一享受过程尤为重要，这是健康成长的一个最好的过程，同时也是心理健康情感的一种表达。

2. 留守儿童的家庭体育项目缺失

虽然我国近些年发展迅速，经济得到了很大的发展，但是农村作为落后地区更多的还是依靠农业生产来获得经济收入。在满足自己生活的条件下，所能剩余的资金是有限的。那些照顾农村留守儿童成长的人，与留守在农村的儿童有着隔代的亲缘，年龄相差较大，代沟较大，导致了儿童无法更好地开展家庭体育项目。在农村，儿童一般参加的体育活动有踢毽子、弹溜溜、丢沙包等，活动的形式和方式非常单一。

（二）农村留守儿童的体育教育情况

1. 学校体育师资情况

我们对山西省的一些农村学校进行调查发现，当地存在政府和学校不重视、投入资金少、待遇低等问题，少数体育老师采用的是"放羊式"教学，责任心、事业心较差，体育工作没有大的突破。上体育课生搬硬套，考什么就教什么，测什么就练什么，甚至无教学大纲，无教学日历，无教案。除了在课堂上学广播体操，剩下的时间就自由活动。这些老师对工作缺乏责任意识和创新理念，没有关心留守儿童的身心健康发展，自身在整个学校体系中没有发挥出应有的价值和影响力。

改革课程是很重要的一个环节，而不是满足应付教学的需要。作为人民教

① 任秀安，郭燕 .2009. 河南省农村小学留守儿童的体育状况及其影响因素分析——以新乡、焦作地区为例 . 南京体育学院学报 (社会科学版)，23(3):42-46.

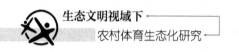

师，应该为人师表，起到带头作用，给学生营造一个良好的氛围环境。在日常工作中认真负责，尽责敬业。在工作上，多创新，用新颖的教学方法与独到的人格魅力吸引学生，创新教学方式，不断改进教学的内容，多与其他学校进行交流，学习其他优秀学校的教学制度和教学方式，同时结合自身的实际情况，形成自己的特色。

如今在农村学校一个明显的问题摆在面前，即体育教师数量短缺，现有任职教师工作量大，无形中影响了课堂质量。通过调查得知，多数小学仅仅配有一名体育教师，大部分的年级或班级只有一名老师授课，影响了整个学校的体育教学。

2．体育设施情况

因为对于农村学校体育的投入较少，所以农村学校的体育活动场所大部分是泥沙操场，只要遇到恶劣的天气，体育课就被其他课程代替。有的农村学校只有一个篮球场，体育运动器材只有篮球、毽子、跳绳等，而且数量特别有限，只有在为了较好地完成教学任务时才会使用，其他时候的使用率特别低的。人多设备少的现状使得器材的使用比较紧张，有时体育课上学生玩耍自己家长制作的体育器材，这样便可能会对留守儿童造成一定的心理影响。

（三）留守儿童的课外体育活动

1．农村留守儿童的体育活动形式

由于农村人口的大量迁移，生活在农村的居民逐渐减少，农村留守儿童的体育伙伴较少，只局限在几个人，或者是一个人玩耍，一些留守儿童甚至还有家庭生产的任务。因此，就体育活动而言，留守在农村的儿童都是孤单的自我参与。长此以往，这种现象使得留守儿童形成了不想说话、孤独的性格特点。

2．农村留守儿童的体育活动内容

随着收入水平的提高，农村居民对于体育消费的标准也开始提高，参与的体育活动也越来越丰富多样，但留守在农村的儿童依然和以前一样，在体育活动方面没有多大的改善。原本家庭就不富裕，即使父母给了零花钱，也舍不得花费到玩具上面，仅仅花费在文具方面。这种情况使得农村留守的儿童只能参与不需要花费金钱的体育活动，以及那些传统的较为简单的体育活动，可以就地取材，用简单的道具即可参与的体育活动，如扔石子，滚铁环、跳皮筋等。

3．农村留守儿童体育活动中的表现

相对于其他学生，留守在农村的儿童在面对一些展示自己的体育活动的时候的热情不是太高，而到了大家都积极参与的活动时，有的留守儿童更是躲避，他们显得特别紧张和拘束，没有团体意识，即使参加了也表现不积极。

二、影响农村留守儿童体育锻炼的因素

（一）家庭因素

家庭教育是很重要的一个环节，既是起点，又是过程，父母对儿童的教育可以起到导向作用。在家庭里，父母对体育的认识和重视程度会影响小学生体育锻炼的积极性，对初中生的影响更明显，对所有学生参与体育运动的爱好和兴趣有着很大的作用。

父母对孩子的影响是巨大的，但对于农村留守儿童，照顾他们的是留守的老人，大部分的老年人对于运动和锻炼没有概念性的了解，在他们的观念中，劳动就是锻炼，孩子参加体育运动就是嬉笑打闹玩耍，经常阻止孩子参与体育运动。

体育与经济有着密不可分的关系。从调查结果来看，大部分农村留守儿童的家庭条件依旧不是很好，除了保障基本的上学外，很难在生活的其他方面有所支出。他们的父母打工所赚的收入仅仅能支持家庭最基本的生存，并没有多余的钱给孩子购买一些体育用品。这一定程度上阻碍了他们的体育锻炼兴趣。[①]

（二）学校因素

农村中小学是留守儿童学习知识的地方。父母和监护人缺乏知识，无法对孩子进行良好的教育，因此学校成了这些孩子学习知识和了解外界信息的主要场所。学校依据国家颁布的各类文件，积极开展各种各样的体育活动，努力提高学生的身体素质。但是农村学校体育场地和体育设施较为缺乏，专业的体育老师或体育人才不足，一定程度影响了农村学校体育课程的实施。

① 李华禄.2012.农村留守儿童体育锻炼现状及影响因素分析——以贵州省仁怀市为例.搏击（体育论坛），(4):6-8.

第七章

生态文明视域下农村体育文化发展研究

第一节　文化、体育文化、农村体育文化

进入 21 世纪以来，人与自然的关系趋于紧张，生态危机日益严重，生态文明建设日益被人们重视。党的十八大报告提出了中国特色社会主义经济、政治、文化、社会、生态文明建设"五位一体"总布局，着力推进生态文明建设，并强调要将生态文明建设融入政治、经济、文化、社会建设的全过程，为推进生态文明建设指明了前进方向。在人类社会由工业文明社会向生态文明社会转变的过程中，农村体育必须将生态文明理念融入其文化发展当中，形成农村生态体育文化自觉。本章以生态文明发展进程中的农村体育文化为研究对象，论述农村体育文化发展历程，总结农村体育文化特征，探讨当前发展困境，并探究文化发展重构路径，从而促进农村体育生态化发展。

一、文化

（一）文化综述

中国文化源远流长，历史悠久，但是提出文化概念并对其进行专门研究却始于西方。1871 年英国人类学家泰勒第一次提出文化概念，引起了国外学者对文化进行研究的兴趣和热情，至今，文化概念的界定多达几百种，所以，对于什么是文化，国内外学者多少都会感到难以捉摸。西方文化学家罗威勒说："在这个世界上，没有别的东西比文化更难捉摸，我们不能分析它，因为它的成分无穷无尽；我们不能叙述它，因为它没有固定的形状，我们想用字来规范它的

意义，这正像要把空气抓在手里似的；当我们去寻找文化时，它除了不在我们手里以外，它无处不在。"① 美国人类学家阿尔弗雷德·克洛依伯和克莱德·克拉克洪 1952 年出版的《文化：概念和定义批判分析》一书搜集了 100 多个关于文化的定义，不同领域的学者分别从哲学、历史、社会、艺术、心理、教育、人类学等学科来认识文化。公认的最具代表性的文化定义是 1871 年泰勒在其著作《原始文化》中提出的，文化"是一个复合整体，包括知识、信仰、艺术、道德、法律、习俗以及任何人作为社会成员所获得的能力和习惯"②。这里文化的定义既包括精神层面的内容，又包括这些精神内容所影响的社会成员的行为习惯。

在汉语中，文化一词包含"人文教化""以文教化"的意思，《易》的贲卦《象传》曰："文，以察时变；观乎人文，以化成天下。"文化的实质是"人化"，是"化"人，文化又可以看作"人化"和"化人"相统一的活动过程。所谓"人化"，就是给外在世界打上人类思想和意识的烙印；"化人"即指文化对人的影响和作用，是文化的传播和扩散。每一代人都生存于文化之中，继承前人创造的文化，受文化的熏陶和影响，并在自己的行为中显现出这种影响；同时，通过自己的生产生活实践不断创新，使文化得以生存、传播和进化③。霍桂桓从文化软实力角度来定义文化："这种具有动态性的、不断发展变化的、作为'人化'过程的'文化'过程本身，实际上也就是某一个民族国家通过充分开发和发挥其特有的文化所具有的吸引力，潜移默化地对其他民族国家及其具体成员的精神世界施加特定影响的过程。"④ 梁启超认为文化是人类心能所开释出来的有价值的共业；而蔡元培认为文化是人生发展的状况；梁漱溟认为文化是生活的样法；陈独秀主张把文化定义为文学、美术、音乐、哲学和科学；贺麟从"心物合一"出发，认为文化就是经过人类精神陶铸过的自然；胡适则认为文化是一种文明所形成的生活的方式⑤。

依据唯物史观的基本原理，人类社会的存在分为社会存在与社会意识，而人类生产方式又包含物质生产与精神生产两大部分。与此相适应，文化也必然存在与物质和精神相区分的层次划分。马克思曾指出："经济学家蒲鲁东先生非常明白，人们是在一定的生产关系中制造呢绒、麻布的。但是他并不明白，这些一定的社会关系同麻布一样，也是人们生产出来的。社会关系与生产力紧密相连。随着新生产力的发展，人们改变自己的生产方式，随着生产方式即谋生的方式的改变，人们会改变自己的一切社会关系；人们按照自己的社会关系创造了相应的原理、观念和范畴。"⑥

① 殷海光. 2002. 中国文化的展望. 上海：上海三联书店：26.

② 于影丽. 2006. 我国少数民族教育的跨文化研究. 石河子大学学报（哲学社会科学版），(S1)：143-144.

③ 黎德扬. 1997. 略论文化及科学技术文化. 江汉论坛，(12)：35-40.

④ 霍桂桓. 2009. 简论"文化与人化"和"从文化软实力角度来看"的关系. 西安交通大学学报（社会科学版），29（3）：3-5.

⑤ 傅于川. 2009. 关于文化概念的哲学反思. 毕节学院学报，(1)：75-78.

⑥ 吴建永. 2015. 恩格斯论住宅问题及其当代启示. 中共贵州省委党校学报，(2)：32-38.

可见，马克思将文化的存在划分为三大层次：最外围的是以呢绒和麻布为代表的物质文化层次；再往内则是与物质文化紧密相连的社会关系的生产，即制度文化层次；最核心的则是人们以社会关系为基础创造的价值观、理念等社会意识存在，即观念文化层次。这三者的内在关联是无法彼此剥离的。

一般地说，文化的含义有狭义和广义之分：狭义的文化主要指人类社会意识形态及与之相适应的制度和设施；广义的文化指人类所创造的物质财富和精神财富的总和及其创造过程。

（二）文化的结构

文化的大结构是分成内外层次的，即外层的物的层次（物质的层次）、核心部的心的层次（心理的层次）、中间的心和物相结合的层次。

外层的物的层次，即马克思所说的"第二自然"，或称对象化了的劳动。这个物态文化，不是任何未经人力作用的自然物，也不是劳动的物质产品本身，而是指物质产品中所体现的人的行为方式和思维方式（如生产工具、技术、生活器物所体现的生活方式和情调等）。文化的中间层次包括自然和社会的理论，各种社会制度、社会关系、社会组织等。文化的里层（核心部的层次）指的是文化心态，包括价值观念、思维方式、宗教情绪、民族性格、审美情趣、道德情操等。

应该指出的是，文化的三个层次是相互适应、相互联系的，它们由里层向外层表现出更为强烈的制约作用。因此，任何真正意义的革命或改革都必须以最里层文化心态的变革为最终的实现目标。

二、体育文化

德国学者菲特在 1818 年出版的《体育史》中提到身体文化（physical culture），他指出该词是指斯拉夫民族的沐浴和按摩等保健养生活动。《韦氏国际大辞典》称身体文化为"有关身体系统的保养"。有的学者认为身体文化是用科学和美的规律、生命的规律来解释的文化；德国学者尤特纳认为身体文化是包含从身体涂油剂、颜料、营养摄取直到身体训练的运动器械在内的各种文化现象的总体。1974 年，国际体育名词术语委员会出版的《体育运动词汇》指出，体育文化是"广义文化的组成部分，它综合各种利用身体锻炼来提高人的生物学和精神潜力的范畴、规律、制度和物质设施"[①]。

国内也有一些学者倾向于从文化结构层次来定义体育文化，如物质文化与精神文化两分说，物质文化、制度文化、精神文化三层说，物质、制度、行为、心态四层说，物质、社会关系、精神、艺术、语言符号、风俗习惯六大子系统说等。卢元镇先生对体育文化作了如下总结：体育文化是关于人类体育运动的

---

① 周西宽，等. 1988. 体育学. 成都：四川教育出版社：116.

物质、制度、精神文化的总和，大体包括体育认识、体育情感、体育价值、体育理想、体育道德、体育制度和体育物质条件。刘巍认为体育文化表现为三个不同文化层次：运动形态，包括身体运动形式及所使用的场地、器材等物质形态（表层文化）；体育体制，包括体育的社会组织形态和教学训练体制等（中层文化）；体育观念，包括身体观、运动观、价值观、方法论等（里层文化）[1]。

针对体育文化，不同的学者从不同的角度进行了概念的阐述。一般而言，体育文化有广义与狭义之分。从广义角度看，体育文化作为文化的有机组成部分，自然可以用物质文化与精神文化来定义，是与人类体育运动有关的物质文明和精神文明的总和。狭义的体育文化概念立足于狭义的文化概念，把体育文化限定在精神领域，包含意识形态、制度、组织机构、体育活动等方面。

综上所述，体育文化虽然至今没有一个明确的概念，但其作为文化的一个组成部分，包括了人们的体育认识、体育价值、体育思想道德、体育制度、体育文化产业、体育物质产品等，其核心包含体育观念、意识、思想、价值等精神文化。

三、农村体育文化

农村体育是体育文化的一个重要组成部分，又是体育文化的亚文化。它是由人们居住的地理环境、经济生产方式和社会生活方式，以及历史文化传统所决定的一种体育文化。农村体育文化是世世代代农民共同创造的物质和精神财富，是农民赖以生存和发展的物质和精神基础，也是农民的体育文化水平、思想观念及在漫长的体育文化实践中形成并积淀下来的认知方式、思维模式、价值观念、情感状态、处世态度、人生追求、生活方式等深层心理结构，它所表达的是农民心灵的世界、人格特征及文明开化程度。因此，农村体育文化是指生活在农村区域的人群在从事体育活动相关的物质生产和精神生产的过程中所形成的具有浓厚地域特色的基础设施、价值观念、心态、精神、风俗习惯和道德规范等的总和。

在农村体育文化建设的研究方面，陈建兵在以往对农村体育文化采用二层次与三层次的文化分层研究基础上，将农村体育文化划分为物态文化层、制度文化层、行为文化层和心态文化层四层次，并对这四个文化层进行具体的指标化界定："物态文化层是指农民体育运动的场地设施器材状况，主要包含有体育场地、体育设施、体育雕像、体育环境、体育器材、体育服装、体育用品等；制度文化层是由在农村体育活动中组建的各种体育行为规范构成，主要包含体育教学、健身运动、运动竞赛的传统、制度、规范等；行为文化层是指农民参与体育运动的基本特征，主要包含农民的体育消费、体育锻炼、体育习惯等；心态文化层是指农民对体育的认知与态度及参与体育活动的动机与意识等，主

---

[1] 刘巍. 2009. 体育文化在新农村建设中的价值探析. 商业经济，（4）：105-107.

要包含农民的体育观念、体育意识、体育精神、道德风尚等。"①

农村体育文化作为一种农村特定的文化形式，是社会文化的一个重要组成部分，它既有社会文化的一般性质和主要特点，即具有时代性、民族性、区域性、历史传承性和相对独立性，也具有体育活动的特征。它以体为本，身心并重，不拘形式，重在参与，易于交流。

第二节　农村体育文化的特征

我国国土面积广大，居民分布的地区各异，农村居民与城市居民的生产方式、生活方式、居住环境、日常习惯不尽相同。因而在不同文化背景、成长环境下形成的农村体育文化也自然而然地具有异于城市体育文化的特点。

一、不确定性

农村的大面积土地被植被或农作物覆盖，没有可供农民开展体育健身活动的特定场所，农村的体育健身活动场地较为随意；此外，受农忙节令的影响，农村体育健身活动的时间及开展类型与季节有关，农忙时期农村居民在田间劳作，此时间段的农村体育活动较少。农闲时间，尤其在冬季，农活较少，村民们的体育活动场地一部分在家中，活动内容以常见的打麻将为主，另一部分在空旷的室外场地，活动内容主要为扭秧歌、跳广场舞等集体性活动。

二、传统性

究其本源，我国农村的体育活动有着源远流长的历史。由于农村人口较少且集聚，所以在一些农村和少数民族聚居的地方很早就有体育活动，如武术、摔跤、射箭、马术、划龙舟和荡秋千等农民喜闻乐见的体育健身活动，这些体育健身活动内容丰富、形式奇特，深得农民的喜爱。一般来说，农民以自己的喜好随便选择时间、地点进行自己喜欢的体育锻炼活动，以此充实自己的生活。因为源于农村，所以这些体育健身活动就不可避免地带有浓郁的乡土气息，且人类不断地发展，体育健身活动也在不断继承发展。相较于中原地区，我国少数民族地区的体育活动就更加绚丽多姿，且在传承中不断发展，形成了特定的民族特色。这些具有民族性和传统性的优秀体育健身项目带有了独特的文化气息，对今天农村的发展起到积极的影响。

---

① 陈建兵. 2007. 农村体育文化建设研究——以淮安市楚州区为例. 南京：南京农业大学：13-15.

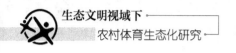

三、不平衡性

由于农村经济发展水平不平衡且不同地区的体育文化存在差异，所以农村的体育健身活动不可避免地存在不平衡，在一些极其分散的、落后的偏远地区，这种不平衡尤为突出。体育文化的不平衡性已经不是简单的硬件设施的匹配问题，而是深入人心的体育文化教育问题。另外值得注意的是，一些经济水平发展迅速但文化建设相对落后的地区也存在这种不平衡性。

四、封闭性

我国地形复杂，老少边穷的偏远农村地区交通落后，使得居住在农村的农民出行不便，农民很少有机会流动，他们活动的范围只限于自己的小村落。农村体育在这样封闭的环境里萌芽、生长，因此带有封闭性。即便在现代社会，受经济水平、自然环境、文化因素、思想观念等各种因素的影响，城市和乡村之间的体育文化也并没有频繁交流。

在现今文化浪潮猛烈的冲击下，原生态的农村体育文化有所改变，但其本质的内在封闭性并没有被打破。由于长期封闭性思维的影响，农村体育文化对外在的其他体育文化观念带有排外性，进而导致了农村体育文化与先进的体育观念交融极低。这种情况在经济较落后的地区更为严重，农村文化本身的陈旧观念和封闭思想限制了农村体育文化的创新发展，形成了农村体育文化固步自封、自我探索的特征，导致农村体育文化的发展呈现停滞甚至倒退的情况。

五、边缘性

在中国现代化历史进程中，农村体育文化的外部形态被赋予了新的生命，但与强调效率、公平、民主、平等、成就等意识的城市体育文化相比，农村体育文化的弊端凸显出来，特别是小农经济中滋生的保守性。在现代化历史进程和全球化发展的大潮中，农村体育文化因一系列弊端被边缘化。农村体育文化的边缘性固然受其地理环境、经济基础、历史传统、族际关系、生活方式等因素影响，但更为重要的是现代城市体育文化的强势入侵。随着全球化浪潮推进，各国的文化相互影响、促进，以创新、进取、理性、开放等为主要特征的现代城市体育文化思想逐渐成形，在先进的思想推动下，过时的农村体育观念走向边缘化。

第三节　生态文明视域下农村体育文化建设的必要性

一、农村体育文化建设是小康社会的重要组成部分

2012 年，党的十八大报告中首次提出实现国内生产总值和城乡居民人均收入比 2010 年翻一番的新指标和确保到 2020 年实现全面建成小康社会的宏伟目标。小康的含义不仅包含物质层面，也包含精神层面。将农村体育发展的眼光放大到全体农民身上，将工作重点逐步转移到村落体育的发展上来，是全面建成小康社会、满足农民群众日益增长的健身需求的民心工程，是解决我国群众体育发展"低水平、不全面和很不均衡"局面的重要举措[①]。可见，随着北京奥运会的成功举办，我国全面建成小康社会进入了一个全新的阶段，精神层面的小康建设进入了一个关键时期，体育文化作为社会主义精神文明建设的助推器，在"后奥运时代"的小康建设进程中必然扮演重要角色，也将担负重要职责。

二、农村体育文化建设是构建社会主义和谐农村的必然

农村和谐稳定是建设和谐农村的内在要求和保证。没有农村的和谐与稳定，和谐社会就无从谈起。当前，农村各种犯罪现象增加，各种不健康的活动滋生蔓延，道德滑坡，这与文化建设滞后有密切的关系。经验和历史都表明，农村文化阵地，先进的文化不去占领它，落后的文化就会利用它。只有用健康有益的先进文化去教化农民群众，培育他们的民主法制观念，才能有效地帮助他们自觉抵制封建残余和各种腐朽思想的侵蚀，革除陈规陋习，形成积极向上的精神面貌。而体育文化是一种能激发上进心、培养勇敢拼搏精神的先进文化，因此，加强农村体育文化建设，有助于增强农村社会的凝聚力，稳定和优化农村的经济、政治秩序，符合社会主义的本质要求[②]。体育锻炼可以调节人的情绪，增强人们的社会交往能力、与人合作的能力，使人际关系融洽和谐，因此，弘扬农村体育文化、促进农民体育锻炼的积极性，对于和谐农村的建设必然起到积极作用。

三、农村体育文化建设是建设社会主义新农村的重要指标

从 2002 年起，党中央连续颁布 1 号文件持续关注社会主义社会新时期的"三

① 田雨普. 2008. 小康社会演进中农村体育重点转移的轨迹考察. 天津体育学院学报，(6)：461-464.
② 余文斌. 2008. 刍议和谐农村建设中的农村体育文化. 农业考古，(6)：152-154.

农"问题。党的十八大报告明确指出，城乡发展一体化是解决"三农"问题的根本途径，要加大统筹城乡发展力度，增强农村发展活力，逐步缩小城乡差距，促进城乡共同繁荣。这就要求我们在大力发展生产力、提高农民收入水平的同时，也要繁荣农村文化，满足农民群众的精神文化需要，农村体育文化的建设正是实现这一目标的有效措施。广大学者在研究农村体育的发展时，几乎不约而同地呼吁国家加大投入，改善农村体育设施现状，希望广大农民能够积极主动地参与体育活动。但是，体育器物层面下乡，并不意味着农民体育思想观念层面的自觉接受。农村体育文化变革"不应局限于人们对健身运动技能的认知和掌握，而是一种体育思想理论体系、制度体系和对人类体育文化发展可以发生作用的影响力，是一种在文化层面上对新的人的生存方式的理解和把握"[①]。由此可见，新农村建设中体育文化建设在满足器物层面基础上重点在于对农民体育生活方式的培养，从而真正建立起属于农民的农村体育文化。

四、推动农村经济新的增长依赖于农村体育文化建设

我国是一个农业大国，大力发展农村的体育文化产业具有得天独厚的优势。据有关专家估计，我国的体育消费总额早已超过千亿元，特别是部分富裕的农村地区对体育和健康消费表现出相当积极的态度，农村农民的健康意识、健身意识日益增强，参加体育活动，以及购买保健书籍和健身器材及营养保健品的消费支出大幅增加，为自身健康投资的人越来越多，农村体育文化建设将成为21世纪社会主义新农村经济新的增长点，目前正在悄悄兴起的自驾游、自助游、徒步游等已成为人们新的旅游方式。如果我国农村地区抓住这些机遇，把丰富的农村体育文化资源转化为农村体育文化资本，在大力建设和发展农村体育文化产业的同时，带动与之相关产业的发展，既充分满足农民的精神文化需要，又使农村广大肥沃的体育文化资源得以利用，必将极大地提升新农村的经济实力。

五、加强农村体育文化建设有助于净化农村文化环境

我国农村体育文化千姿百态、异彩纷呈，是农民在长期的生产劳动和社会生活中形成并积淀下来的具有农村地方特色的文化，它是人与自然和谐、完美结合的结果，是人与人和睦相处、共建和谐社会最好的验证，例如，龙舟竞渡，它最早是以纪念诗人屈原为目的的，从农村地区发展而来的一个竞技项目，它的参赛人数多，便于培养团结协作、奋力拼搏的集体主义精神，加强人与人之间的交流了解，增进友谊，它的趣味性和观赏性大，可以强身健体、陶冶情操，还可以借此进行爱国主义教育，增强民族认同感和凝聚力，在春节、元宵节等

---

① 俞爱玲. 2005. 全面建设小康社会中农村体育文化的困境与出路. 北京体育大学学报，（11）：1481-1482.

农闲时节，大张旗鼓地开展农民喜闻乐见的文化体育活动，举办各种不同形式、不同内容的农民运动会、民族风情节，使农村文化建设在内容和形式上呈现多层面的发展，可以促进农村社会文化更加繁荣。在社会主义新农村中，体育文化将成为农民生活方式的重要组成部分，把农民从单调贫乏、枯燥无味的农村文化生活中解脱出来，不仅要让先富起来的农民自主参与健康、文明、高雅的体育文化活动，还要引导他们参与策划、投资农村体育文化建设与体育产业的建设，形成多种层次、多种形式的体育文化局面，创造一个以商养文、以文活商、文商互补的新路，使农村农民真正享受体育文化带来的乐趣，感悟生命的意蕴和人生价值，体验人际关系和谐带来的满足，建立乐观豁达的生活态度，激发积极向上的生活热情。从这一意义上看，农村体育文化的价值正是在全面建设社会主义新农村、创造绚丽多彩的农村文化生活中显现出来的。

第四节　生态文明视域下农村体育文化发展困境

一、农村体育的物质文化优先于精神文化

体育文化是由三个层次或者说三个子系统组成的结构—功能体系。体育文化的深层结构指与体育有关的由哲学思想、价值判断、健康观、审美观、意识形态等构成的思想体系，其决定体育文化具体形态的存在依据、发展原则和发展方向。体育文化的中层结构是由一系列与体育有关的制度和组织要素构成的组织体系，决定着体育文化的组织结构和操作效率。体育文化的表层结构是将深层的体育观念通过中层组织结构付诸实践的操作体系，表现为体育文化的外部形态和外在特征，如具体的健身行为、运动竞赛、体育设施的设计等[①]。由此可见，利用体育物质设施的供给满足农村居民体育参与需求，利用体育物质设施对人的感官刺激引导更多的农村居民参与体育是促进农村体育文化进步的重要措施；但是，体育物质设施不是发展农村体育的全部，体育参与者在实践中创造的体育项目、运动时所表现的完美的形体、健全的人格、觉醒的体育意识、养成的体育习惯及和谐的体育氛围等深层的精神体育文化是体育文化所追求的最高目标和最高境界。

从总体上看，农村物质体育文化发展速度快于精神体育文化，其原因主要有：①农村经济的快速发展和资金筹集方式的变革为农村物质体育文化提供了经济基础。②在竞技体育超前快速发展和国民身体素质亟待增强的双重压力下，发展农村体育成为各级地方政府的责任，而物质体育文化自身所具有的特性则成为实现政府责任绩效最有效、最快捷的途径。同时，在这一观念指导下，

① 中国体育科学学会，香港体育学院. 2000. 体育科学词典. 北京：高等教育出版社：303.

体育场地设施均被作为农村体育文化建设的首要考核指标。通过对山西体育行政部门群体负责人的实地访谈发现，农村体育场地设施的普及，以及未来场地设施的发展规划成为农村体育工作的重心。③体育场地设施等物质体育文化生产厂家的营销策略对农村物质体育文化和精神体育文化的非均衡性发展起到了推波助澜的作用。在工业社会，大机器工业提高了劳动效率，体育物质设施以较强劲的生产能力，使大批量的物质体育设施得以快速生产出来，为物质体育文化的快速发展提供了可能。在以上几方面影响下，人们形成了一种根据拥有的物质体育设施多少来评价和衡量体育文化总体发展水平的观念，这一观念映射到农村体育文化建设中，就会形成物质体育文化发展观，表现为对物质（体育场地设施器材）的过分关注，以农村体育物质文化来判定和评价农村体育发展水平，以体育场地设施等物质体育文化作为考核或评价农村体育工作的主要指标。

二、竞技体育文化优先于群众体育文化

众所周知，群众体育的对立面是精英体育（即竞技体育），或者说是那些有着较高的体育素养，并且能够从事高水平体育比赛，从而有着较高关注率的精英参与的体育；相比之下，群众参与体育活动主要是为了提高自身的健康水平，以及满足沟通和娱乐的需要①。与竞技体育文化相比，群众体育文化具有较强基础性的特点，其发展周期较长，并且效果具有一定的滞后性。因此，无论是从政府的政绩工程还是从商业开发角度来说，农村竞技体育文化均具有优先于群众体育文化发展的先天条件，从而可以获得更多的政府资源和社会资源。一些地区政府采用"以奖代补"制度为各种体育协会承接的代表参加的各级各类比赛提供资金支持。一些企业主、公司董事长担任各种体育协会的主席、副主席、秘书长等职务，对农村地区的各级各类比赛进行商业开发，为竞技体育从中获得丰厚的社会资金支持提供了方便。由此可见，竞技体育的"以奖代补"制度创新和各种社会资金的募集，为发展竞技体育提供了较大生存和发展空间，而对群众体育文化的发展缺乏相应的制度设计和安排。

三、现代体育文化优先于传统体育文化

体育文化是由人创造的，不同地区、不同民族创造了不同的体育文化，不同的体育文化具有适应其具体物质条件和社会条件的特点。中国传统体育文化产生于中国农业社会，是中国农业社会的产物。20世纪80年代末，国家体委文史工作委员会和中国体育博物馆联合组织了30个省、自治区、直辖市的体育文史工作者收集编写《中华民族传统体育志》，收集到少数民族体育项目676条，

① 刘梅英. 2008. 契机与挑战：论当前我国农村群众体育的变革. 山东体育学院学报，24（7）：12-14.

汉民族体育活动项目 301 条，共计 977 条[①]。这些传统体育项目是基于中国传统农业社会的生产条件、生活条件和精神面貌形成的，并具体体现在生活习俗和宗教活动之中。近代西方体育文化诞生于西方工业革命，作为西洋工业化的产物，它随着殖民地和大工业生产的全球性扩张向外进行传播。西方体育文化强调对抗与竞争，几乎每一项运动都以速度的快慢、力量的大小或者对抗的激烈程度为核心，这种激烈的竞争补偿工业化给人们带来的不利影响（如人丧失体力运动的机会，成为机器的一部分，精神焦虑和心里不安，环境受到破坏等），使其身体得到全面发展，心理得到满足，情感得到宣泄，生命活力得到释放。随着中国快速的工业化，农村现代体育文化得到快速发展，而传统体育文化面临着严峻挑战。传统体育文化的日常生活性和现代体育文化的比赛竞争性，以及重视竞技体育文化而忽视群众体育文化的社会背景使农村现代体育文化成为时尚，而传统体育文化受到挑战。总的来说，在重竞技体育文化轻群众体育文化的影响下，农村各地原有的传统体育文化受到冲击和挑战，农村原有的传统体育文化精髓并没有渗透到农村体育中去。

四、节假日体育文化优先于日常体育文化

节假日体育文化是利用中国传统节日和现代社会假日开展的各种体育活动，是人们欢度节假日、增加节假日气氛的一种方式，它具有短暂性、临时性、娱乐性等特点[②]。日常体育文化就是人们日常开展的一系列体育活动的总和，它具有体育活动的日常性、重复性和持久性等特点，对积极倡导体育生活化具有一定的促进作用。中国农村具有重视节假日体育文化的传统。中国传统农业时期的农民体力劳作的辛苦、农村生活物质的匮乏，致使农民为了保证和储存农业劳动所需的体能，在对身体的日常关照方面主要以静养为主。因此，在中国传统节日里，勤劳智慧的中华民族创造和继承了丰富多彩的节日体育文化，这些节日体育文化丰富着广大农村的节日文化生活，给农村贫瘠的文化生活增添了色彩。随着农村经济社会文化的发展，节假日体育文化进一步得到加强和提高，日常体育文化并没有随着农村居民生产方式、生活方式和精神价值的改变向节假日体育文化与日常体育文化并重的方向转变，而使农村节假日体育文化与日常体育文化处于非均衡发展状态，节假日体育文化所占有的体育资源多于日常体育文化所占有的体育资源。晨晚练作为日常体育文化的主要形式，其站点建设基本上实行自我管理，自我募集活动经费，自我规划发展目标和方向，政府对其经费投入、日常指导和管理存在严重不足。由此可见，日常体育文化作为农村居民的一种日常生活方式，是真正实现农村居民体育生活化、日常化、常态化的具体体现。但是，目前政府和社会对日常体育文化的资金、技术和管理

---

① 熊晓正，钟秉枢. 2010. 新中国体育 60 年. 北京：北京体育大学出版社：219.
② 刘梅英，王凤仙. 2012. 社会转型中农村体育文化的非均衡发展研究. 山东体育科技，34（5）：6-10.

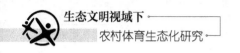

等体育资源分配均低于节假日体育文化。由于政府的大量体育资源投入到节假日体育活动方面，从而放松了日常体育文化管理，为日常体育文化提供的公共服务普遍存在缺位，甚至缺失，影响了日常体育文化健康发展。例如，晨晚练健身站点对组织者具有较强的依赖性，组织者是否发生变动，决定着晨晚练健身站点是否能够存在和存在的活力大小。因此，各地急需对最具日常体育文化特性的晨晚练健身站点进行组织设计和创新，保障晨晚练健身站点的持久性，稳固农村晨晚练健身站点的组织功能。

第五节　生态文明视域下农村体育文化发展重构

一、体育制度文化

为改善农村体育场地，国家发布了一系列建设项目，比如，国家实施的农民体育健身工程无偿为农村配备体育器材的政策，增强新农村体育文化的建设。县、乡、村各级行政组织在新农村建设中，要全面开展体育场地建设的研究与论证，建设的体育场地要对开展和丰富当地的农村体育文化活动有利。体育场地建设要根据需要建立，为农民而建。体育硬件设施可以通过募集社会资金进行建设，其资金来源如下：①国家为新农村体育设施建设拨出一部分经费；②地方政府募集一定资金；③利用社会公益性资金。与此同时，要有专人负责建设的体育设施，提高使用效益，最大限度地利用它。

二、体育物质文化

经济基础决定上层建筑，建设农村体育文化首先要促进农村经济的发展，换言之，新农村体育文化发展离不开其生存的经济土壤。目前，我国农村的生产和生活成本较高，实际收入相对较少。即使在税费改革以后，由于种子、化肥、农药等农业生产资料的价格上涨，农民的可支配收入并没有显著提高。农业型的农村经济基础表现出来的最显著的特征之一是，占绝大多数的农村人口集中生活在自给自足的基础之上。目前，在我国广大的农村地区，农民在失地补偿、医疗养老、体育文化及最低生活保障方面的工作才刚刚起步，这种暂时落后的、相对薄弱的经济基础难以为农村的体育文化提供生存和发展的土壤，而一个不争的事实是，我国农村的体育文化要想实现快速发展，融入现代体育文化的模式当中，就必须增加农民收入、加快农村经济的发展，使农村能够紧跟时代进步的步伐。

三、体育行为文化

体育行为文化的重构应该做到以下几点：①尊重农村居民的个人自主选择和个性发展的权利，把满足农民的需求（特别是精神文化需求）作为开展农村体育文化各项工作的基本点，做到以人为本；②把对人的行为塑造贯穿于新农村体育文化建设的全过程，其间通过多种形式的群众性体育精神文明创建活动，重点发掘和提升农民的体育精神意识和精神动力，把提高农民的体育思想道德素养和体育文化水平作为一个重要的阶段性目标加强落实，为人的全面和自由发展创造必备的条件；③在农村体育文化的建设过程中，要充分利用和结合农村的特点，根据区域发展战略，制定出切实可行的农村体育文化发展规划，以推进农村体育文化的法制化和科学化进程，真正做到农村体育文化建设的各项行为按程序进行；④在对农村体育文化的行为建设加强管理的同时，更要要求体育行为的决定因素——决策的科学化，这样才能够实现人与自然环境的和谐统一，使社会主义新农村的建设体现绿色体育文化。

四、体育精神文化

农村体育精神文化的重构和培育离不开当地的民俗文化和传统。在我国的广大农村，至今还存在着大量丰富多彩、具有浓郁的地方特色和民族特色的体育文化活动，这些传统的活动同时具有行为塑造和精神塑造的双重功用。为此，我们应该根据实际情况，树立各民族、各地区独特的体育文化发展目标。同时，为了进一步加强体育活动给农民的精神生活带来的积极影响，我们还应充分利用全社会资源，使社会各界力量深入农村地区开展体育活动，大力宣扬体育文化精神，优化农村体育的人文环境，增强农民关注体育、参与体育的兴趣和主动性。另外，农村群众性体育文化活动一直以来都是农村体育的重要载体，因此，我们可以利用传统节日和农闲季节，适时组织开展农民群众能够广泛参与、乐于参与的具有地方特色的传统体育活动，让农村体育的精神文化重构取得坚实的群众性基础。

第八章
生态文明视域下农民体育健身工程研究

第一节　农民体育健身工程概述

为保障《全民健身计划纲要》顺利推行，促进农村体育的发展，2006年，《中共中央国务院关于推进社会主义新农村建设的若干意见》《中华人民共和国国民经济和社会发展第十一个五年规划纲要》提出"推动实施农民体育健身工程"。为了保证工程的顺利实施，加快新时期农村体育事业的发展，国家体育总局于2006年在全国范围正式启动农民体育健身工程，制定并下发了《关于实施农民体育健身工程的意见》，要求各级体育部门将工程建设作为当前及今后相当长的一个时期内体育工作的一项重要任务。

2007年5月19日，为贯彻落实《中华人民共和国国民经济和社会发展第十一个五年规划纲要》，进一步推动农民体育健身工程的实施，切实发挥其在建设社会主义新农村中的作用，国家体育总局、国家发改委、财政部联合制定了《"十一五"农民体育健身工程建设规划》。

农民体育健身工程作为社会主义新农村建设的具体举措，不仅仅是为了建设几个体育场地设施，化解农民日益增长的体育健身需求同农村公共体育场地设施严重不足的矛盾，更重要的是力图通过基本场地设施的建设，建立健全农村体育组织，促进农村体育骨干的培养，推动农村体育活动的开展，进而使之成为农民强身健体、更新观念、发展经济的有效载体，成为引导农民建立科学文明生活方式、促进农村三个文明建设、加快农村城镇化和现代化建设的有效手段，实现城乡的全面协调发展。

所谓农民体育健身工程，是指以农民体育事业建设为立足点，以行政村

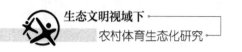
为主要实施对象，以经济实用的小型公共体育健身场地设施建设为重点，把场地建到农民身边，同时推动农村体育组织建设和体育活动站点的建设，广泛开展农村体育活动，构建农村体育服务体系。农民体育健身工程的目的在于提高广大农村居民的身体素质，它是构建我国社会主义和谐社会、实现人的全面发展的具体要求。其建设形式是中央资金引导，社会支持为辅，地方各级政府投资为主，体育彩票公益金配置器材，农民自愿义务投工投劳进行建设；场地建设的基本标准是一块混凝土标准篮球场，配备一副标准篮球架和两张室外乒乓球台。

第二节 "十一五"期间农民体育健身工程建设现状

2006年3月，国家体育总局印发了《关于实施农民体育健身工程的意见》，2007年7月，国家体育总局、国家发改委和财政部联合制定下发了《"十一五"农民体育健身工程建设规划》，规划要求"十一五"期间，在全国完成10万个行政村农民健身场地设施建设，使1/6的行政村建有公共体育场地设施。经过5年的努力，农民体育健身工程进展顺利，超额完成《"十一五"农民体育健身工程建设规划》任务，达到预期效果。

一、农民体育健身工程的建设情况

（一）工程建设数量

"十一五"期间，国家规划建设农民体育健身工程10万个，截至2010年12月31日，全国共建设完成农民体育健身工程231306个，超额完成国家规划任务131306个，超过原规划任务的131.3%。2011年，全国正在建设农民体育健身工程25567个。

1. 东部地区

截至2010年12月31日，我国东部地区拥有行政村176672个，"十一五"期间，东部地区国家规划建设农民体育健身工程29445个。截至2010年12月31日，东部地区共建设完成工程107594个，占全国完成总数的47%，占东部行政村的61%。其中，江苏、北京、广东三地实现了所辖行政村农民体育健身工程全覆盖，此外，东部地区正在建设农民体育健身工程12328个。

2. 中部地区

截至2010年12月31日，我国中部地区拥有行政村269163个，"十一五"期间，中部地区国家规划建设农民体育健身工程 44 860 个。截至 2010 年 12 月 31 日，中部地区共建设完成工程 84 744 个，占全国完成总数的 37%，占中部行政村的 32%，中部地区正在建设农民体育健身工程 11 241 个。

3. 西部地区

2010 年 12 月 31 日，我国西部地区拥有行政村 188 287 个，"十一五"期间，西部地区国家规划建设农民体育健身工程 31 381 个。截至 2010 年 12 月 31 日，西部地区共建设完成工程 38 968 个，占全国完成总数的 16%，占西部行政村的 21%，西部地区正在建设农民体育健身工程 1998 个。

综上可见，"十一五"期间我国农民体育健身工程建设呈现出以下特点：东部地区建设完成农民体育健身工程数量为全国之首；中部地区建设完成工程数量次于东部地区；西部地区建设完成工程数量为全国最少。这主要是由于我国东部地区经济较为发达，建设资金较为充裕，能够很好地开展农民体育健身工程的建设；而我国西部属于经济欠发达地区，经济发展水平、农民的观念和需求等因素制约了农民体育健身工程的实施。

（二）工程建设内容及服务人口情况

1. 工程服务人口情况

据不完全统计，截至 2010 年 12 月底，农民体育健身工程已服务全国行政村人口约 3.3 亿，其中，东部地区服务行政村人口达 1.3 亿，中部地区服务行政村人口达 1.4 亿，西部地区服务行政村人口达 0.6 亿。

2. 场地面积及建设情况

据不完全统计，截至 2010 年 12 月底，全国新增农民体育健身工程的场地面积达到 23 130.6 万平方米，农民人均占有体育场地面积为 0.7 平方米。

其中，东部地区新增场地面积为 10 759.4 万平方米，占全国新增总场地面积的 47%，人均占有体育场地面积为 0.8 平方米；中部地区新增场地面积为 8474.4 万平方米，占全国新增总场地面积的 37%，人均占有体育场地面积为 0.6 平方米；西部地区新增场地面积为 3896.8 万平方米，占全国新增总场地面积的 16%，人均占有体育场地面积为 0.6 平方米。

在已建成的农民体育健身工程中，超过规划内容"一场两台"标准的有 35 217 个，场地面积达 3521.7 万平方米，占新增总场地面积的 15.2%；达到"一场两台"标准的有 191 089 个，占新增总场地面积的 82.6%；低于规划内容"一场两台"标准的有 5000 个，场地面积达 500 万平方米，占新增总场地面积的 2.2%。

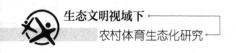

（三）工程建设资金投入情况

"十一五"期间，全国农民体育健身工程共投入资金 1 183 812 万元，其中，中央投入资金 124 630 万元，占总投入资金的 10.5%；各省级政府投入资金 193 902 万元，地、市政府投入资金 77 693 万元，县级政府投入资金 333 695 万元，分别占总投入资金的 16.4%、6.6%、28.2%；乡镇及社会资金达到 453 892 万元，占总投入资金的 38.3%。其中，用于场地设施的资金达到 936 940 万元，占总投入资金的 79.1%；用于器材设施的资金达到 246 871 万元，占总投入资金的 20.9%。

由此可见，在国家资金投入的带动和引导下，农民体育健身工程建设资金来源日趋多元化。地方各级政府资金的积极投入、社会资金的介入反映了我国广大农民日益增长的体育健身需求，以及农民体育健身工程良好的社会效益。

1. 东部地区

"十一五"期间，我国东部地区共投入 665 204 万元用于农民体育健身工程的建设，投入资金占全国总投入资金的 56.2%。其中，中央资金为 6822 万元，占东部地区投入资金的 1.0%；各省级政府投入资金 101 293 万元，地、市级政府投入资金 41 783 万元，县级政府投入资金 170 885 万元，分别占东部地区投入资金的 15.2%、6.3%、25.7%；乡镇及社会资金达到 344 421 万元，占东部地区投入资金的 51.8%。其中，用于场地设施的资金达到 537 704 万元，占东部地区投入资金的 80.8%；用于器材设施的资金达到 127 500 万元，占东部地区投入资金的 19.2%。

2. 中部地区

"十一五"期间，我国中部地区共投入 387 867 万元用于农民体育健身工程的建设，投入资金占全国总投入资金的 32.8%。其中，中央资金为 54 731 万元，占中部地区投入资金的 14.2%；各省级政府投入资金 65 677 万元，地、市级政府投入资金 29 487 万元，县级政府投入资金 145 167 万元，分别占中部地区投入资金的 16.9%、7.6%、37.4%；乡镇及社会资金达到 92 805 万元，占中部地区投入资金的 23.9%。其中，用于场地设施的资金达到 300 293 万元，占中部地区投入资金的 77.4%；用于器材设施的资金达到 87 573 万元，占中部地区投入资金的 22.6%。

3. 西部地区

"十一五"期间，我国西部地区共投入 130 741 万元用于农民体育健身工程的建设，投入资金占全国总投入资金的 11.0%。其中，中央资金为 63 077 万元，占西部地区投入资金的 48.3%；各省级政府投入资金 26 932 万元，地、市级政府投入资金 6423 万元，县级政府投入资金 17 643 万元，分别占西部地区投入资金的 20.6%、4.9%、13.5%；乡镇及社会资金达到 16 666 万元，占西部地区投入资金的 12.7%。其中，用于场地设施的资金达到 90 488 万元，占西部地区投入资金的 69.2%；用于器材设施的资金达到 40 253 万元，占西部地区投入资金的 30.8%。

我国农民体育健身工程建设投资整体呈现以下特点：东、中部地区较少依赖中央资金，较多依靠地方自筹资金建设，而西部地区则较多为中央资金投入建设。这主要是由于东、中部地区相对于西部地区经济较为发达，有实力促使社会资金较多的介入，尤其是东部沿海发达地区，社会资金在农民体育健身工程中占很大的比例。

（四）工程用地及选址分布情况

1. 工程用地情况

"十一五"期间建设的农民体育健身工程多利用各行政村所属荒地进行建设，所占比重达到 66%，耕地、林地、宅基地的利用比重分别为 5.5%、2.1% 和 4.0%，利用其他类型的土地比重达到 22.4%。工程建设做到了不占农田、不拆民房，依法征地，划清场地四周界址，明确土地所有权和使用权。

2. 工程选址分布情况

"十一五"期间建设的农民体育健身工程集中在村委会附近的有 100 662 个，占全国建成总数的 43.5%；建在学校附近的有 52 839 个工程，占全国建成总数的 22.8%；建在居住区附近的有 43 974 个工程，占全国建成总数的 19.1%；建在文体活动站附近的有 18 989 个，占全国建成总数的 8.2%；建在其他地方的有 14 842 个，占全国建成总数的 6.4%。其分布完全符合"十一五"农民体育健身工程规划中对选址的要求，方便农村体育活动的开展。

（五）体育器材使用情况及完好率

截至 2010 年 12 月底，在建设完成的农民体育健身工程中，全国共配置篮球架 19.7 万副、乒乓球台 30.4 万张，室外器材 81.1 万件，其他器材 9.6 万件。全国农民体育健身工程器材完好率基本达到 95%。

二、实施农民体育健身工程工作的主要做法和经验

"十一五"农民体育工程建设是体育、发改和财政部门合作进行大规模体育场地建设的尝试和探索，没有前车之鉴和成熟模式。其间，全国体育、发改和财政部门通力合作、群策群力，极大地发挥出领导力、组织协调能力和能打硬仗的工作效率，圆满超额完成了任务，创造了许多好的做法，积累了宝贵的经验。

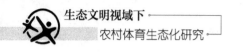

生态文明视域下

农村体育生态化研究

（一）领导重视，统一认识，明确责任，加强沟通协调，形成共同推进机制

国家体育总局与国家发改委、财政部密切配合，共同研究制定了《"十一五"农民体育健身工程建设规划》，国家体育总局研究制定场地建设基本标准、国家发改委编排审核全国建设项目、建立项目库，财政部落实资金足额核拨到位。三部委在关键的节点对实施工作进行了布置、协调指导、评估和有效推动。2006 年，有中央和地方体育、发改和财政部门参加的农民体育健身工程实施工作会议召开；2007 年，国务院新闻办公室以"实施农民体育健身工程，推动农民体育事业发展"为题召开了新闻发布会；为配合国家"十一五"规划中期评估工作，国家体育总局于 2008 年进行了"农民体育健身工程中期评估"，评估数据反映了工程建设的良好预期；2010 年，国家体育总局布置开展总结检查调研工作，各地对五年来农民体育健身工程建设工作进行总结和数据统计，中央对东、中、西部 15 个省份进行实地检查调研。"十一五"期间，三部委负责此项工作的领导和人员多次赴各地进行指导、协调、检查工作，编发简报 30 多期，以农民体育健身工程为主题的"全民健身与奥运同行新闻发布会"不下 10 场，3 次组织中央媒体采访小组赴广西、甘肃、浙江对农民体育健身工程情况进行实地采访报道。

各级体育部门将农民体育健身工程建设作为体育工作的重要内容，予以高度重视，许多省份成立了实施工作领导小组，体育部门与发展改革部门、财政部门加强沟通和协调，建立三部门会商机制，明确责任与分工，及时沟通情况，协力推进工程实施。各地的实施工作在发改委（局）、财政厅（局）指导下，由体育部门牵头负责项目初选、建设方案拟制、工程建设指导、质量监督检查验收、体育器材招标采购、人员培训和活动开展工作；发改部门主要负责项目的总体规划和项目可研报告审批；财政部门主要负责建设资金的落实和资金使用的监管。

（二）因地制宜，科学规划，整合资源，有效推进工程建设

为指导各地开展好农民体育健身工程工作，2006 年，国家体育总局制定了《农民体育场地设施建设标准》。各地体育局和相关部门深入调研、制定规划和实施方案，遵循《"十一五"农民体育健身工程建设规划》中的项目遴选原则，在进行充分调研的基础上，坚持从实际出发，因地制宜，科学规划，合理布局，先易后难，有计划、分阶段地安排建设项目。根据各区域经济水平、地理环境、农村发展和农村体育设施情况，把项目安排到体育设施缺乏、人口稠密、交通相对便利的地方，使工程尽可能让更多的农民群众受益。在实施过程中，统筹体育与文化、教育、科技、老年活动中心和农村文化活动场所建设，统筹规划、

整合资源、综合利用、共建共享，把场地建设与村小学、村文化室、党员活动室、科技培训站等设施建设相结合，实现建设场地一举多能、一场多用的功能，使场地不仅成为文化体育活动场所、学习提高素质的园地，也成为农忙打场、晒粮地块，以及村民聚会的场所，农民体育健身工程的价值得到充分体现。

（三）中央和各地配套资金有效落实，社会巨大投入，确保工程顺利实施

按《"十一五"农民体育健身工程建设规划》要求，"十一五"期间，中央三部委共投入资金 12 亿，地方投入配套资金 18 亿元进行农民体育健身工程建设。2009 年中央资金全部拨付到位，至 2010 年，中央和各级政府投入资金 73 亿元，带动社会投入资金高达 45.3 亿元。由此可见，对于深受群众欢迎的项目，只要是政府有效引导，部门主动开展，社会就会热情投入，赢得百姓积极参与。

各省份按《"十一五"农民体育健身工程建设规划》确定的资金匹配原则，安排省级经常性建设资金和财政资金，落实工程实施所需的地方配套建设经费。对工程建设资金按照资金管理办法和基本建设投资管理要求，建立完善财务管理制度，实行专项管理，专户储存，专款专用。资金使用严格按计划审批开支，认真做好项目资金的管理工作。

为加大建设力度，各地采取多种措施和办法筹措资金、增加投入。例如，云南德宏傣族景颇族自治州瑞丽市采取"村民小组投工投劳一点，挂村禁防工作队争取一点，动员本村外出参加工作人员集资一点，乡镇（或公司企业）赞助一点，州市（上级体育彩票公益金）补助一点"的"五个一点"的筹资方式，对资金进行了整合，增加了资金投入量，减轻了农村体育设施的费用负担。

（四）完善建设程序，严把工程质量关

按照程序和规定做好工程建设的各项工作，是保证工程质量的前提和关键。各地从树立政府形象、维护群众人身安全和工程持续发展的大局出发，认真做好选点规划、建设用地预留和场地平整等相关工作，严格执行国家场地建设标准和工艺要求，加强施工监督和质量验收，严把体育场地的质量关，确保所建场地设施使用安全、经久耐用。与此同时，严格组织工程器材招标采购工作，绝大部分省份选择通过质量管理体系认证、符合工艺要求，产品质量过硬、售后服务有保障的器材产品。例如，贵州省在建设农民体育健身工程时把握三个环节开展工作：工程开始时，把握合理布局环节；建设过程中，把握确保落实环节；工程结束后，把握发挥效益环节。

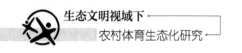

（五）加强信息沟通和宣传工作，营造氛围，提高群众体育健身意识

除了工程建设工作之外，各地注意收集有关信息资料，建立、完善关于工程实施的数据档案。加强对工程建设情况的跟踪分析，及时交流实施工作进展情况、经验，对出现的问题及时进行研究解决。

为了保证农民体育健身工程发挥出应有的社会效益，让群众了解工程的意义和作用，增强农民群众体育健身的意识，各地通过制作宣传栏、悬挂标语、张贴宣传画、发放宣传册，以及利用广播、电视、报刊的手段进行宣传。特别是在建好新场地并开展活动时，进一步加大宣传力度，积极倡导文明、健康、积极向上的生活方式，在农村营造浓郁的体育健身和锻炼意识的氛围，使农民群众的体育健身观念普遍得到提高。湖北省广泛开展"建一个体育工程，树一片文明乡风，强一批农民体魄"的宣传活动，并通过现场会、经验交流会等形式，营造工程建设的良好舆论氛围，形成全社会关注和支持工程建设的合力。

（六）加强农民体育健身工程的监督管理和使用，形成长效机制

管好农村体育场地设施是建设农民体育健身工程的重要环节。各地按照亲民、利民、便民原则，做到农民体育健身工程有人建、有人用、有人管，建得便民、用得利民、管得亲民。许多农民体育健身工程建在村委会、学校附近，各地要明确工程的产权单位，落实维护和管理责任。建在村里的工程，由村委会确定专人管理，纳入工作目标考核，由乡镇文体站进行监督管理；建在学校的工程，主要由学校负责维护，学校应明确管理责任。建立管理使用机制、制订健身计划，体现科学健身理念，并适时举办具有示范动员性的群众体育活动和赛事，营造良好的健身舆论氛围，逐步掀起群众参与健身的热潮，促进农民体育健身工程有效维护、高效使用、健康发展。例如，天津市体育局制定了关于农民体育健身工程的管理办法，不定期地开展健身工程管理员集中培训工作。

（七）搭建平台、创新机制，广泛开展农民体育健身活动

实施农民体育健身工程为群众健身活动搭建了重要的平台，提高了农民群众参与体育活动的积极性。工程建成后，各地组织开展了形式多样的比赛和活动，乡镇和村之间频繁举办赛事，掀起了农民体育活动的热潮。各地还创新农民体育健身的内容和方式，除了组织常规的篮球、拔河等体育项目的比赛外，还挖掘整理了农民喜闻乐见的民族民间传统项目。健身活动蓬勃开展，充分展示了新时期社会主义新农村中农民群众的精神风貌，体现了农民体育健身工程的社会价值，极大地推动了农村群众体育事业的发展。

例如，云南省开展民族健身操、抵棍、扭棍、民族拳术、打歌、摔跤、陀

螺等别具特色的民族民间体育活动，并把这些民族传统项目融入赛事活动中。这些活动和赛事的举办深受当地农民群众欢迎，吸引了各乡镇、村的农民群众前来参加。我国云南、广西等边境省（自治区）还邀请越南、缅甸等国家的运动队来参加赛事活动，对外展示了我国农村新面貌，形成了和谐边境的良好氛围。

三、实施农民体育健身工程实际效果和意义

经济越发展，社会越进步，人们强身健体的需求就越迫切；强身健体需求的不断实现，又促进了经济发展和社会进步。农民体育健身工程，作为加快农村公共体育场地建设、改善农村环境的基础工程，彰显了拉动力；作为满足农民健身需求、提高农民幸福指数的惠民工程，彰显了吸引力；作为提高农民身体素质和文明素质、促进乡风文明社会和谐的战略工程，彰显了持续力。农民体育健身工程不仅包括体育设施建设，而且包括建立健全体育组织、大力开展健身活动等内容。农民体育健身工程实际上是农村社会变革的一个侧面，带来了人们思想观念、生活方式等方面的深刻变化。

（一）农村体育场地设施快速增加

我国农村地域辽阔，体育底子薄、欠账多，体育资源严重不足，特别是体育场地缺乏制约了农村体育事业的发展。第五次全国体育场地普查数据表明，我国人均体育场地面积为 1.03 平方米，体育场地大多分布于校园和机关企事业单位，仅有 8.18% 分布在乡（镇）村，远远不能满足广大人民群众参加体育锻炼的需求。农村体育场地状况与建设社会主义新农村、农民奔小康的形势不相适应。通过《"十一五"农民体育健身工程建设规划》的实施，短短五年时间我国增加了 23 万个农村体育场地，迅速增加全国农村体育场地面积 2.3 亿平方米，我国人均体育场地面积因此增加了近 0.2 平方米，极大地改善了我国农村体育场地设施严重匮乏的局面，为群众健身创造了条件。

各级政府把建设农民体育健身工程作为体育工作的重要抓手，认真贯彻《全民健身条例》，落实体育工作相关法律法规和有关政策，强化政府公共体育服务的职能，高度重视和关心农村体育工作，切实把农村体育工作列入重要议事日程，纳入社会主义新农村建设的重要工作内容，加强领导，统一思想，提高认识，采取措施，加大力度，整体推进农村体育事业的发展。

建设体育健身场地同时促进了农村体育组织建设，推动了健身活动蓬勃开展。体育场地建成之后，许多健身活动小组随之成立，体育部门趁势加强社会体育指导员等体育组织队伍的建设，带动体育活动的开展。"十一五"期间，全国一半的省份举办了全省农民篮球赛，河南、广西、宁夏等开展的篮球赛规模较大，参加人数较多，每年都有超过 1000 个村的队伍参加，农民篮球赛已经成

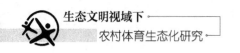

为农民群众经常性的体育活动。"离开牌场到球场"已成为年轻一代农民的新时尚，一些地方流传着这样的顺口溜，"不贪酒杯爱奖杯，不打麻将打篮球"，"不搞篮球赛，村干部（村主任）要下台"。

（二）农村体育文化生活更加丰富多彩

农民体育健身工程建设提高了公共体育的服务能力，悄然改变着农民的生活方式。在已建成的农民体育健身工程的运动场地上，每天参加体育锻炼的农民群众越来越多，"饭后走一走，活到九十九""花钱花时多运动，省钱省时少病痛""每天锻炼一小时，健康生活一辈子"的现代生活理念过去只是在城里人中流行，在农民体育健身工程建设后，也在农村广泛传播。体育，从来没有像今天这样介入农民的生活，从来没有像现在这样受到农民的欢迎和喜爱。健身正成为"衣、食、住、行"之后的第五要素，成为生活的一部分，农民群众的身体素质有了提高。农民体育健身工程还在"润物无声"地促进邻里和谐、乡风文明。多年不说话的邻里在健身场上共欢笑。体育健身多了，邻里纠纷少了。饭前饭后、有事没事大家都喜欢到球场、广场来逛逛，散散步，活动活动筋骨，看看比赛或演出，或者海阔天空地侃大山，邻里更加和谐，党群、干群关系也更加密切了。很明显的是，农村这些年，摸牌的少了，摸球的多了；打架的少了，打球的多了；比酒的少了，比球的多了，可以说"建一个球场，少十个赌场；立一个球台，少十张酒桌"。调研中了解到，农民体育健身工程实施后，不少地区的农民对小康社会的知晓度、满意度有了明显提升。

（三）农村环境显著改善

农民体育健身工程带动了村镇的整体规划，改善了农村发展条件和生态人居环境。许多地方充分利用村前村后的荒地荒坡、废弃河塘、闲置房屋，或开垦，或填平，或翻修，因地制宜，综合整治，变废为宝。这样既解决了地脏水臭的问题，又建成了农民体育设施，美化了村容村貌。许多地方把农民体育健身工程的建设纳入村镇整体规划，整合资源进行建设，在建设农民体育健身工程同时美化了环境，群众的生活环境和生活质量显著改善。许多行政村还在农民体育健身工程的基础上配备了健身路径、桌椅等设施，有条件的还配建了戏台和文化阅览室。篮球场成了村里的主要活动场所，成为群众学习、休闲、健身、娱乐的好去处。农民体育健身工程的建成，为村民添置了一处邻里之间相互交流的平台，增加了村民之间的交往交流。

（四）农村公共服务均衡化发展

农民体育健身工程的实施不仅促进了城乡体育、区域体育公共服务均衡化发展，还增强了农民身体素质和生产经营、就业创业能力，提升了村镇招商引资的软实力。农民体育健身工程的实施，还推动各地深入贯彻落实科学发展观，在注重经济发展的同时，更加重视社会事业发展，促进农村经济社会全面协调可持续发展。调研时，我们经常听到不少农民自豪地说：过去我们这里的环境是脏、乱、差，如今我们和城里也没什么两样了。

事实证明，农民体育健身工程的建设，改善了农民群众参加体育健身活动的条件，美化了农民群众的生活环境，丰富了群众文体生活，有力地推进了全民健身公共服务体系的建立和全国群众体育事业的发展，突显了体育的社会功能和政治功能，为社会主义新农村建设做出了重要贡献，大大促进了社会主义精神文明建设和体育文化事业的发展。

第三节　影响农民体育健身工程实施的因素分析

一、经济发展水平的高低

中华人民共和国成立以来，我国竞技体育取得了长足的发展，但是，相比竞技体育的辉煌，我国农民体育健身工程的总体建设状况不容乐观。目前，全国未建设的健身工程超过总数的一半以上，其主要原因是资金不到位和健身工程建设中的用地问题没有解决。刘江山在《关于农民体育健身工程的研究》中指出，经济是体育事业发展的基础，体育发展水平在很大程度上取决于经济的发展状况。目前，我国大多数农村处于经济欠发达状况，农民经济来源比较单一，经济收入并不宽裕。当他们在为温饱而奋斗，甚至为儿女学费而发愁时，健身和体育消费无从谈起。关博、董新秋在《对影响我国农民体育健身工程实施效果若干因素的研究》中指出，区域发展的不平衡给农民体育健身工程的实施带来了困难，体育场地等硬件设施仅有 8.18% 分布在乡（镇）村，而且经济发达地区的人们体育锻炼的热情更为高涨。所以，经济发展农民富裕是实施农民体育健身工程的前提条件。

二、地方政府、组织的重视程度

农民健身活动开展的好与差，在一定程度上取决于各级政府的重视程度。近年来，国家体育总局印发了《关于实施农民体育健身工程的意见》《"十一五"农民体育健身工程建设规划》。虽然，党中央和地方政府制定了一系列的法律法规来加快农村体育健身工程的建设，但各地方政府只重视物质文明建设，而忽视了农村体育健身工程这项精神文明建设，对农民体育的发展和农民健身的重视不够。

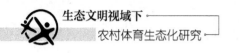

三、体育经费、场地设施的建设

体育场地设施建设是农民体育健身工程实施的硬件保障。农村体育经费的严重不足，已成为开展农民健身工程的瓶颈。组织健身活动，从发动宣传、开展培训到最后正式形成庞大的规模，都离不开经费的支持。除此之外，农村地区经济条件差，政府又不够重视，造成供农民健身锻炼的场馆设施严重缺乏，健身项目单一，虽然拥有简单的场地和设施，但活动场地也比较小，设备比较陈旧，没有专业人士给予指导，且大多数实行封闭式管理，有偿开放，致使健身场所及设施严重不足，远远不能满足农民健身的需要，从而严重影响了农民进行健身锻炼的积极性，也极大地制约了农民体育健身工程的广泛开展[①]。

四、农民健身意识的薄弱

资料显示，不同学历的人群中体育人口存在较大差异，受过高等教育的人是受过初等教育的5倍以上，是文盲的900倍以上[②]。农民的文化素质比较低，接收信息相对滞后，自身的体育意识又受到传统因素的影响，导致他们思想观念和生活方式相对落后，常用保守和落后的小农意识去评判新事物、新时尚，因此，不少农村人把体力劳动和体育锻炼相混淆，认为体力劳动就是锻炼身体，这种健身意识的欠缺成了影响农民健身工程开展的最直接原因。此外，关博、董新秋在《对影响我国农民体育健身工程实施效果若干因素的研究》中提到，农村人口流动给农民体育健身工程的实施带来阻力。在有些地区由于城乡收入水平的差距，大量的青壮年外出打工，留守者中老人、妇女和儿童占有较大的比例，他们平时要承担着大量的家务和农活，农忙时节根本无心参与体育锻炼，即使是农闲时节也受到种种因素的困扰不能参加体育锻炼，再加上农村资源有限，农村妇女参加的体育活动又十分单调，这更给农民体育健身工程的实施带来较大的阻力。

五、农村社会体育指导员队伍的建设

农村社会体育指导员队伍建设是健身工程实施的软件保障。在构建全民健身服务体系过程中，农村体育开展的效果如何，社会体育指导员在一定程度上起到了至关重要的作用。对于广大农村而言，社会体育指导员可谓是凤毛麟角、少得可怜，特别是那些欠发达的偏远山区，更是几乎没有。此外，许多体育专业毕业的大学生不愿意到条件艰苦的农村工作，而部分农村体育行政官员由于

① 刘江山，郑志磊. 2007. 农民健身工程——对建设社会主义新农村的思考. 重庆工商大学学报（自然科学版），24（3）：303-305.
② 杨露，杨树盛. 2009. 我国农村妇女体育锻炼状况及影响因素——以辽宁、内蒙古调查为个案. 体育与科学，（4）：57-59.

知识结构、专业素质所限又达不到发展的要求，导致当前农民体育专业人才的紧缺的状况。长久如此，农民体育健身工程建设的长效性将得不到保证。

第四节 农民体育健身工程的实施对农村体育的影响

一、对农民体育发展观念的影响

徐本力在《试论"现代体育健身"观》中指出，结合农民体育健身工程的有效性实施，因地制宜地整合农村体育健身资源，为农村居民营造科学文明的健身环境，对农民进行现代体育健身教育和培养，农村体育活动的普及，提高农民的科学、法律、体育、文化、艺术素质，将农民的兴趣引导到现代生活和体育休闲活动方式中去，使新农村广大农民形成现代健康观、科学健身观、终生体育观、现代长寿观、现代体育参与观、现代体育消费观和现代体育养生观有重要作用。各省市依托农民体育健身工程开展了丰富多彩的、具有乡土色彩的体育活动，大大增强了村民体育锻炼的积极性，使体育活动更受到人们的喜爱。

二、对农村体育文化的影响

在现实的农村中，由于文化生活的空虚而参与摇骰子、打麻将等赌博活动的村民已不在少数。造成这种文化匮乏现象的原因是多方面的，既有历史的原因，也有现实的原因，也有农民自身的原因。但其中的一个关键因素，就是农村文化建设的匮乏 [①]。许月云、许红峰在《新农村建设中农民体育健身工程效应的研究》中提到，以农民体育健身工程为载体，因地制宜，开展与农村生产劳动、文化生活相结合，农民喜闻乐见、参与率高的体育活动和文化活动，让健康而丰富多彩的新文化深入农村的千家万户，给予新农村建设和新农民成长宝贵的文化滋养和浸润，对削弱、抵制农村"贫困文化"现象的影响，促进新农村乡风文明的建设发挥重要作用。

三、对农村体育人口的影响

农民是我国最大的社会群体，占全国人口总数的 50.32% 左右，只有农民真正大规模地参加锻炼，我国人口素质才能得到根本的改观。农村体育健身工程

---

① 唐金培，蔡万进. 2006. 社会主义新农村文化建设的思考. 实事求是，（2）：76-78.

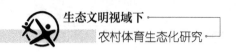
在各地的广泛开展使得农民运动的积极性提高，也为农民健身提供了体育场地和设施，进一步促进了农村体育人口数量的扩大。

四、对农村体育骨干队伍的影响

体育组织是构成体育的保障体系，也是贯彻体育经常化的基本因素。农民体育建设工程建成以后，农民的健身次数明显增加，但一些妇女和老年人由于缺乏适时有效的体育指导，体育锻炼的效果并不明显。农民体育健身工程虽使农民的健身热情有了极大提高，但对于农村体育骨干队伍建设的影响不大。

五、对农村体育基础设施建设的影响

自农民体育健身工程实施以来，新农村农民体育健身工程实效性建设发挥的功效是有目共睹的。2011 年全国共有行政村 634 122 个，"十一五"期间，全国共投入 118.3 亿元建设农民体育健身工程，其中，中央资金 12.4 亿元，地方财政资金 60.6 亿元，带动社会资金投入 45.3 亿元；共建设了 231 306 个农民体育健身工程，其中，国家规划 10 万个，地方自建 13.1 万个；新增体育场地面积 2.3 亿平方米，受惠人数 3.3 亿，农村人均新增场地面积 0.7 平方米，以全国人口计算，人均体育场地面积新增近 0.2 平方米。这些农民健身设施覆盖 31 个省（自治区、直辖市）[1]，使长期落后的中国农村体育设施得到了明显的改善，给新农村建设中农村体育事业的发展带来新的契机，使农村居民的体育健身环境得到明显改善[2]。

六、对农村体育事业经费的影响

当前，农村体育基础设施建设的资金主要是以国家财政供应为主，还有一部分福利彩票基金和民间组织的捐款。在兴建农民健身工程中，虽然国家投入大量资金到农村，对农村体育事业的发展有一定的帮助，但农村体育事业的经费来源渠道仍然狭窄。

七、对农村体育产业的影响

随着我国全民健身活动的开展，农民体育健身的热情不断高涨，人们更加注意寻求科学、休闲、娱乐的健身方法，民族传统体育将迎来一轮庞大的市场需求高峰。农村体育产业的发展应向民族的、传统的体育活动方向发展。我们应利用好新农村中的少数民族的节假日活动，以旅游带动传统体育的发展。此

---

① 不含台湾省。

② 曲雪，解毅飞．2011．农民体育健身工程对农村体育影响的研究．体育科技文献通报，19（7）：131-133．

外，应不断提高农民进入体育市场的组织化程度，加快实现农村体育城镇化、农村体育现代化，使农村体育产业有一个良好的发展环境。

八、对农村学校体育的影响

农民体育健身工程的实施，使农村公共体育设施明显增多，农村体育组织化程度进一步提高，农村居民健康素质明显增强。农村学校体育也是为了提高学生的身体素质。有些乡村的农民健身项目设施建在学校或者学校附近，既解决了农村学校体育场地以前投入的欠缺和不足，又解决了现在农民建设场地的问题。因此，农村体育建设工程所建设的体育设施与学校共享，可以进一步完善农村学校体育设施，值得提倡和重视。

九、对农村体育发展格局的影响

《中共中央关于推进农村改革发展若干重大问题的决定》指出，建设社会主义新农村，形成城乡社会一体化新格局，必须扩大公共财政覆盖农村的范围，发展农村公共事业。作为农村公共事业组成部分的农村体育事业，正面临新的历史发展机遇。农村体育长期处于薄弱状态，尚不能提供基本的体育公共服务，体育还远未成为村民有意识参与的健身闲暇活动。随着社会发展和农民健身工程的不断推进，现代体育的发展模式向农村推广是必然趋势，农村体育也将迎来崭新的发展格局。

第五节　继续实施农民体育健身工程的基本思路

一、营造体育锻炼氛围，强化农民健身意识

发展农村体育、大力提高农村居民参与体育活动的积极性，首先要使农村居民树立现代的体育观念，这是因为正确的行为源于正确的观念指导。农民对体育健身缺乏理性的认识，存在诸多错误的体育观念，发展农村体育，必须舆论先行。要使参加体育锻炼成为农民自觉的需要，首先，要解除传统观念对农民的束缚，为农村体育的开展创造一种积极健康的舆论环境。因此，增强农民体育意识是当前我们工作中很重要的一部分，各地可通过多种手段和方法来改变农民朋友对体育锻炼的认识，增强其体育锻炼意识，例如，可以通过广播、电视、互联网、庙会、赶市集等方式，向农民宣传体育的意义和作用。同时，各地要充分认识到体育在小康社会中的地位，制定和出台一些相关的政策、法规等，通过发放体育锻炼手册，制作体育教育片等形式进行体育宣传。其次，

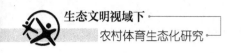

要重视农村基层体育骨干的影响示范作用,使农村居民形成"以健康为美,健康就是财富,参加体育锻炼是投资健康"的观念,抛弃"体力劳动就是体育锻炼"的错误观念。

二、拓宽农民体育健身工程的经费来源

建设农民体育健身工程需要巨额资金投入,目前我国实施农民体育健身工程的经费主要来自"国家投资、省(自治区、直辖市)投资、地方投资"三个方面,地方财政投资是农民体育健身工程最主要的经费来源,在农村体育的建设过程中发挥着主导作用。但由于各地经济发展的不平衡,尤其是经济相对落后的西部和中部地区,地方财政明显对体育事业的发展投入不足。因此,在实施过程中,我们要积极结合本地区的具体情况,充分利用和开发本地区的现有体育资源,不断实现增收、创收;同时,各级体育部门还要通过积极吸纳社会资金,通过企业赞助、各界捐助、个人捐款等形式,不断增强自我筹集经费的能力,也可通过"器材捐赠、镇村出地、村民出工"等形式进行农民体育健身工程的建设。已提前完成农民体育健身工程目标的江苏省就得益于这一举措。据统计,2006—2007年江苏省共筹集6.2亿元社会资金用于农民体育健身工程建设,占总投入的38.1%。因此,各地在实施农民体育健身工程过程中要与时俱进、转变观念,通过多种途径有效地吸收各类资金来保证农民体育健身工程的实施,更好地促进我国农村体育场地、器材建设。

三、建立农民健身工程维护与保养制度

农民体育健身工程是一个系统工程,不仅要建好,更要管理好,从而才能够得到有效的使用,真正发挥其综合效益。因此,在实施农民体育健身工程过程中,我们应立足长远,加强对现有农民健身工程场地、器材的维护和保养,使场地、器材的维护能够落实到位,并制度化,这样农民体育健身工程才能得到长效利用。同时,要积极调动政府、社会团体、个人等各方面积极性,使多方都能参与进来,并结合各地的实际情况,因地制宜地新建、扩建和改造体育设施,坚持政府投入和市场开发相结合,有计划、有步骤地发展农村体育活动设施,使我国农村体育设施建设得到有效的改观。另外,更多的农民不懂得如何使用和维护相关的体育器材,因此各县市要成立专门的体育管理机构对农民体育健身设施进行规划配备,并争取在每一个行政村都有相关人员进行维护和管理,将责任落实到人。

四、加强对农村社会体育指导员的培养

社会体育指导员是指在竞技体育、学校体育、部队体育及群众性体育活动

中从事技能传授、锻炼指导和组织管理的工作人员。随着我国农村体育的不断深入发展，"民康工程""雪碳工程"尤其是农民体育健身工程的实施，使我国农村的体育设施得到了较大的改观，农民对体育活动的形式与内容也有了更高的要求，也希望有专业人员对他们所进行的体育项目进行指导，更好地发挥体育锻炼的功效，达到增强体质的目的。因此，在进行农民体育健身工程的同时，我们也要推进农村各类体育组织和体育活动站建设，培养和建立以社会体育指导员为主体的农村体育骨干队伍，发挥其在农村体育活动中的组织、带动和指导作用，争取达到每一个行政村都至少配备一名体育健身指导员的目标。另外，也可引导农民在体育健身活动中互助协作、互教互学，推动农民体育健身活动的广泛开展，并利用一些民族传统节日和农闲季节，组织开展具有地方特色、农民喜闻乐见、易于参与的体育健身和竞赛活动，使更多的农民参与到体育锻炼中来，切实发挥体育在建设社会主义新农村和和谐社会中的积极作用。

五、开发具有地方特色的传统体育项目

中华民族传统体育源远流长、丰富多彩，有着悠久历史，是伟大民族的文化瑰宝。它来源于民间，是在人们的劳动生活中形成和发展起来的，因其历史悠久、内容丰富、形式多样，并能寓健身于娱乐之中，深受农民的喜爱和推崇。传统地方特色体育项目由于具有民俗性，带有地方特色，能与当地的民间传统节日相吻合；另外，其活动场地具有天然性的特点，农村体育活动可利用田间地头、自家宅院和街道路边等简易场地进行，且与农民的日常生活息息相关，所以容易组织开展，同时农民参与的热情较高。因此，各地在实施农民体育健身工程过程中，要根据农民群众居住分散、作息时间各不相同的实际情况，把农村体育活动与生产劳动、文化活动结合起来，每年举办一些诸如打篮球、武术表演、舞龙舞狮、赛龙舟、拔河、下棋、荡秋千、扭秧歌等农民群众喜闻乐见、容易参加的特色体育比赛和表演活动，从而激发农民参与体育锻炼的热情，扩大农村体育人口，更好地推进农村体育事业的发展。

第九章
生态文明视域下农村体育服务体系构建

第一节　农村体育服务体系概述

一、农村体育服务体系的概念及内涵

所谓体系就是"若干相互联系、相互制约的事物所构成的一个整体"。它主要有以下几个特点：①体系是由两个或两个以上的事物构成；②体系内各事物之间是相互影响、相互制约的；③各事物作为一个整体，执行着特殊的功能。本书所指的体育服务体系，主要基于党中央国务院所提出的新农村建设的背景。本书对农村体育服务体系的内涵作如下界定：农村体育服务体系就是在乡（镇）人民政府所在地和经县人民政府确认由集市发展而成的作为农村一定区域经济、文化和生活服务中心的非建制镇以外的乡村地区，按照"生产发展、生活宽裕、乡风文明、村容整洁、管理民主"的新农村建设要求开展的、旨在为农村居民（包括学生）为主要参加者的体育活动提供服务的相关事物相互联系而构成的一个整体。

农村体育服务体系是农村服务和农村体育发展的较高阶段，包括了农村体育服务体系的建立和农村体育服务体系的发展两个方面。其基本内容仍然是福利性、公益性和非营利性的社会体育服务，重点是通过组织体系的建立来满足农村体育服务需求。它所提供的是体育市场和体育商业性服务场所不能提供或不愿提供的服务，体现了国家与社会对居民的福利性投入和公益性服务，以及引导居民参与互助性体育运动的政策导向。在现代社会经济生活中，农村体育服务体系正以一种新的形态出现和存在。体育界对农村体育服务业似乎有一个共识，即在政府的倡导下，为满足广大农村的多种体育需求，以乡镇、村委会和体育组织为依托，具有社会福利性。20世纪90年代初，政府的一些文件对催生和发展现代意义的我国农村体育服务事业，起到了决定性的作用。也正是在这种情况下，"农村体育服务体系"这一名词日益为人民所熟悉并接受，农村体育服务也与农村居民参与体育活动的关系越来越密切，农村体育服务体系是一个有机的整体，同时它的各个组成部分在地位、作用上也是各不相同的。例如，农村体育组织是农村体育的主要因素，农民是农村体育活动的主体，场地设施、经费是农村体育的物质保证，管理者、指导者是联系农村体育各要素的纽带，农村体育活动是农村体育的具体表现和直接目标。确定农村体育服务体系的内涵，首先应从农村实际情况出发，根据当地经济和社会发展状况以及农村体育的基础，因地制宜，从农民健身的急需项目做起。农村体育服务体系的内涵是一个动态过程，随着农村体育的不断发展，会不断涌现出新的经验，需加以认真总结，以便进一步充实和完善农村体育的服务内容，使之日趋完善和发展。

二、构建农村体育服务体系的意义

构建农村体育服务体系的意义主要体现在：①构建新农村体育服务体系是两个文明建设的需要；②对于构建和谐社会，促进社会公平具有重要意义；③能够有效促进农村体育的发展，推动全面健身活动在农村的全面开展；④能够提高农民参与体育锻炼的积极性，改善农民的健康水平。

三、农村体育服务体系性质、主体、对象、服务方式及构建标准

农村体育服务体系是依托农村的体育设施，由政府提供给农村的广大农民的公共体育产品和公共体育活动的整个服务系统。中共中央、国务院《关于进一步加强和改进新时期体育工作的意见》明确提出，"群众性体育事业属于公益事业"，"要保障广大人民群众享有的基本的体育服务"。农村体育作为群众体育的一个重要的组成部分，毋庸置疑地属于公益事业，既然是公益事业，农村体育服务中提供服务的主体就是政府，而被服务的对象就是居住在农村的农民。因此，农村体育服务体系中提供体育服务的主体就是农村的县、乡各级政府，服务对象就是广大农民，其中包括农村体育活动中的弱势群体（老人、妇女、儿童及残疾人）。县、镇（乡）政府，以及村委会应发挥其在农村体育服务中的作用，提供给广大农民基本的体育服务。服务方式有多种：可以政府自己办，也可以通过政府订货的方式委托非政府组织办；可以以货币化的方式直接补贴到农民手中，也可以通过货币化的形式补贴到农村村办企业或其他机构，让他们按合同要求免费向广大农民提供。无论选择何种方式，政府作为农村体

育服务的提供者的身份都不会改变，且资金来源也只能是政府的财政收入。特别是村委会作为基层的机构，与农村体育发展息息相关，而且村委会还具有管理农村经济事务的职能，具有农村经济的支配权，更有利于组织各种体育活动和提供给农民各种体育公共产品，村委会在农村体育发展的作用应该更大一些，对农村体育发展的推动力应更为明显。由于长期的城乡二元结构的存在，农村经济比较落后，农村人口多，社会保障体系不健全，农村体育服务体系的标准会比较低，所以政府能够提供的基本的体育服务只能是全覆盖、低标准的。

从当前的新农村建设发展的形势看，农村体育服务体系会越来越完善，广大农民所享有的体育基本服务标准会逐步提高。

四、农村体育服务体系的特点

（一）与时俱进，突出"健康第一"的服务目的

从最初体育指导方针——"发展体育运动，增强人民体质"的确立，到《中华人民共和国体育法》的颁布实施，再到在全面建成小康社会的进程中，把最大限度地满足广大人民群众日益增长的体育健身需求提上重要日程，充分体现了党和国家对人民群众健康和大力发展体育服务的重视与支持。因此，在社会主义新农村建设的进程中，新农村体育服务应该以引导农民科学健身为根本目的，根据乡镇经济发展的实际情况，围绕全体农民对健身服务的多种需求，指导其合理利用健身场所、器械和设施，学会体育锻炼的技术与自我保健方法，树立科学的健康健身理念，养成良好的卫生保健习惯，确保农民健身的合法权益。

（二）群策群力，进行"多边互动"的协调管理

新农村体育服务是在政府的领导下，依托广大乡镇行政单位和农村责任人建立起来的，在其管理和运作中应该明确政府领导、乡镇责任人与健身服务人之间的权限和任务，做到政乡合办、管办分离、责任明确。服务工作要坚持走政府调控、乡镇组织和农村兴办相结合的道路，借助政府的有力推动，联结社会有志之士，积极吸纳广大农民，合理配置农村体育资源，发挥各级组织的服务功能，不断扩大服务的辐射范围，多方位营造服务亮点。在服务活动中，县乡相关部门通过信息咨询服务站点，在加强对一线服务人员指导的同时，动态观察、分析与掌握农民体质发展变化的规律。因此，新农村体育服务协调工作要做到上下联动、信息对称、反馈及时、效率优先，群策群力，多边互动。

（三）立足基层，实现"三边""三民"的有效指导

新农村体育服务的有效部署，既能保证《全民健身计划纲要》的全面实施，

又能及时推动"建身边场地、抓身边组织、办身边活动"的"三边"农村体育健身工程进展，使科学、有效的健身理论方法深入民心，使农民健身学习的途径畅通，以贯彻落实"亲民、便民、利民"的"三民"服务宗旨。新农村体育服务还需要大批健身指导和管理人员，吸纳健身指导和管理人员不仅可以解决部分农村业余体育爱好者的就业难问题，也可以拓展社会体育专业大学生的就业渠道，有利于组建农民健身服务俱乐部，打造体育服务一线团队，给农民群众提供就近健身、康复到户的便捷服务，亲身体验实施《全民健身计划纲要》和农民体育健身工程带来的健身知识和健康生活，既节约了健身时间，又减轻了经济负担。

（四）深入民心，提供"互利互惠"的健康保障

随着市场经济体制改革的推进和"三农"政策的调整，政府和社会对新农村体育服务的组织、管理和设施配备等都加大了投入，但是相对于我国农村地广人多、投入不足、设施缺乏的状况只是杯水车薪，远远不能满足人民群众的实际需求。因此，新农村体育服务要注意区分不同情况，分类组织实施，在相对贫困的地区，可以实行无偿服务，让老百姓真正享受到政府惠农政策带来的好处；而在相对富裕的地区，可以推行有偿服务，以实际收益弥补部分公益服务的资金缺口，此外，还可以新增部分指导和管理人员，增加部分体育服务设施，不断扩大农村体育服务的范围，确保"取之于民，用之于民"，不断提高农村体育服务的层次、水平和辐射范围，充分体现"以民为本"的体育服务发展主题。

（五）提质拓能，确保"终身体育"的持续发展

国民的体质健康是全面建成小康社会的重要保证，它的全面提高离不开广大农村的群众基础，离不开农村体育的健康发展。因此，新农村体育服务可以借助农民体育健身工程这一载体，深入开展多元化体育服务项目，夯实国民的体质健康基础，给农村体育工程的建设与发展提供动力支持。农村体育服务的有序开展，能够促使农民转变"劳动就是锻炼"的错误认识，激发其进行科学体育健身的动机，学会简单易学的健身技巧，具备自我健康诊断意识和保健能力，培养终身体育锻炼的良好习惯。一旦每个农民都能够主动、自觉地进行科学体育锻炼和自我保健，新农村体育服务的价值就显现出它的即时性和持久性。

五、构建农村体育服务体系的主要原则

（一）社会化原则

社会化是农村体育资源开发的发展方向，各地要动员农村居民、学校和企

事业单位等一切力量广泛参与农村体育资源的开发，最大限度地实现农村体育力量的整合，实现农村体育资源的共建、共有、共享，形成以社会集资为主，以政府资助为辅，民办官助、民办民助、法人投资相结合的发展途径。

（二）可操作性原则

在对农村体育资源进行开发之前，各地应运用科学的理论、知识和方法，对不同地区的地域条件、人口要素、社会分层及其需求、文化与道德氛围、人际关系状况、社群状况、各类组织状况，以及社区公共空间和公共设施等现实资源有一个全面的把握，以为构建合适的农村体育服务体系奠定基础。

六、生态文明视域下农村体育服务体系的构建目标

（一）思想目标

新农村体育服务体系构建的思想目标以全体农民健康为服务宗旨，因此，必须以"三个代表"的重要思想为指导，全面贯彻《全民健身计划纲要》和实施农民体育健身工程，最大限度地满足广大农民群众日益增长的体育健身需求。各级政府和各级群体科的领导真正做到"思想一盘棋、服务一条龙"，把建设新农村体育服务体系作为当前一项重大的历史任务，根据农村体育服务对象和需求的多样性，提供多元化体育服务，发展农村体育事业，提高广大农民群众的健康素质，改善生活质量，提升农村的文明程度和农民的文明素养，形成和谐的农村体育氛围。

（二）组织目标

新农村体育服务体系构建的组织目标要坚持以贯彻落实科学发展观为指导，以多元化体育健身服务体系为根本，做到"建组并举、重在组织，组宣分离、重在深入"，加大对农民体育健身宣传的力度，推动农民健身中心的启动和运营，组织好农民运动会火炬传递的准备、参与和参观等重大活动；要强化基础设施建设机遇，提高农民健身质量，推进先进县的带头作用，发挥农民体育骨干与积极分子的模范效应；还要建立农民体育协会、单项体育协会和乡镇文体站三大支点，突出"发展、参与、和谐、健康"的主题，通过悬挂健身标语，张贴健康口号，收集各种健身素材，摆放宣传展板，积极进行体育报道、电视转播、广播，提供光盘和画册等多种宣传形式，提高农民健身意识，培养体育爱好，带动各县、乡、村深入挖掘地方特色的传统项目，进行品牌创建，发扬地方特色文化。

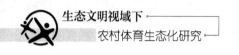

（三）活动目标

新农村体育服务体系活动目标的构建要坚持大、中、小型相结合的原则。一是在国家重大体育赛事前，如奥运会、全运会，省、县群体科利用体育专业人员，组织大型的健身标语、口号、图片、光盘和器材等方面的宣传和展览，以及电视、广播、报刊和网络等形式的报道，来吸引广大农民对体育运动的关注，强化他们对体育运动的欣赏水平。二是在重大节日的庆祝时，如春节、元宵节、植树节、清明节、劳动节、国庆节，各县村可以利用大学生村官、放假的学生、外出打工者等组织广大农民编排健身节目，开展各类中型体育活动，既可以活跃农民的日常生活，提高农民的文化水平，又可以增强农民身体健康，营造农村体育的和谐氛围。三是在农闲、节假日，各县村的农业开发区负责人组织比较小型的活动，如菜棚种植、禽畜养殖、编织、采摘等技术的参观、学习和比赛，以唤起人们对肢体熟练灵活运用的注意，形成一种良好的身体技术操练气氛，推动人们对肢体运动的科学理解和正确运用。

（四）规划目标

根据农民体育健身工程指标，新农村体育服务体系构建应坚持因地制宜、统筹规划的原则，进行新农村体育服务体系的区域规划。根据各市县的经济发展水平和农村体育特色，规划目标可划分为三类：一类是针对省城一带较发达的县镇和村落，给他们提供城市化的场馆设施和健身路径的建设指导、健身娱乐项目和方法的技术传授，以及各类新型体育项目的健身方法、保护措施和比赛规则的介绍和学习；二类是针对有山、有水、有文化底蕴的县镇和村落，挖掘其地方特色运动项目，并根据需要给予支持、宣传和奖励，来满足当地农民对其深入的了解，做到积极主动地参与、保护和发扬；三类是针对获得国家、省市级以上的先进体育县和村，要配备专门的领导小组和服务团队，充分发挥他们的带动效应，做到服务深层、服务实处、突出亮点。

（五）任务目标

新农村体育服务体系的任务目标是县、乡、村农民健身网络体系的构建。首先，根据各县、乡、村村民的户籍建立村民档案，输入网络系统，对村民的各个健康指标进行体质监测，上报省级体育局；其次，根据村民的医疗信息建立健康档案，配备健康健身卡并发放到每个村民手中，分区域进行抽样调查，收集他们目前健康水平和健身需求，备档分析，由地方归档管理；最后，省级以上体育部门针对不同健康状况，如患有颈椎病、腰腿疼、高血脂、糖尿病等的村民，集中组织会议讨论，并邀请体育专业人员、健身指导员和运动营养专家，组建一个健康服务队，为村民开设运动处方和进行跟踪服务。

第二节　构建农村体育生态化服务体系措施

　　长期以来，中国都是以农业为主的发展模式，农业是中国的主要产业，中国形成了农业大国的形象。生态文明的建设为农村体育的生态化建设奠定了物质基础和实践经验，而农村体育生态化建设的一个重要内容就是构建生态服务体系，以满足广大农民不断提升的自身需求。那么，在生态文明背景下完善农村体育生态设施，提升体育生态化服务机制，不仅是构建社会主义和谐新农村的重要要求，也是推进城乡一体化、提高农民体育锻炼的意识、完善体育公共设施、全面贯彻"健康第一"指导思想的重要内容。

一、加强立法，完善机制，强化服务

　　更好地发展农村体育事业，就要把基础做好，体育项目等公共设施的建设情况关系到体育能否正规化的发展。而现在的农村体育设施建设通常都是政府主导，而随着社会不断的发展和生态体育理念的不断完善，公共设施建设将逐渐转变为"政府决策，社会主导"的发展模式。从生态化的视角看，农村公共体育设施的建设要形成方便广大农民日常体育锻炼的公共体育设施网络，鼓励社会力量兴建公共体育设施，尤其支持便捷、实用的健身设施。积极推进城乡新建居住区全民健身设施的建设，形成遍布城乡、规范有序、富有活力的社会化全民健身组织网络。当前，我们要以改善农村生产生活条件及建设生态家园为契机，不断优化农民生活质量[①]，同时加大对农村体育设施建设的支持力度，并对农村的体育生态化服务体系建设重点倾斜。任何公共服务体系的建立都离不开政府的重视和支持，农村的体育建设可以走一条政府牵头、引导社会资金资助的道路。这些要求政府加强生态立法与管理。

　　第一，建立完整的生态体育管理规章制度和生态资源保护管理办法，做到"有法必依、执法必严"，建立完善的监督、监管机制，政府定期进行评估和检查。第二，加大在公共场所，尤其是体育锻炼场所的生态宣传，布置醒目、人性化的警示牌或标语。第三，选择一部分有条件的村庄，先"生态化"起来，选取部分体育生态化服务体系优秀村庄，成立体育活动指导中心、咨询中心，建设群众体育服务网络，将其作为"样板"进行宣传，以其发展经验带动周边村庄，总结其成功的经验及存在的不足，完善农村生态化建设体系，为后续村庄的生态化奠定扎实的基础。第四，以政府支持为导向，建立学校、家庭、社区、农村四位一体的多元化服务保障体系。第五，对于支持农村体育生态建设的企业，给予一定的政策支持和优惠。

---

　　① 肖娥芳，程静．2011．推进湖北城乡一体化发展的战略思考．孝感学院学报，31（3）：85-88.

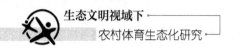

二、提高素质，培养意识，树立观念

随着新农村建设的发展，为了展现出更好的发展成果，必须不断地提高农民的文化素养。文化素质是现代文明的标志之一，也是新型农民的主要特征，是广大农民提高认识能力，树立正确的道德观、生态体育观的基础。只有感受自然的美及领悟自然的美的能力增强，他们才会自觉去保护自然的美。随着农村生产和生活条件的不断改善，广大农民对健康及精神文化生活的需求也日益增强，它不像物质硬件建设那么快，它是一个逐步学习、潜移默化的过程，因此需要尽早地构建新农村体育生态化服务体系，全面推进新农村文化建设，引领广大农民科学锻炼，改变传统体育观念，革除赌博、铺张浪费等陋习，树立健康文明的生活方式，逐步形成正确的道德观、生态体育观。文化素质的全面提高、农民生态体育意识普遍增强，是新形势下农村文化建设的基本要求。意识是行为的先导，农民体育意识淡薄是制约农民参与体育的首要因素。增强广大农民的生态体育意识是农村生态体育发展的核心要素，良好的生态体育意识、生态体育道德和生态体育价值观更是建立在一定的文化基础之上的。这就要求我们广泛利用广播、电视、板报、警示牌、网络等对生态体育的知识和方法进行宣传；通过富有特色的生态教育行动计划、生态体育示范工程、生态体育知识竞赛、生态体育节等活动普及生态体育，并把它纳入到构建和谐社会的重要议程中。农村学校教育也是农村文化建设的一个基础平台。各地要充分发挥农村学校的作用，充分利用它的人文优势，增强它在农村生态体育文化建设中的带动作用，提高农村学校教育质量，重视学校体育，加大对体育科技、体育健身的宣传。此外，要建立与小康农村相适应的学习及培训体系，大力开展全民健身、科学健身的宣传工作，全面宣传全民健身的意义，普及体育科学知识，倡导健康文明的生活方式，形成"全民参与，全民健身"的体育生态建设。

三、依据特色，发挥优势，开发项目

农村体育生态化服务的内容体系应以民族传统体育为出发点，大力开发具有民族特色的传统运动项目。中华民族五千年的文化源远流长，博大精深，它创造出了具有独特价值的中国传统体育文化。中国文化又孕育了丰富的传统体育文化与多样化的民族体育文化。传统体育文化既有修身养性的五禽戏等各种气功导引术，又有防身健体的角抵、摔跤和武术；既有因时而作的郊外踏青、端阳龙舟、重阳登高、清明秋千，又有娱乐表演的各种球戏和技巧；既有跑步、举重、嬉水、马术、射箭等夏季项目，又有溜冰、滑雪等冬季项目。郊游、踏青、登山、野外活动、远足、自行车、户外探险、拓展、野外生存等许多新鲜的野外生态体育运动，也将给农村体育的生态化服务内容体系注入新的血液。有计划地开展体育活动周、体育节，有组织地安排体育竞赛、表演等活动将吸引广大村民参与农村体育活动，帮助农民树立良好的体育锻炼意识，建设农村体育文化氛围。

四、拓展空间，丰富内涵，多元供给

农村公共体育产品较之于一般公共产品，其特殊之处在于供给区域主要限定在农村，其产品类型主要是体育设施和服务等，它是农村体育生态化服务体系建设的重要内容。政府应统筹规划，加大对农村公共体育产品供给的投入力度，建立中央、省、地方、农民四位一体的农村公共体育产品供给体制，突破传统思想枷锁，实现资源共享。此外，还要建立更多污染更小、噪声更低、亲民便民的运动场地及器材，加快农村公共体育生态产品的多元化。

在农村，农民的体育活动容易受到天气和季节的影响，在农忙时，可以选择开展一些具有农业特色的体育项目，如挑粮食、掰玉米等，在进行农业生产的同时，进行特色的农业体育；在农闲时，可以开展一些文化体育项目，如打篮球、下象棋等活动，不断地加强农民的文化修养和文明建设。同时，政府可以在重大节日时组织农民进行一系列的大型体育项目，这样，在政府的组织下，参与的农民会更多，受到的影响也更深。在进行各种农村体育互动的同时，还可以不断地引进更多体育项目，如打太极拳、打保龄球等，来满足不断提高的农民需求。在开展一系列的体育项目时，要考虑到农民的时间和兴趣爱好和参与能力，只有符合农民向往的体育项目，才会受到农民的欢迎。

五、挖掘人才，培养骨干，打造队伍

任何一项体育运动的发展都离不开体育专业化人才的参与，农村体育生态化多元服务体系的发展也不例外。农村体育专业化服务人员，是社会主义新农村精神文明建设的一支重要力量，可以提高农民的体育意识，增加农民的体育文化知识，引导广大农民文明健康的生活方式，繁荣农村体育生态文化，全面增进广大农民的身心健康，提高农民生活质量，在体育活动方面为农民服务，向农民传授科学的体育锻炼方法，制订体育锻炼的计划，对农民进行医务监督、健康测定评价、体育测定评价，还可以发动非体育人口的参与，组织和管理农民的体育活动，提高生态体育健身的效果，塑造积极、健康的社会价值观和人生观，大力宣传体育生态理念的长远价值，在不断增强农民体质的同时，促进社会主义新农村的精神文明建设又好又快地进行，形成社会主义新农村、新风尚、新风貌，积极为体育生态建设做贡献。

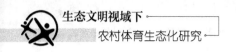
六、合理布局，新建场地，配合功能

农村公共体育设施的建设要从生态化的角度出发，大力支持小型、多样、便民的非营利性体育场所的建立，公共体育设施要面向全体农民开放，处理好公共性与营利性的关系[①]，要有计划地开辟野外运动、休闲运动、极限运动等生态运动场所，在修建运动场所时，要有计划地加强新建场地的绿化、美化，利用自然环境开辟天然草坪，利用山坡修建运动小道，为村民提供生态运动场所。

---

① 曹军，于军，陈辉. 2006. 社会主义新农村建设目标下发展农村体育的思考. 中国体育科技，42（6）：8-12.

第十章
生态文明视域下农村体育生态化建设发展研究

第一节 影响农村生态体育发展的因素分析

影响因素研究是探索某事物生存与发展规律的前提之一，没有对各相关影响因素的充分认识就不可能抓住事物发展的本质与规律。中国农村生态体育发展的影响因素是复杂的、多方面的、综合的，我们主要从以下九个方面进行分析。

一、农村体育政策、制度欠缺，缺乏发展保障

我国各种政策、制度的制定更多地侧重于城市、工业的发展，很少关注农村的建设和发展。资金的分配比例方面，城市也占有绝对的优势，且二者之间的差距也比较大，导致农村发展比较落后。我国相关体育部门在农村地区缺乏一定的行政能力，导致其不能直接地对其进行指导，因此，要想更好地促进我国农村体育事业的发展，就必须从根本入手，制定出一系列与之相关的政策和制度，有效加强我国农村体育事业的发展。

二、农村经济缓慢，缺乏体育发展链

我国农村经济发展比较缓慢，还未能形成有效的体育发展链，更多的农民希望获得最大化的体育福利和自身利益。政府官员希望更多的社会人士和企业支持我国农村体育事业的发展，并由此获得最大化的政治利益。社会上的一些

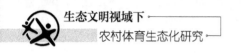
投资者也希望借助这次机会，以较小的付出获得较大的经济利益。大多数的农民对体育事业缺乏足够的认知，导致他们未能充分认识到体育锻炼的重要性，取而代之的是对自身经济利益的追求。

三、农村体育组织较少，缺乏组织性和管理性

我国农村体育事业的发展还缺乏一定的组织性、指导性和管理性，导致很多农民缺乏体育活动意识。举行农民运动会时，真正的农民运动员寥寥无几，这严重违背了农村运动会的真正意义。农村体育事业还缺乏专业的体育指导人员，导致农村体育基本上是一个无人问津的场景。

四、受经济、环境因素制约，农村体育区域发展不均衡

改革开放以来，我国农村发生了很大的变化，农民的生活水平得到了较大的提升。但是，一些地区发展还是相对比较落后的，甚至是停滞不前的，尤其是体育事业的发展。我国东部沿海地区经济发达，人均收入高，而中西部地区经济收入普遍较低。《中华人民共和国 2014 年国民经济和社会发展统计公报》的数据显示：2014 年东部浙江省城镇居民人均可支配收入达 32 658 元，中部河南省只有 15 695 元，西部甘肃省农民人均收入仅为 5736 元。经济收入的差距导致东部地区与西部地区、城镇与农村、发达地区与欠发达地区体育发展差距进一步拉大，尤其是在体育意识、场地设施、经费投入、科学指导等方面。我国现有的体育场馆约为 70 万个，其中仅占国土面积 16.5% 和占全国人口 29.92% 的城镇就占去全部场馆的 78.8%；而占国土面积 83.5% 和占全国人口 70% 的广大农村仅占有约 20% 的体育场馆，且大都集中在中小学内。在体育消费方面，农民的主要消费是生产生活资料和孩子的教育费用，其用于体育方面的开支微乎其微。各地区经济发展的差别，将会导致体育事业发展的不均衡，进而导致农民的健身活动缺乏一定的稳定性。另外，即使在一些相对比较发达的地区，其体育事业的发展也是存在一定差别的。

五、农村体育资源配置低，基础设施不完善

发展新农村体育事业的根本目的是增强农民体质，培养广大农民的体育健身意识和良好的生活习惯，提高广大农民的生活质量。改革开放以来，我国很多农村地区摆脱了贫困，农民逐渐过上了富裕生活，但是，绝大部分农村与农民生产生活紧密相关的基础设施建设明显滞后，体育活动场地、设施缺乏，建"一片球场""少十个赌场"已经成为广大农民的共同愿望。在我国，很多农村体育场地已成为村民进行思想交流、情感沟通和村党支部、村委会动员群众的聚集地。但是，由于现阶段"城乡分治，一国两策"，城乡体育差别要素的不平

等流动使得农村公共文化体育基础设施建设、村民获得的福利性体育服务远远落后于城市，"一条腿长，一条腿短"的问题十分突出。由于农村缺乏体育健身场地设施，一些喜欢参加体育锻炼的农民没有办法进行体育锻炼，严重挫伤了农民参加体育健身的积极性。因此，农村公共体育设施建设的严重滞后与农民日益增长的体育健身需求之间的不协调，是影响和制约新农村体育活动开展和体育事业发展的主要因素。

六、农村劳动力流动性大，主体力量削弱

党的十一届三中全会以后，我国实行了改革开放，农村剩余劳动力进城打工成为时尚。据报道：我国 2002 年有近 9400 万流动人口，其中大部分是农民，这些在外流动打工的农民中，大多数是青壮年劳动力，他们的身体素质相对要高于一般农村劳动力的平均水平，理应是新农村体育事业发展的中坚力量，但是由于他们长年漂泊在外，农作物的日常管理和孩子的教育问题仍需要家中留守劳动力负责，根本没有时间顾及农村体育，这无形中削弱了农村体育的主体力量。而留守者，大多数是老年人或年幼者，由于农村经济基础薄弱、生活条件差，医疗卫生保障体系尚不健全，多数 60 岁以上的老年人体弱多病。社会主义新农村体育事业的发展，需要有知识、有能力、身心健康的新型农民，而目前农村"守巢"者大多是患有慢性疾病的老人或妇女、儿童，这在一定程度上影响和制约了新农村体育事业的发展。

七、农村学校体育滞后，制约农村体育发展

学校体育是群众体育的发动机，上学是每个人都必经的阶段。这个阶段是学会体育运动技能、培养体育兴趣爱好、为终身体育奠定良好基础的重要时期。中国传统的伦理型文化是以儒家学说为核心，兼容佛、道、法家思想的极富道德色彩的文化，在当今社会经济生活中，仍然产生着深远而广泛的作用，反映出重智轻体等僵化、保守的传统习惯和社会心理。农村孩子读书是为了跳出"农门"，繁重的文化学习加上条件所限，使学校体育活动开展很少，基础教育在新大纲体系中，虽也充分考虑到开展体育活动的地域性和灵活性，却苦于师资而实施艰难，形式活泼的竞技项目在乡村开展困难，好的民族传统项目也面临着后继无人、传承困难的局面，学校体育在落后地区迷失了路途，制约了农村体育的发展。

八、农民体育参与意识淡薄，体育价值认识不足

近年来，我国提出了"体育强国"的战略目标，实施了"新农村建设""农民体育健身工程"，制定了《全民健身计划纲要》，并逐步加大了对农村体育事

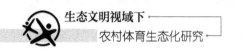
业的重视和资金投入力度。但由于经济发展水平的影响，再加之体育管理部门对农村体育的关注和宣传不够，不少农民对新农村建设、全民健身、体育强国梦等了解甚少，对其重要性和深远意义的了解更是无从谈起。多数农民对体育锻炼没有概念，体育活动意识淡薄，参加体育活动的兴趣不高。他们误认为田间劳作、体力劳动可以替代体育锻炼，无病就是身体健康。尤其在边远落后的农村地区，体育运动几乎是空白。

九、农村体育专业人才短缺，社会指导员队伍不足

农村体育发展滞后，体育人才的缺乏也是一个关键因素。尽管有许多地方建立了农民体育协会、农民体育俱乐部、体育辅导站、社会体育指导中心、体育健身点等基层体育组织，但无论是农民体育锻炼的指导人才，还是农民体育组织的管理人才都非常紧缺。正式接受过体育专业训练或体育管理学习的体育专业人才几乎都集中于城市内，且大多集中于高校或竞技体育部门，而城市社区体育指导员尚且偏少。当前，主要是农村体育的现实阻碍了体育专业人员流向农村的途径，并不是农村不需要体育人才。经济富裕起来的珠江三角洲、长江三角洲已经注意到并通过各种培训或高薪引进体育人才等方式，吸引了大批体育人才到农村，加快了农村体育发展的进程。

第二节　农村体育生态化建设发展对策

发展农村生态体育文明建设，是社会主义新农村建设的重要内容之一，同时也是生态文明建设的重要构成部分，对促进社会主义和谐社会的建设与发展有着极为重要的价值。而针对当前农村生态体育建设发展中所存在的问题，则需要在明确农村生态体育建设发展之目标的基础上，遵循因地制宜原则并充分挖掘民俗体育项目，同时加大宣传力度、打造完善的生态体育组织与服务体系，并开辟生态体育文明产业化发展之路，以此来服务于农村生态体育文明建设可持续发展目标的实现。

一、明确农村生态体育建设发展之目标

在践行可持续发展战略的过程中，要想实现人、社会与自然的和谐共生与可持续发展，就需要进一步加快社会主义生态文化建设步伐。此过程需要基于生态化与产业化目标，来更好地服务于农村生态体育的建设与发展。具体而言：①从生态化角度看，农村生态体育建设发展之目标则是在可持续发展战略的指导下，对科学发展观进行实践，打造生态农村。在践行科学发展观的过程

中，通过体育活动的举办来提高人们的生态环保意识，同时确保农村体育活动的开展与周边人文、自然环境实现协调发展，并在充分挖掘人文环境资源的基础上，促使体育与人文、自然生态环境实现和谐共生。②从产业化发展目标看，体育在现代产业中能够为经济的增长带来动力，因此，在建设社会主义新农村的过程中，各地要实现生态体育产业化的打造，能够为农民收入增长创造途径，同时通过对体育资源的开发与整合，能够为促进农村生态体育的发展奠定基础，进而更好地服务于农村的建设与发展。

二、遵循因地制宜原则来打造生态体育项目

农村生态体育文明的建设发展，需要谨遵因地制宜原则，并在此基础上实现对当地自然与人文资源的充分开发利用。在实践过程中，生态体育的发展需要在整合资源的过程中实现科学规划，与新农村建设并驾齐驱，适应新农村建设发展的实际需求。具体而言，它则需要结合乡镇及行政村所处的实际地理位置，并对当地所具有的传统体育内容进行分析，进而根据农民对体育健身所提出的实际需求，针对体育基础设施等建设内容进行规划，在此基础上，按照这一规划设计按部就班落实，进而确保农村体育基础设施逐步实现完善。同时，要对当地所具备的资源进行充分挖掘与规划建设，比如将闲置的房屋进行整改，进而作为体育活动的场所，在此基础上，将所需的体育运动器材进行布置，打造更多的公益性活动产所，以充分激发农民参与的积极性，为实现农村生态体育的可持续发展提供保障。

三、充分挖掘民俗体育项目以丰富生态体育内涵

丰富的民俗文化，蕴含着很多传统民俗类体育文化内容，实现对这一资源的充分挖掘，能够进一步丰富农村生态体育的内涵，并促使农民更容易接受并参与其中。在实践过程中，各地充分发挥出政府的主导作用，针对这一文化资源进行充分挖掘，并编制成相应的体育运动会项目，在此基础上，形成独具特色的体育活动体系，可在为农民提供形式丰富的体育活动的同时，实现对当地民俗等传统文化的保护与传承，进而为实现生态体育的产业化价值奠定基础。在此过程中，需要注意的是，体育产品的打造要兼具易接受性与强身健体性，同时还需要借助对传统民俗体育文化资源的挖掘与利用，以这一良性基因来实现体育文化的延续，进而服务于社会主义精神文明社会建设之需，并要注重节约，强调对生态环境的保护。

四、加大宣传教育以扭转农民体育观念意识

生态文明具有丰富的含义，生态文明观念渗透于新农村体育活动中，要从

人类发展史和文明进化史的角度，分析生态文明建设的历史必要性与必然性；通过宣传教育，帮助人们认识生态文明的历史意义，把握生态文明的历史走向。生态文明观念的核心是对人与自然关系的认识，宣传教育要帮助人们树立正确的"人—自然"关系，即认识到人既是自然的主人，又是自然的存在物；人利用自然，又必须尊重自然；人应与自然和谐相处。在全面推进社会主义新农村建设步伐的过程中，农村居民自身文化素质的高低直接影响到该项事业建设与发展的进程，因此，为了促使农村生态体育实现可持续发展，并更好地服务于社会主义新农村建设，各地需要扭转农村居民的体育观念意识。

实际践行的过程中，各地则需要进一步加大宣传力度，借助新闻媒体来强化对农村生态体育建设与发展的宣传力度，通过电视、广播、网络及宣传册等方式，促使农民正确认识体育活动，充分激发农民参与的积极性。同时，在开展相应管理工作的过程中，加大对专业指导队伍的建设与培训力度，以此来促使农民在参与体育活动的过程中，真正从中获益，并促使农民逐渐养成运动健身的良好习惯，提高农民的健康意识理念。

五、加强农村生态体育体制建设，健全基层农村体育机构和组织

农村体育体制一般由农村体育机构和规范构成，其中体育机构是载体，规范是核心。从现有机构设置来看，农村体育工作机构不健全，目前县以下的行政机构中管理体育的部门甚少。而且在政府机构改革中，不少县区和乡镇撤销了体育部门，而将其置于他人门下，挂靠在文化部门、教育部门或卫生部门。例如，吕树庭等在《流动人口：社会体育的新课题》一文中指出：乡镇一级政府对体育的管理，一般是通过文化站来实行的，在最近的机构改革中，文化站又被更名为"广播文化体育服务中心"，其实际工作中往往是"文多体少"。这就是一个例证。为何县镇二级政府部门要减少体育管理部门的设置呢？这是为了贯彻国家精简机构的政策，达到国家规定的硬指标，其最好的方式就是把当前未引起人们重视的文化部门、体育部门等机构合并重组，对经济管理部门重点支持，因为这样更容易抓好经济建设，取得政绩，得到上级的认可，实际上无形中陷入了"以政绩为本"的"经济锦标"的误区。这种农村体育不受重视的现状是发展农村体育的一大难题，即有些学者所言的"由政府特别是基层政府重视程度不够所导致的投入和扶持力度不足的难题"。在农村体育现有机构设置尚不健全的情况下，就更不用说其规范地建立了，当然，这与当前约束力不大的《全民健身计划纲要》和弹性较大的《中华人民共和国体育法》不无关系。农村体育体制的建设可从两方面着手：一是农村体育机构设置及社团组织建设；二是农村体育规范的建立。其机构设置，除建立政府专门管理农村体育的部门外，可结合基层农村地域特点和人口基数大的特点，实行"非政府、大机构"

的设置模式，构建由县镇级农村体育协会、农村社区体育协会、村组体育协会等构成的基层体育组织网络。具体的保证基层农村体育机构和组织正常运行的规范可根据《全民健身计划纲要》和《中华人民共和国体育法》的相关要求制定。另外，为保证县镇二级政府及村委会对基层农村体育工作的足够重视，相关部门应健全其工作考核制度，把其基层农村体育工作计入工作业绩中，激励其把基层农村体育工作作为"民心工程""德政工程"来抓。

六、加大对农村体育的投入，提升对农村生态体育的支持力度

从某种程度上而言，对农村体育人力、物力和财力投入不足是农村生态体育发展滞后的重要原因之一。城市体育的发展取得辉煌成就的现今，是群众体育把脚步迈向农村基层的时候了，这也是进一步推进社会体育全面发展和全民健身运动的必要路径。这就需要我们坚持以人为本的全面、协调的发展观，在和谐社会的构建中不断构筑生态体育，在重视城市社区体育发展的同时要关注农村基层生态体育的发展，严格按照中央关于"国家新增教育、卫生、文化等公共事业支出主要用于农村"的规定，抓好农村基层体育工作。考虑到我国还处于社会主义初级阶段的国情，加之乡镇及村委会机构和组织的财力相对薄弱，基层农村生态体育的发展不可能由乡镇一级政府包办，应借鉴国外大众体育发展的经验，鼓励和动员企事业单位和社会团体资助乡村体育事业的发展，鼓励社会组织和个人对农村体育事业的捐赠和赞助，为基层农村生态体育的发展多方筹集资金。

七、构建服务体系，促进农村生态体育发展

农村体育的生态化是生态农村发展的必备条件之一，是农村生态观念、基础设施条件、生态规范等在体育方面的综合体现。农村体育生态化服务体系的建立，使农民的生活质量得到空前的提高和改善。农村生态体育服务体系的构建主要体现在三方面：①加强组织管理保障体系的建设。通过加强体育部门与民间社团组织的沟通，积极开展农民体育活动，扶持典型村、示范点，构建群众体育服务网络平台。建立相关的农村生态体育的管理办法，颁布一些生态体育管理条例并进行监管、检查。②构建农村生态体育人才服务体系。首先，加强理论研究，促进应用研究，保持农村生态体育的可持续发展；其次，完善生态体育指导员的培训制度，加大培训力度，保证农村体育的正常发展；最后，积极发展体育志愿者，为广大农民提供体育指导和服务。③建立农村生态体育设施网络系统。将健身设施进行统一管理，使体育设施布局合理，更好地方便农村居民就近参加体育活动。

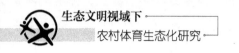

八、开辟生态体育文化产业化发展之路

　　经济基础决定上层建筑，对于农村生态体育建设发展而言同样如此，从目前农村生态体育建设发展的现状看，一个地区经济发展水平的高低直接影响到了生态体育建设发展步伐。因此，为了实现农村生态体育文明建设的可持续发展，我们需要基于产业化发展目标，构建农村体育产业化发展格局，借助多元化产业模式的打造，使生态体育的发展具备充足的资金。在实际践行的过程中，我们应借助农村现有的体育生态资源，通过多元化体育活动项目的设计，打造特色化生态体育旅游项目，在扩大农村当地人口对体育需求的同时，为带动农村地区经济的发展奠定基础。

第十一章

生态文明视域下
山西省农民体育调查个案研究

山西省因居太行山之西而得名。春秋时期，其大部分地区为晋国所有，所以简称"晋"；战国初期，韩、赵、魏三家分晋，因而又称"三晋"。山西是中华民族发祥地之一，被誉为"华夏文明摇篮"。

2012年是山西体育的丰收年，它在竞技体育、群众体育、体育产业、体育文化教育等各方面都取得了杰出的成绩。最显著的两项成绩就是，体育健儿在伦敦奥运会上为国夺得金牌、银牌和铜牌各一枚，实现了山西省体育在奥运会单项金牌零的突破；山西省农民体育健身工程在中部六省中首先实现了"全覆盖"，也是全国第六个完成这个目标的省（自治区、直辖市）。山西省农民体育健身场地设施建设，从2003年山西"大运体育走廊"就已开始，到2012年省委、省政府推进农村新的"五个全覆盖"，全省28 200个行政村农民体育健身工程全覆盖圆满实现，历时9年。截至2012年底，国家和省两级共投入引导资金4亿多元，匹配全民健身路径器材1.4万条、篮球架1.9万副、乒乓球台1.2万张，被广大农民群众称赞为"惠民工程""民心工程""幸福工程"，为建设"健康山西"做出了积极贡献。与此同时，全省发展基层社会体育指导员3.4万人，为构建全民健身服务体系奠定了重要基础。

在建设社会主义新农村的历史进程中，发展农村体育是党的要求、政府的责任，更是广大农民群众的期望，也是提高农民生活质量和幸福指数、全面建设小康社会的重要内容。山西省以农民体育健身工程全覆盖为抓手，认真履行政府体育公共服务职能，努力使农民体育健身工程成为山西体育事业发展的助推器。

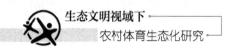

第一节　农民体育健身工程视域下
农民体育消费研究

在全面建设社会主义和谐社会的今天，农村体育消费水平的提高，有利于促进农村体育文化事业的发展，有助于提高国民整体消费水平，有利于拉动社会主义新农村建设经济的增长。2011年底，山西省常住人口为3593.28万人，居住在乡村的人口为1807.97万人，占常住人口的50.32%，因此研究农民的体育消费状况将对转型期的山西省整体经济发展和解决"三农"问题有着划时代的历史意义。因此，本书对山西省不同地区农民体育消费状况的研究，旨在了解"大运体育走廊"项目和农民体育健身工程实施后山西省农民的体育消费水平、结构和制约因素，从而为大力开发山西省农村体育市场、塑造农民合理的体育消费结构、促进体育经济的健康发展、建设和谐社会主义新农村提供理论依据。

一、研究对象与方法

（一）研究对象

本次研究以山西省不同地区部分农村的16岁以上的农民为调查对象。

（二）研究方法

1. 文献资料法

笔者检索了近年来有关农民健身工程及农民体育消费的文献资料，查阅了国家及山西省政府的工作报告、农民体育健身工程政策文件，另外收集了涉及社会主义新农村建设内容的相关网站报道信息。

2. 问卷调查法

笔者制定了调查问卷，并选聘山西大同大学体育学院55名同学作为调研员。调研员回家乡所在地进行调研，每个地级市5名同学负责，共在山西11个地级市发放问卷1100份，每个地级市100份，回收1025份，回收率为93.18%，其中有效问卷918份，有效率为89.56%。笔者进行了问卷的信度和效度检验。

3. 数理统计法

笔者利用EXCEL和SPSS11.0统计软件对收集所获取的资料进行自动处理，得出了有关山西省各地区农民体育消费的相关数据。

4．逻辑归纳法

本次研究运用归纳、比较等逻辑分析方法，对新时期山西省农民体育消费的各类信息进行深入的整理、分析、论证，并得出课题研究结论与发展对策。

二、结果与分析

（一）山西省农民体育消费的总体水平

国家统计局山西调查总队对全省 2100 个农户的抽样调查资料显示，2011年山西省农民人均生活消费总支出为 4586.98 元，同比增加 923.13 元，增长25.2%。从生活消费支出的构成看，文教娱乐消费与医疗保健消费两项支出增速较缓，其余各项支出均保持较快增长。其中，食品消费支出增长 26.04%，衣着消费支出增长 27.28%，居住消费支出增长 34.16%，交通通讯消费支出增长28.24%，家庭设备用品消费支出增长 40.45%，文教娱乐消费支出增长 6.72%，医疗保健消费支出增长 6.19%。由此可见，农民在体育方面的支出较低。如表 11-1 所示，课题组将山西省农民个人年均体育消费体育消费群体分为五个层次，分别为零体育消费群体（没有参与体育消费的群体）、低体育消费群体（1—100 元）、中等体育消费群体（101—300 元）、强体育消费群体（301—500元）、高体育消费（501 元以上）。统计结果显示：零体育消费群体占 43.68%，弱体育消费群体占 22.11%，中体育消费者群体 17.10%，强体育消费群体占9.04%，高体育消费群体占 8.06%，整体分布为中偏弱体育消费水平。

表 11-1　2011 年山西省农民体育消费总体水平（N=918）

项目	0元	1—100元	101—300元	301—500元	501元以上
人数/人	401	203	157	83	74
占比/%	43.68	22.11	17.10	9.04	8.06

（二）山西省农民体育消费动机

体育消费动机是指推动人们从事体育活动，以满足身心需要的意图、愿望、信念等或者说是针对特定的消费目标而发出的一种内驱力或冲动。分析表 11-2可得出如下结论：山西省农民体育消费的动机主要是增强体质、愉悦身心、社会交往。在物质生活不断丰富的现阶段，山西省农民体育观也在发生变化，部分农民转变了生产劳动就是体育锻炼的思想观念，开始通过体育锻炼增强身心健康。

表 11-2　山西省农民体育消费动机（N=517）

项目	增强体质	愉悦身心	社会交往	学习技能	陪同他人	其他
人数/人	188	117	99	43	29	41
占比/%	36.36	22.63	19.15	8.32	5.61	7.93

（三）农民体育消费内容

农民体育消费就是指农民用于体育的个人支出，分为三种类型：观赏型体育消费（现场观看比赛等）、参与型体育消费（场馆使用及培训费、体育旅游）、实物型体育消费（体育服装、器材、体育书报影像、体育彩票等）。分析表 11-3 可知，山西省农民实物型体育消费占 60.73%，这说明体育消费层次不高，用于体育服装、器材、体育书报影像、体育彩票等方面的支出占一半多。从农民视角分析，大多数体育运动服装比较宽松、舒适，既可以作为体育锻炼和日常生活兼用的服装，又可以用于田间的生产劳动服装。随着农民体育健身工程的不断深入，农村体育场地数量和类型不断增加，篮球、乒乓球、羽毛球等器材成为农民健身的必备用品。另外，农民购买体育彩票的比例比较大，其原因可能是农民传统的博弈思想根深蒂固，赌博心理还较重，体育彩票投入少且有中大奖的机会，因此吸引了广大农民参与体育博彩。参与型体育消费所占比例次之，随着农村精神文明建设的广泛开展和农民闲暇时间的增多，受"健康第一""终身体育""花钱买健康"等观念影响，农民开始注重自己在休闲、娱乐等方面的投入资金。另外随着旅游资源不断开发，体育旅游成为人们旅游的热点项目。观赏型体育消费较低，表明了山西省体育赛事开发力度不够，可供农民观赏的体育赛事较少，目前山西仅有篮球、乒乓球等少数职业联赛俱乐部，在体育赛事运作等方面存在不足，影响了农民观赏服务类支出。

表 11-3　农民体育消费内容（N=517）

项目	体育服装、器材	体育彩票	体育书报影像	购买体育纪念品	场馆使用及培训费	体育旅游	现场观看比赛	其他
人数/人	195	74	33	12	111	30	37	25
占比/%	37.72	14.31	6.38	2.32	21.47	5.80	7.16	4.84

（四）山西省农民体育消费过程中最看重的内容

农民在体育消费过程中看重的内容（表 11-4），按照重要性排序依次为价格适中、物品实用、方便、产品质量、服务态度、时尚、品牌、其他。农民在进行体育消费时主要参考价格、实用、质量等要素，在品牌、美观、时尚等方面没有特殊要求。

表 11-4 您在平日里体育消费时最看重的是什么（最多选三项）(*N*=517)

项目	方便	价格适中	产品质量	服务态度	物品实用	品牌	时尚	其他
人数/人	179	306	164	63	243	71	52	34
占比/%	34.62	59.19	31.72	12.19	47	13.73	10.06	6.58

（五）影响山西省农民体育消费的主要因素

1. 农民收入水平偏低，消费支出能力不足

农民收入增幅慢，可用于支出的资金有限，成为影响山西农民体育消费的主要因素。2011 年，山西省农民月人均纯收入为 5601.4 元，比上年增加 865.15 元，增长 18.27%，但是比全国平均水平 6977 元低 1375.6 元，在全国 31 个省（自治区、直辖市）[1] 农民人均纯收入排序中，位居第 22 位。农民增收渠道单一、收入幅度增长缓慢，直接制约了农民的消费，影响了农村体育消费市场的繁荣发展。

2. 农民体育知识匮乏，体育健身意识薄弱

在基层农村，农民受教育程度较低，对体育健康知识掌握有限，缺乏必要的体育锻炼技能。在部分农民的思想意识里，体育是一项可有可无的社会活动，身体没有病就不需要进行体育锻炼，甚至还有相当一部分农民认为劳动就是身体活动，可以代替体育锻炼，体育锻炼意识还相当薄弱。

3. 体育商品经营场所规模小，体育用品单一

在调查的农村，没有体育用品专卖商店，部分综合商店销售毽子、跳绳、羽毛球拍等简单体育器材，但质量差、档次低，即使在比较繁华的乡政府所在地也很难见到比较成规模的体育用品商店，体育用品销售地点的缺乏同样也制约了农村体育消费的发展。

三、结论与对策

（一）结论

2011 年，山西省农民参与体育消费的比重为 56.32%，呈现中等偏弱体育消费水平，没有参与体育消费的农民占 43.68%，所占比例较大。参与体育消费的动机主要是增强体质、愉悦身心、社会交往。农民参与体育消费层次不高，主要用于实物型体育消费，如体育服装、器材、体育书报影像、体育彩票等；农民在进行体育消费时主要参考商品价格、实用性、商品质量等，在商品品牌、美观、时尚设计等方面没有特殊要求。农民收入水平低，用于生活必需品的开

---

① 不含台湾省。

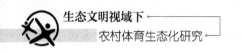

支较大，制约了农民的体育消费；农民体育知识匮乏，体育锻炼意识薄弱，缺乏必要的体育锻炼技能；农民体育商品经营场所短缺，销售体育用品单一。

（二）对策

1. 拓宽农民增收渠道，提高农民的体育消费购买力

农民收入水平的高低关系到消费能力，因此，想要提高农民体育消费水平就要想办法增加农民收入，提高农民购买力。农民的收入可以通过以下措施来增加：一是要加快"三化同步"步伐，实现农业机械化、信息化，优化和调整农业产业结构，应用和推广科学种田；二是积极鼓励和扶持乡镇龙头企业，大力发展私有经济，充分利用农闲时期的剩余劳动力，拓宽农民增收渠道，进一步促进农民增收；三是因地制宜，挖掘各种资源，开发农业观光旅游，发展生态体育，带动体育市场消费。

2. 建立健全农民体育组织管理制度，使农村体育有章可循

开展新农村体育，离不开一个制度健全的组织体系、完善的规章制度。基层乡镇和行政村应当成立农民体育组织管理机构；积极组织、开展各类体育竞赛、健身活动，加强对现有农民健身工程场地和健身路径器材的管理、维护和保养，发挥长效机制，全面推进新农村体育的可持续发展。

3. 建立各种文化"加油站"，增强农民体育健身意识

充分利用大学生村官、农村特岗教师等人才，在农村设立文化站和体育辅导站，在农闲时定期安排文化、体育、医疗等课程培训，提高农民的文化素质，增强农民的体育健康意识。

4. 加大体育知识宣传力度，引导农民体育消费

加大对"健康而投资""花钱买健康"等观念的宣传力度，特别是对于信息闭塞、地处偏远山区的落后农村，政府应给予一定的资金和人力的援助，开展体育扶贫、体育下乡，使广大农民真正了解体育在生活中的价值和作用，使他们认识到身体健康的真正含义，逐步引导农民参与体育消费。

5. 政府组织体育用品下乡活动、开办镇体育用品店

政府通过减免税收、资金补贴等方式鼓励民营资本投入到农村体育经济中，开展体育用品销售、体育服务等经济活动，既可繁荣农村经济，又可为农民提供消费场所。

第二节 社会发展视域中的农民体育发展环境分析

中华人民共和国成立以来，农民体育的发展几经变化，曾出现蓬勃发展的时期，也有过空白的阶段，改革开放后，伴随着《全民健身计划纲要》《全民健身条例》及农民体育健身工程的逐步实施，农村体育在政策、资金、人力等方面投入的逐渐增加，农村体育场地设施明显增多，农民体育健身事业取得了较大发展，农村体育公共服务机制逐步完善，为农民体育又好又快的发展奠定了良好的基础。本书从内外部环境的视角，对我国现阶段农民体育的发展环境现状进行分析，以促进农民体育蓬勃发展，繁荣农村文化生活，为全面建成小康社会打下坚实的基础。

一、农民体育发展的外部环境

（一）经济环境

近年来，国家统计局数据显示，农业 GDP 的增加值比重在逐年下降，但2014 年，中国社会科学院的调查报告显示，农民的人均纯收入四年里连续增长，增加幅度超过 9%，农民的工资性收入比重也首次超过家庭的经营性纯收入，农民的工资性收入对农民人均纯收入增幅的贡献率达到 59%。农民的人均纯收入在逐年增加，从 2007 年的 4140 元到 2011 年的 6977 元，农民的人均生活消费支出也呈逐渐增加的趋势（表 11-5）。

表 11-5 农村居民的收入支出统计表

项目	1999年	2000年	2007年	2008年	2009年	2010年	2011年
人均纯收入/元	2210	2253	4140	4761	5153	5919	6977
人均生活消费支出/元	1577	1670	3224	3661	3993	4382	5221
恩格尔系数/%	52.6	49.1	43.1	43.7	41.0	41.1	40.4

注：根据相关年份的《中国统计年鉴》整理。

恩格尔系数是指每个人的食品支出占消费总支出的比重。联合国有关标准分类为，贫困标准的恩格尔系数是 59% 以上，温饱标准的恩格尔系数是50%—59%，小康标准的恩格尔系数是 40%—50%，富裕标准的恩格尔系数是30%—40%，最富裕标准的恩格尔系数是低于 30%。1995 年以后，我国农村居民恩格尔系数逐渐下降，1999 年的恩格尔系数为 52.6%，还处于温饱社会，2000 年达到 49.1%，标志着我国农村居民消费结构已经从温饱社会步入到小康社会。

马斯洛需求层次理论把人的需求分为了高低不同的五个层次。当人的低层次需求得到一定满足后，这些需求将会继续激励其行为，继续追求更高层次的

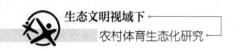

需求。随着经济的发展，当农村居民的物质生活变得丰富多彩，且有了一定保障的情况下，他们将追求精神层面的文化、体育等娱乐活动，这就为农民体育的发展提供了物质基础。

（二）社会环境

体育发展的社会环境主要从"三农"问题、全面建成小康社会和建设社会主义新农村几个方面进行简要分析。

中国农民人口多，占的比重大，所以"三农"问题始终是党和政府工作的重中之重。中国要强，农业必须强；中国要美，农村必须美；中国要富，农民必须富。党的十八大以来，习近平同志就做好"三农"工作发表了一系列重要讲话，从党和国家事业发展全局出发，就"三农"工作提出了许多新思想、新观点、新论断，体现了党和政府开展"三农"工作的思路。自 1994 年中央农村工作会议以来，国家出台多项政策和措施，解决了农村中存在的诸多实际问题，对社会主义新农村的建设起到积极的促进作用。

"全面建设小康社会"是党的十六大报告提出的发展目标，而党的十八大报告中提出了"为全面建成小康社会而奋斗"。从"建设"到"建成"，虽只有一字之改，但是一个质的飞跃，它把国家建设小康社会的大好蓝图生动地、具体地、全面地呈现在人民面前，也把建设中国特色社会主义事业的坚定信心和坚强决心展现出来。党和人民也充分认识到全面建成小康社会的难点在农村，关键在农民。因此，我国现阶段的主要任务和工作是改变和发展农村及农村居民的当前状况。体育作为一种科学、文明、健康的生活方式已经融入人民的日常生活中，将为和谐社会的构建提供有力的经济支持和良好的社会环境。因此，全面建成小康社会为农村体育发展提供良好契机。

2005 年党的十六届五中全会提出了全面建设社会主义新农村，这成为我国现代化进程中的时代课题。2007 年党的十七大报告进一步强调要坚持统筹城乡发展，扎实推进社会主义新农村建设。2008 年 10 月，党的十七届三中全会提出了一系列建设社会主义新农村的新思路、新战略、新举措。党的十八大报告强调要继续深入推进新农村建设，全面改善农村群众居住环境和生产生活条件。

新农村建设是从党和国家事业全局出发作出的远大战略和规划部署，是一项不但惠及亿万农民，而且关系国家长治久安的伟大举措，同时也集中代表了亿万农民群众的愿望和根本利益。实践表明，建设社会主义新农村，对农民是一种福音，对农村是重大变革，对农业是发展机遇。农民得到实惠，农村得到发展，农业得到加强。这是一条适合中国国情和农村实际的发展道路。

以上有关农村发展和建设的各项措施，表明了国家对农村的关注，对农村建设的重视。其目的都是提高农村的经济水平、提高农民的生活质量、促进农村社会的发展，减少城乡差距，尽可能地减少人民的利益差距，达到社会的协调发展和共同进步。在这些政策的引导下，农村的建设已经取得一定的进步，这必将为包括体育在内的文化科技事业发展提供一个广阔的空间和良好的支持。

由此可以看出，我国农民体育的发展在经济水平不断提升、社会不断进步的背景下将有很大的空间，体育将真正走向农村和农民。

（三）自然环境

众所周知，由于农村远离城市、远离工业，城市和工业所造成的空气、水等污染对农村的危害要远低于城市。农村自身的工业不发达，人口稀少，其产生的污染源也少，加之农村地区幅员辽阔，对各种污染的分解和消化能力也强。因此，农村地区的空气质量较好、水质相对比较好、噪声刺激也较少。虽然在社会经济发展过程中，出现了资源约束趋紧、环境污染严重、生态系统退化的严峻形势，但是，党的十八大报告提出大力推进生态文明建设，并把其放在突出地位。所有这些都形成了农村自然环境的优势，都为农民参与体育活动提供了良好的条件。

二、农民体育发展的内部环境

（一）政策法规环境

农村体育的政策法规环境分析主要从《中华人民共和国体育法》、《全民健身计划纲要》、"农村体育年"和农民体育健身工程等几个方面展开。

1995 年《中华人民共和国体育法》和《全民健身计划纲要》颁布实施，构成了我国农民体育发展的基本法制环境。

《中华人民共和国体育法》中的多项条款涉及农民体育的内容，为农民体育活动开展、农民体育资金投、体育设施建设、体育人才投入等提供了法律保障。

作为推动全民健身事业发展的行动纲领，《全民健身计划纲要》自 1995 年实施以来，取得了令世人瞩目的成果。该纲要的实施对中国群众体育事业的发展及增强全民体质起到了至关重要的作用。这主要体现为全民健身活动广泛蓬勃开展、全民健身组织体系日益完善、全民健身场地设施遍布城乡、法制化进程加快、科学化水平不断提高等十个方面的新进展。

2004 年被国家体育总局定为"农村体育年"，活动主题定为"体育进农家，健身奔小康"，主要内容有给农民送体育健身知识、送体育表演活动、送体质监测服务、送体育健身用品和送体育健康欢乐等，同年还启动了"体育三下乡"活动，主要内容有体育场地设施建设、体育锻炼健身指导、普及体育知识等；并把 6000 多万体育彩票基金投资到农村，建设了全民健身路径，把实用、简便、经济的体育健身场地修建在农民身边。

我国城市体育和农村体育发展不平衡，"一条腿长，一条腿短"的问题十分突出，如何解决农村体育这条"短腿"的问题一直是体育事业发展的难点。

2006 年，全国 8 省市试点开展农民体育健身工程，该工程在行政村建设经济、实用的小型体育场地，以全民健身路径、篮球场和室外乒乓球台为主，方便农村居民参加体育活动，使全民健身计划实施以来群众体育工作的重点由城市延伸到农村。

这些政策和法规的出台，为农民体育的发展目标实现、发展方式采用、场地设施建设等方面提供了有力保障。经过几年的发展，农民群众体育活动广泛开展，在场地建设、农村居民的体育意识等方面获得了较大进展。在这样的政策法规保障下，在农村群众体育取得一定成绩的前提下，今后一段时间，我国农村群众体育发展必将再上新的台阶。

（二）人文环境

农村体育的人文环境分析主要从农民的受教育程度、体育意识、参与动机等几个方面展开。

农村体育开展的深度和广度很大程度上受农民的文化程度影响。近年来农村居民家庭劳动力文化状况统计数据显示，农民受教育程度发生了显著的变化，呈逐年上升的发展趋势（表 11-6）。没有上过学的农民人数明显减少，上过小学的农民人数在 2011 年达到 94.5%。上过学的这部分人在上学期间通过体育教学、体育竞赛等途径，学习和掌握了一定的体育技能和体育知识，为以后的体育参与奠定了一定的基础。另外，文化层次的提高，有助于农民对体育知识和运动技能的学习、理解和掌握，有助于农村体育活动的开展。

表 11-6　中国历年农村居民家庭劳动力文化状况统计（2007—2011 年）　单位：%

年份	没有上过学	小学程度	初中程度	高中程度	中专程度	大专及以上
2007	6.3	25.8	52.9	11.0	2.5	1.4
2008	6.1	25.3	52.8	11.4	2.7	1.7
2009	5.9	24.7	52.7	11.7	2.9	2.1
2010	5.7	24.4	52.4	12.0	2.9	2.4
2011	5.5	26.5	53.0	9.9	2.5	2.7

注：根据相关年份的《中国统计年鉴》整理。

农民参加体育健身锻炼的体育意识不断增强。现阶段，全国各地新农村建设开展得如火如荼，农村生产力不断提高，经济条件越来越好，一些保守和传统的思想也慢慢在转变。"体育三下乡"和农民体育健身工程完善了农村地区的体育场地设施，向农民宣传了各种体育知识，在农村地区培养了大批的体育骨干和指导员，使广大农民的体育健身意识不断增强，同时满足了广大农民的健身需求。另外，农民体育健身工程也成了一种"催化剂"，使农村地区的体育健身人群快速增加，体育健身活动日益深度化和广度化。

农民参与体育的动机也呈现多元化。随着农村社会经济的变革和发展，农村社会环境及农民的生产生活方式也随着发生改变，他们参与体育健身锻炼的动机也各不相同。农民参与体育活动的动机和想法也不仅仅局限于体育的强身健体功能。通过调查发现，形体健美、社交活动、消磨时间、治病保健也成为农民参与体育活动的动机之一，农民参与体育锻炼的动机呈多元化趋势。

现阶段，我国正处在全面建成小康社会、建设社会主义新农村的道路上，政治、经济、文化、教育等环境的健康运行和良好发展，使农民体育面临良好的发展时机，但也充满巨大的挑战。认清目前农村体育发展的内外部环境因素，对于分析和掌握其发展趋势，制定科学合理发展战略，促进农村体育健康发展有着极为重要的现实意义。

第三节　精准扶贫对接农村体育旅游产业研究

2013 年 11 月，习近平同志于湖南湘西土家族苗族自治州调研时指出："扶贫要实事求是，因地制宜，要分类指导，把工作做细，精准扶贫。"共同富裕是老百姓的期望。如何实施共同富裕？通过精准扶贫发展农村体育旅游业，正是联系农村和城市的重要纽带，具有关联度大、带动力强的特点。利用农村自身的优势，发展农村体育旅游产业，既可以解决就业渠道又可以增加收入，还能带动贫困地区的经济发展，在促进农村经济发展中有着巨大的潜力。通过精准扶贫将农村体育旅游模式融入地域风情和自然中，推进其向着地域化、特色化的趋势发展，具有重要的社会意义和实践意义。

一、前言

（一）精准扶贫

精准扶贫是指针对不同贫困环境、不同贫困农民状况，运用科学有效的程序对扶贫对象实施精确识别、精确帮扶、精确管理的治贫方法。总的来说，精准扶贫主要是就贫困农民而言的，坚持谁贫困就扶持谁的原则。

（二）农村体育旅游

农村体育旅游就是用农村特有的自然环境、田园风光、民俗风情等资源，为旅游者提供观光、休闲、度假、体验、运动和娱乐的一种体育旅游活动，为农村人们带来经济效益，提高其生活水平。

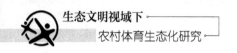
二、研究对象与方法

(一)研究对象

本次研究以发展农村体育旅游为研究对象，以通过精准扶贫开发农村景区、景点、"农家乐"、乡土文化、生态园为研究内容。

(二)研究方法

1.文献资料调研法

笔者通过检索查阅相关文献资料，从中获取相关资料，为本书的撰写提供理论依据。

2.访谈法

我们走访调查了扶贫干部、农民、文化站管理员及从事农村体育旅游活动点的工作人员，了解了目前农村体育旅游产业的基本情况，并将发展过程中遇到的问题和建议进行了收集和整理，使调查研究更加有理有据。

三、农村体育旅游的现状

(一)农村体育旅游目前可提供的服务内容

1.花卉类

由表 11-7 可看出，农村花卉资源非常丰富，既有可四季观光的各种温室花卉，又有季节性的田地花卉观光旅游。精准扶贫就是要对这些还没有开发出来的农村花卉在市场中进行开发，扶持其成为当前农村体育旅游的创新产业。通过精准扶贫的倡导，"体育搭台、花卉为剧本、旅游唱戏"的农村体育旅游产业发展中，温室的花常年都有，而自然花卉随季节阶段性开发。把花卉与体育运动项目融合在一起来吸引游客群体，使观赏者得到了欣赏、娱乐、运动、休闲、健康，使农民得到了经济收入，改善了生活，并成为其脱贫致富的渠道。例如，河南开封市将"菊花花会"与田径运动中的竞走项目相结合，推出了"宋都竞走赏菊花"形式的体育旅游产品；山西长治市方兴生态园举办的"花卉文化艺术节"与广场舞结合形成了观花与舞动的形式；山西大同市阳高杏花观赏节、吉县牡丹花会等。人们行走在观花、赏花中，锻炼了身体，陶冶了情操，在呼吸着新鲜空气、芳香四溢的花香中得到了美的享受，活动过程中得到锻炼身体、消除疲劳的效果。

表 11-7   花卉类旅游资源统计一览表

温室花卉品种	田地花卉观光品种
玫瑰、兰花、菊花、五色梅、叶子花、桂花、柑橘、倒挂金钟、四季樱草、仙人掌、柠檬、月季等各种花卉	桃花、杏花、梨花、山桃花、茶花、牡丹、油菜花、以及各种农作物花期等

2. 生态园类

从表 11-8 统计结果来看，农村可开发采摘的有蔬菜类、木本类和草本类三种。既有可以一年四季开发采摘的大棚品种，如黄瓜、西红柿、茄子、草莓等，又有周期比较短、随季节成熟的蔬菜、水果。这样人们不仅可以长期吃到新鲜的蔬菜与水果，还可以在游玩采摘中感受到季节的变化。木本类既可以在开花期进行体育旅游观光，也可以在果实成熟期进行采摘，形成不同时期来吸引游客的优势。无论是温室还是季节性的蔬菜、水果，都可以采用进园收费方式，进园费用按采摘瓜果本身的价格来定。这样游客在采摘中得到运动与劳动的乐趣，乐在其中，享受其过程，同时给园林带来直接的经济效应，增加农民的收入，改善生活，形成有效的脱贫致富的渠道，也是城市中的人们更愿意感受的生活方式。

表 11-8   生态园类旅游资源统计一览表

蔬菜类	木本类	草本类
黄瓜、西红柿、葫芦、辣椒、生菜、胡萝卜、茄子、卷心菜等	苹果树、橘子树、桃树、枣树、李树石榴树、杏树、梨树樱桃树等	草莓、西瓜、蓝莓香瓜、菠萝、香蕉、木瓜、西梅、葡萄等

3. 山水人文自然类

由表 11-9 统计可见，农村山水资源丰富，有自然形成的山水景点，有自然与人工合成的景点，这些都是农村特有的资源。当地可以把自然形成或者人工修建的各类水库、山川河流、自然山脉等，进行合理的规划整合，如在水库旁边建一些凉亭、在水源浅的地方建立水上竹筏、烧烤、划船等项目；在一些山脉不高、坡度陡的地方开发攀岩。垂钓爱好者还可以在水库、河边钓鱼、散步等。这些资源采用就地取材、民宅建筑修缮来带动周边"农家乐"、住宿、特产的经济效应，提高农民的经济收入，一定程度上可以带领贫困农民走向脱贫致富。

表 11-9   山水人文自然类旅游资源统计一览表

自然山水类	自然与人文类
河流、水库、植被繁茂的山川、峡谷、温泉度假村、攀岩、滑雪、观景等	寺庙与山川、崖刻与峡谷、山水与古栈道、有纪念意义的地域等

4. 民俗传统文化类

由表 11-10 可以看出，各个地方不同程度地有着自己的文化特色和建筑遗产，把这些有发展前景的农村特色更好地进行打造宣传，在这些基础上开发创新体育旅游线路，形成体系化服务模式，带动周边农村的经济发展。国家的精准扶贫就是要准确地找到个体脱贫致富的路径，带领农民走向富裕生活。例如，把威风锣鼓队组建起来可以形成婚庆伴奏、表演与文化节形式，这样既继承了农村的民俗传统文化，又给农民带来经济收入。

表 11-10　民俗传统文化类旅游资源统计一览表

文化类	建筑遗产类
地方小曲、民间剪纸、威风锣鼓、民间秧歌、晋南花鼓、特色舞蹈、霸王鞭等	窑洞、寺庙、祠堂、古村镇、民居大院、牌楼等

（二）农村体育旅游发展的潜力特征

1. 挖掘各种农作物的观赏性

在以上调查研究的基础上，我们发现有待于开发的项目还有很多，比如，发展向日葵、黄花菜、蒲公英、苦菜等大众化的农村物品。当地农民可以集中在一起建立大面积的向日葵、蒲公英等（这些是季节性的产品）观赏区，充分利用能利用的资源，把农村建设成新型农村，带领人民脱贫致富。

2. 加强农产品的娱乐性

农村农产品非常丰富，在农产品收获时可以举办多种多样的游戏性竞赛，提高游客的运动性、参与的积极性，比如掰玉米游戏比赛、挖土豆游戏比赛等。广开思路，把农村最普通的农产品融入各种文化娱乐活动中，在各种农产品的体育游戏活动中让游客充分感受到农村的生活乐趣。

3. 开发农作物的采摘性

生态园林的建设不仅可以让城市里的人感受采摘的乐趣，还可以利用农村最普遍的荞麦、葵花、高粱、土豆等农作物开花期与秋收期让游客深入其中，体验不一样的运动、观光、劳动相结合的感受，特别是使城市学生知道农作物的来之不易与乐趣，也可以进行现场加工、餐饮，比如西瓜汁、梨汁等，既让人们了解有机农业，又让他们能够放心采摘食用。

4. 促进休闲性

农村有着新鲜的空气，还有天然的山川河流、花草树木，在利用自然资源的基础上加以人工干预，让游客抑或徜徉漫步，抑或激情奔走，使工作疲劳的身心得到全身心的放松；还可以让他们住在带有地方特色的旅店，感受农村带给他们的别样的舒适。在此，农村还要加强各种服务，让忙碌的城市工作者彻底放松下来体验生活，并且让他们喜欢上、爱上农村特有的生活乐趣。

5．强调运动性

运动性就是让人们动起来，而农村所发展的体育旅游就是在此基础上提出的，无论是生态园还是山水景点，都需要人们行走、运动起来，把游山玩水与劳动有机结合起来，与文化娱乐如霸王鞭、篝火晚会等这些有参与性的活动结合起来，在运动中感受农村的各种乐趣。

6．增强体悟性

只有农村各类活动给予游客参与性、趣味性、舒适性、获得感的生活体验，游客才能感受到其中的美好情景，感觉到农村有可以享受乐趣的运动生活方式，进而对农村体育旅游产生向往，让这种感悟伴随到他们以后的生活中，让其得到充沛的精神去工作生活。

（三）农村体育旅游发展存在的问题

1．村民对发展农村体育旅游的认识不足

农村虽然资源丰富，但专业人员不多，农村人思想落后，对发展农村体育旅游的认识不足，对发展农村体育旅游不愿意投入，因为他们没有认识到农村体育旅游产业的潜力，扶贫首先应该从思想上提高农民的认识。

2．农村体育旅游劳动力流失

正常情况下，农村劳动力是充裕的，但由于婚丧嫁娶的经济压力、孩子上学的不便利及各种生活压力等，农村很多年轻劳动力都外出打工，从而导致农村劳动力缺失。而他们外出打工就是想给家里带来经济收入与好的生活，但他们没有想到的结果是，这样日复一日的背井离乡难以脱贫致富，外出打工也只能维持基本的开销，要想使家里过上富裕的生活还是远远不够的。

3．农村体育旅游产品存在零乱和随机

农村可以深入挖掘农村体育旅游产业，大力开发农村体育旅游项目，积极丰富农村体育旅游内容，通过大力宣传农村特有的特色产品吸引旅游者。但发展中要避免大产业投资，因为要出于对自然的保护，不能为了利益盲目地开采资源，所以，我们只能开展小型产业，适度地开发，要综合考虑自然、地理、人文、交通等因素来发展农村体育旅游产业，还要构建优化农村体育旅游地域网络平台、加强其管理制度，打造特色鲜明的农村体育旅游区域，做到精细化、科学化、亮点化，当然必须把凌乱随机的个体游击行为逐渐形成集体经营的产业模式，这样才能合理科学，从而带动农村经济发展，个体与个体通过互帮形式，逐渐形成小产业化形式，最后使个体脱贫致富。

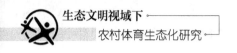

4．农村体育旅游服务系统不完备

农村体育旅游产业是为了得到经济、生态效益，而当前，农村体育旅游产品发展滞后，产业服务系统不完备，要想促进农村体育旅游产业的发展必须加强吃、住、行、玩、观之间的联系。因为农村的住宿条件比较差，一些服务环境不是太好，所以游客不愿意待太久；农村的交通条件也不太好，道路窄、不平整等也影响自驾游与大巴车通行，造成客流量较少。只有提升服务系统，才能吸引大量游客，才能使农村体育旅游由单一的参与型及观光型向休闲度假、娱乐型转变。各地要积极完善"农家乐"、住宿、交通等各类服务体系的建设，不断提高农村体育旅游业服务系统的质量，逐步建立与社会主义市场经济体制相适应的农村体育旅游产业体系。

5．政府对农村体育旅游政策制定相对滞后

农村体育旅游缺少相关的政策扶持与引导，要么是急于求成造成承包商发了财，环境遭到破坏，而农民却没有得到经济效益；要么是只注重了经济效益高的产业，而忽视了个体贫困户的脱贫致富。精准扶贫恰恰是要使这些个体贫困户脱贫致富。有些地方为了政绩，只注重宏大工程与经济效益工程建设，在政策制定与实施中没有深入关心个体贫困户，让个体贫困人口对待生活得过且过，失去了积极奋斗的信心，使其脱贫致富的想法停在抱怨中无法前行。

（四）精准扶贫下的农村体育旅游发展策略

1．充分利用物联网平台

在当今信息就是经济效益的时代，我们要紧跟时代步伐把农村体育旅游与互联网联系起来做成一个新的农村物联网平台，通过网络把农村体育旅游产品推广出去，这样才能吸引更多的游客。虽然政府的支持在提高一个区域竞争力与发展潜力中担负着重要的角色，但是政策制定与实施往往面对的是一个面，在物联网精细化上做得不够。各地通过精准扶贫对个性的、特色的、亮点的、个体的资源进行整理挖掘，利用物联网平台形成的信息资源，进行精细化产品推销，可以使供需渠道畅通，把农村体育旅游产业发展成为带动农村经济发展的纽带，带动人们脱贫致富。

2．打造农村体育旅游品牌

农村都有自己的自然风光、山川峡谷、地方文化、特色农作物。精准扶贫要做到帮助贫困村与贫困人，通过优化、创新建立起属于农村特有的品牌。例如，山西省灵丘县下车河村，是一个耕地极少的山沟小村，但是有山、有水、有较好的绿色植被，省政府精准扶贫为当地修建了道路、改造了居住条件，利用其地理优势打造出了旅游小村、有机农业、土鸡蛋及餐饮住宿一体化体育旅

游服务模式。又如，有些地方把一些传统饮食加工方法加以创新，转变为特有的品牌产品，荞麦凉粉、浑源小媳妇凉粉、五寨烩菜、阳高杏脯、沁县小米就打造出了自己的品牌效应。

3. 形成认建、认养、认管、认摘体系化服务模式

农村可以利用现有的资源打造属于农村体育旅游的体系化模式，使其逐渐发展成小产业形式。精准扶贫工程中，就生态园来说，可以先从建设场地、大棚等开始引导人们进行投入，形成认建方式，然后从小树苗开始让游客自己认种小树苗，对认养与管理自己所种的树苗进行施肥、驱虫、打枝等。不能经常参与的人，可定期去生态园进行呵护，其他时间让管理员帮忙打理。人们在对农作物进行施肥、驱虫、打枝工程中可带领孩子一起操作，这样既养护了农作物，又使孩子们有了直接参与的认知与体验，具有事半功倍的教育效果。农作物的开花期可供人们观赏、休闲、呼吸新鲜空气，领受农村的自然美；在果实成熟期，人们可按比例对自己认种认养的农作物进行采摘，在收获自己的成果中感受劳动的那份快感和成就感。这样既给农民带来经济效应，也给城市人们带来不一样的生活体验。

4. 形成农产品、民俗文化、体育休闲融合发展模式

精准扶贫一方面是直接投入、引导市民零散投入、沟通企业投入；另一方面是进行投入并打造农村体育旅游服务体系化的服务模式，构建长期规划短期有效、个体脱贫全面致富的共同富裕之路。在发展农村体育旅游产业时把民俗文化融入其中，让游客除了在采摘、登山、游玩之外领略当地的文化特色，让旅游者在参与中进行体验，比如，少数民族的摔跤比赛、傣族的泼水节、上党梆子、舞狮表演等逢年过节时的当地文化活动。把这些文化活动与农村体育旅游结合起来的模式会吸引更多的游客。

四、结语

农村体育旅游产业要依靠农村现有资源合理科学开发。在精准扶贫过程中，各地要从思想上提高认识，资金上多渠道引进，帮扶上具体落实，进行具有短期、中期、长期的规划设计，改变零乱性经营与服务模式落后的现状，形成小集体式、全员式的农村体育旅游形式，以小集体经济的形式带动农村个体的发展，尤其对老、弱、病、残等提供一定的帮助。通过互联网等各种媒体加大宣传力度，建立完备的农村体育旅游产业链。同时，农村体育旅游要适度开发，不能以破坏自然环境造成污染为代价，得一时之利，毁一世之可持续发展。只有建立完善的农村体育旅游产业管理与监督体系，才能真正促进农村体育旅游产业良性发展，真正通过扶持农村体育旅游产业来达到精准扶贫的社会价值和意义。

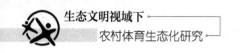
第四节　山西省农民体育参与现状及发展对策研究

农民体育是我国群众体育的重要组成部分，也是社会主义精神文明建设的重要内容。为了发展和繁荣农村体育文化事业，"让9亿农民共享改革开放成果"，1995年国家体育总局推行全民健身工程，继之，2006年在全国部分地区试点推行农民体育健身工程，同年也是"中部崛起战略"和山西省晋西北、太行山革命老区发展的开局之年，在当年6月份山西省体育局颁布了农民体育健身工程实施方案。该方案根据建设社会主义新农村的要求，坚持"面向基层、服务农民；因地制宜、分类指导；量力而行、注重实效；引导扶持、不包办代替"的原则，大力建设"亲民、便民、利民"的农民体育健身工程，秉着"以人为本，促进和谐"的主导思想，发挥体育凝聚、整合、同化、规范社会群体行为的作用，促进农村地区精神文明的建设，增强农民身心健康、提高农民生活幸福指数。

山西省自2003年开始进行"大运体育走廊"项目建设，2006年实施农民体育健身工程，历经几年的摸爬滚打，成果显著。无论是体育设施的建设还是各类体育活动的开展，都有了较大发展。本书对山西省农民参加体育锻炼情况进行调查研究，对检验农民体育健身工程实施效果、增强农民身心健康、提高农民生活幸福指数，促进农村地区精神文明建设具有重要意义。

一、研究对象与方法

（一）研究对象

本次研究以山西省农民参加体育锻炼的状况为对象。

（二）研究方法

1. 问卷调查法

笔者制定了调查问卷，在山西省11个地市的行政村采取分层随机抽样的方法，发放调查问卷1100份，每个地市100份，调研回收问卷1025份，回收率93.18%，其中有效问卷918份，有效率89.56%，同时，进行了问卷的信度和效度检验。

2. 文献资料法

笔者查阅了山西省农民体育健身工程政策文件，以及近五年来有关农民体育、农民体育健身工程、新农村体育事业建设、全民健身服务体系等的文献资料。

3. 数理统计法

笔者利用 EXCEL 和 SPSS11.0 统计软件对收集的资料进行数据处理，得出了有关山西省各地区农民参与体育锻炼的调查数据。

二、山西省农民体育健身锻炼现状分析

（一）农民对体育健身锻炼的认知分析

体育健身锻炼是一种健康、文明、修身养性的活动，它与田间劳作的体力劳动不同，是一种自觉的、自愿的、集健身娱乐于一体的休闲方式。但由于众多的原因，山西省广大农民对体育健身锻炼的认识还不够深入，一定程度上影响了农民参与体育健身锻炼的积极性。调查显示（表 11-11），认为"做农活就没必要进行体育锻炼"的占 31.70%，这说明农民对田间劳作这类体力劳动和体育健身锻炼的概念混淆，导致了农民缺乏参加体育健身锻炼的意识；认为"没有疾病就是身体健康"的占 16.67%，说明农民没有认识到体育健身锻炼的娱乐性；认为"参加体育锻炼等于浪费时间"的比例高达 26.91%；认为"体育活动是生活的重要部分""体育锻炼能够促进身心健康"的仅占 9.04 和 15.69%。可见，农民对体育健身锻炼的认识呈现多样化，并且是片面的，这与他们的文化程度、家庭收入、生活方式、区域经济发展、体育文化氛围的浓厚程度及体育知识宣传的现状有很大的关系。

表 11-11　农民对体育健身锻炼的认知分析（*N*=918）

认知	人数/人	占比/%
做农活就没必要进行体育锻炼	291	31.70
没有疾病就是身体健康	153	16.67
参加体育锻炼等于浪费时间	247	26.91
体育活动是生活的重要部分	83	9.04
体育锻炼能够促进身心健康	144	15.69

（二）农民对体育的政策法规及农民体育健身工程的认知分析

随着改革开放的不断深入发展，我国农民经济收入有了大幅增加，农民素质提高。体育知识宣传的力度决定着农民对体育健身锻炼的认识程度。对山西省农民对 1995 年颁布的《全民健身计划纲要》和 1996 年颁布的《中华人民共和国体育法》的认知情况的调查结果显示（表 11-12）：在对《全民健身计划纲要》的认知方面，选择"知道并了解"的只有 4.03%，选择"从来没有听说过"的占 64.60%；在对《中华人民共和国体育法》的认知方面，没有一个人"知道并了解"其内容，回答"知道但不了解"的接近 7.41%，回答"从来没有听说过"的比例高达 76.03%；在对 2006 年实施的农民体育健身工程认知方面，选择"知道并了

解"的只有 5.56%，回答"从来没有听说过"的占 57.73%。有相当一部分农民对国家体育政策不关心，表现出不感兴趣的态度。可见，农民对各种体育政策法规的认知相对有限，也反映出各级体育管理部门对体育政策法规的宣传力度还是不够。

表 11-12　农民对体育政策法规及农民体育健身工程的认知（N=918）

项目	知道并了解		知道但不了解		从来没有听说过		不感兴趣	
	人数/人	占比/%	人数/人	占比/%	人数/人	占比/%	人数/人	占比/%
《全民健身计划纲要》	37	4.03	187	20.37	593	64.60	101	11.00
《中华人民共和国体育法》	0	0	68	7.41	698	76.03	152	16.56
农民体育健身工程	51	5.56	214	23.31	530	57.73	123	13.40

（三）农民参与体育健身锻炼项目分析

体育项目的分类有很多种，有竞技体育、群众体育、学校体育、民族传统体育、军事体育等，本书的体育项目主要是一些群众性的、农民比较喜闻乐见的群众体育项目。研究显示，山西省农民参加的体育锻炼项目呈现多样化态势，参与的项目有：①各种体操（包括广播操、徒手操、艺术体操、健美操和竞技体操）；②长走、跑步；③交际舞、体育舞蹈、秧歌；④游泳；⑤气功、太极拳；⑥乒乓球；⑦羽毛球；⑧武术；⑨跳绳；⑩足篮排球等球类运动；⑪台球；⑫健身路径；⑬登山；⑭保龄球；⑮地掷球、门球；⑯其他。他们主要参与的体育项目分别为散步、跑步、交际舞、体育舞蹈、秧歌、羽毛球、乒乓球、篮球、健身路径等。其原因是 2006 年开始在全省实施的农民体育健身工程促进了篮球、乒乓球、健身路径在农村的普及和发展，提高了农民体育健身的参与度。

（四）农民参与体育锻炼场所分析

体育场地设施是开展体育活动的物质条件。调查显示（表 11-13），山西省农村体育活动场地在农民体育健身工程的实施下有所改善，农民进行体育锻炼的主要场所是公共体育设施，所占比例为 35.73%。选择在自家庭院或室内进行体育锻炼的农民所占比例达到 26.90%。此外，农民还比较喜欢在公路、街道边进行体育锻炼，所占比例为 11.00%。其他选项的占比从高到低依次为学校体育设施、田间空地、收费体育场馆和其他。由此可见，山西省农民体育锻炼的场所在政府政策的支持下不断得到完善。但是我们可以看出，还有相当一部分农民在自家庭院或公共场所进行体育锻炼，喜欢在政府投资建设的公共体育场所锻炼的人口基数还是不高，政府要想办法提高公共体育场地的利用率。

表 11-13　农民的体育锻炼场所分析（*N*=918）

参加体育锻炼的主要场所	人数/人	占比/%	排序
收费的体育场馆	54	5.89	6
公共体育设施	328	35.73	1
学校体育设施	83	9.04	4
自家庭院或室内	247	26.90	2
公路、街道边	101	11.00	3
田间空地	74	8.06	5
其他地点	31	3.37	7

（五）农民体育健身活动方式

组织形式对于引导开展农民体育活动至关重要。调查显示（表 11-14），山西省农民参与体育锻炼多以自发性、个体性为主，农民很难根据自己喜欢的活动方式参加体育锻炼，严重影响了农民体育健身的积极性。数据分析显示，农民理想的体育健身活动方式是参加村委会组织的活动、参加体育辅导站锻炼，分别占被调查总数的 37.70% 和 24.07%。由于多数农民缺乏体育健身锻炼的知识，不懂体育锻炼方法，也无人组织、指导和带动他们进行体育锻炼，因此，农民期望参加有组织的集体性体育锻炼活动。调研过程中我们发现，部分行政村设有文化站，但是很少有体育辅导站，村委会每年也很少组织农民开展健身锻炼或群众性体育比赛等活动。可见，农民体育开展的集体性不高，参与意识差，也反映出农村体育的组织化程度还有待提高。由此，在注重农村公共体育场地设施建设的同时，我们还必须加大农村各类体育组织和体育活动站点的建设，配套培养农村体育指导员队伍，充分发挥村委会的行政作用。

表 11-14　被调查农民希望参加的体育健身活动方式（*N*=918）

活动方式	人数/人	占比/%	排序
自己安排	87	9.48	5
和家人一起	124	13.51	4
与朋友、邻居一起	140	15.25	3
参加村委会组织的活动	346	37.70	1
参加体育辅导站锻炼	221	24.07	2

（六）农民参加体育锻炼动机分析

分析表 11-15 可知，在农民参加体育锻炼的动机选择方面，排在前三位的分别是为了增强体力和健康、为了散心解闷和消遣娱乐、兴趣爱好。由此可见，农民参加体育锻炼主要为了强身健体、愉悦身心，也反映出农民对体育锻炼认识的朴实性、单一性、片面性，农民余暇时间里生活的枯燥性。农民除了重视体育锻炼的健身价值外，不是很了解体育锻炼还有促进社会交往、调节心情、休闲娱乐、治疗疾病等功能，显示了各级体育组织机构对体育社会功能宣传还不到位。

表 11-15　农民参加体育锻炼的动机（多选）(N=918)

参加体育锻炼的动机	人数/人	占比/%	排序
为了增强体力和健康	541	58.93	1
为了散心解闷和消遣娱乐	427	46.51	2
兴趣爱好	318	34.64	3
增进社会交往	109	11.87	7
治疗疾病	84	9.15	9
为了能带动家庭其他成员参加体育活动	141	15.36	6
为了提高自己的运动能力	204	22.22	4
为了美容、减肥、健美体型	152	16.56	5
其他	97	10.57	8

（七）影响农民参加体育的原因分析

分析表 11-16 可知，影响农民参加体育锻炼的原因分析中，居于首位的是无时间，选择该项的占 53.27%；选择劳动可以代替体育锻炼的占 44.78%；选择无体育场地的占 40.74%；选择不知道怎么锻炼的占 30.28%；选择无兴趣的占 21.90%。时间对于农民来说是非常宝贵的，他们把大部分时间和主要精力投入到提高生活质量的物质生产中，没有时间去参加体育锻炼。此外，繁重的家务劳动又占据了他们大部分余暇时间，部分农民为了缓解生产、家务劳动的单调和劳累，选择了带有刺激性的、赌博性质的打扑克、麻将等休闲娱乐活动作为余暇时间的主要活动。这成为影响农民参与体育锻炼的又一因素。农民对体育社会功能的理解还有些偏差，相当一部分农民认为生产劳动能够代替体育锻炼，对体育锻炼的认识比较落后。另外，场地和体育指导员的缺乏也是影响农民体育锻炼的重要因素。

表 11-16　农民不参加体育锻炼的原因（多选）(N=918)

不参加体育锻炼的原因	人数/人	占比/%	排序
无兴趣	201	21.90	5
无时间	489	53.27	1
劳动可以代替体育	411	44.78	2
无体育场地	374	40.74	3
不知道怎么锻炼	278	30.28	4
经济实力不足	101	11.00	7
用不着锻炼	187	20.37	6
其他	95	10.35	8

三、结论

山西省农民对体育健身锻炼的认识呈多元化态势，有些农民认为做了农活就没必要进行体育锻炼，这很大程度上影响了农民的体育参与。农民对国家体育政策法规的了解非常有限，反映了政府各级体育管理组织部门对体育政策法规宣传力度严重不足。农民进行体育锻炼的主要场所是公共体育设施或自家庭院，体育锻炼多以自发性、个体性为主，但他们理想的体育健身活动方式是参加村委会组织的活动、参加体育辅导站锻炼。农民主要参与的体育项目分别为散步、跑步、交际舞、体育舞蹈、秧歌、羽毛球、乒乓球、篮球、健身路径等。农民参加体育锻炼是为了增强体力和健康、为了散心解闷和消遣娱乐、兴趣爱好，反映出农民对体育锻炼认识的朴实性、片面性、单一性，农民业余生活的枯燥性。时间对于农民来说是非常宝贵的，他们把大部分时间和主要精力投入用到提高生活质量的物质生产中，没有时间去参加体育锻炼。

四、建议

（一）增强农民体育意识，加大体育宣传力度

随着山西省经济战略转型，农村经济发展较快，农民生活水平逐渐提高，农民经济收入增加和闲暇时间的逐步增多为农民参加体育锻炼提供了保障。但是，农民对体育的认识、锻炼方法的使用和政策法规的了解等方面还存在问题，因此还须多途径、多形式地加大宣传。

（二）加大农村体育人力资本建设

目前，影响农民体育参与的主要因素之一就是农民没有属于自己的体育指导老师，他们缺乏体育健身活动的相关知识。各级体育行政主管部门积极整合、开发、挖掘本地各种体育人力资源，努力挖掘地方高校体育师生资源，积极引导高校树立为地方服务的办学理念，为当地培养高质量、高水平的农民体育人才，鼓励、引导高校体育专业毕业生到基层单位就业，教授农民科学有效的体育健身方法，组织农民参与各种体育锻炼。

（三）因地制宜地丰富农村体育场地设施

山西省农民体育健身工程建设的体育场地多以篮球场、乒乓球台和全民健身路径为主，场地类型单一，利用率不高。针对现阶段农民留守人员多以老年人、妇女、儿童为主，男性青壮年农民多在外务工，节假日或农忙时节才回乡，各级体育主管部门因地制宜建设体育场地，特别是增加适合老人、妇女、留守儿童的体育场所，让在家的老年人、妇女、留守儿童真正享受到农民体育健身

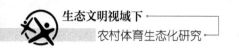

工程所带来的健康实惠。

（四）建全农村体育组织

增加现有的乡、村文化工作站体育工作内容，使体育工作的网络从县级延伸到乡村基层，解决长期以来农村体育在乡村没有组织机构的矛盾；通过农村体育基层组织将农村中的乡镇企业、中小学校、各种社会团体有机联合起来，不断组织开展农村体育活动。

第五节　山西省农村体育公共服务供给运行机制与创新研究

农村公共体育服务在一定程度上代表着一个国家文明程度和这个国家的农村现代化水平，虽然我国城乡一体化的进程正在逐渐加快，但长期以来由于城乡二元结构所形成的政府公共资源支出的差异，我国广大农民在公共服务领域所能享有的机会、结果及选择远少于城市居民。因此，完善现有的农村公共体育服务政府供给机制，加大职责范围内公共体育服务的供给力度，规范其责任主体的地位，在农村公共体育服务运行机制方面寻求更多的创新路径，拓宽其供给面，有着极其深远的意义。

一、农村体育公共服务的概念

农村体育公共服务是指通过提供各种公共体育产品与服务来满足农民对体育健身的需求，并且是农民为提高身体素质和生活质量共同需要的，为农村居民公共利益服务的事务。它包括以下方面的内容：健身设施服务、体质监测服务、健身组织服务、信息咨询服务、体育活动服务、健身指导服务。

二、山西省农村体育公共服务供给的现状与存在的问题

当前，从山西省农村体育公共服务供给的实际情况来说，农民日常生活中最常使用的体育设施是篮球场、乒乓球台，这也是农村体育公共服务建设中最普遍的两种设施，大部分农村建设有体育健身广场，极小部分的村有室内健身场馆，但在农村体育软服务方面还很欠缺，农村社会体育指导不足，农村举办团体类型的体育活动很少，一直以来，山西省都是将各级政府作为农村体育公共服务供给的主体，主体单一性的弊端也正在逐渐显现。根据对近年来实际情况的调查，在山西省各地的农村体育公共服务供给建设中，占据最大份额的仍

是各级政府，随后由高到低依次是乡镇或者村办企业、社会团体组织、个人捐赠方式。从这个排名上我们可以看出，村办企业和社会团体可以为农村体育公共服务提供一定的供给，但是数量有限，而来自农村个人的捐助为农村提供体育公共物品与服务的程度最少。这也从侧面反映出两个现状：一是农村的经济还需进一步发展，农民现有的经济水平不足以达到捐助的程度；二是体育设施和体育活动在农民的生活中并不是刚性需求，处于"有体育设施我便用，没有我也不会主动去建设"的思想状态，想要做到人人重视，还需加大宣传力度促进农民思想意识上的转变。

近年来，随着经济的不断发展进步，山西省农村基础的体育健身设备也不断完善，组织开展的体育团体互动也渐渐普遍，数量和质量都得到了很大的改善。各种设施和文体活动也常常展开，山西省以加大农村文体基础设施建设为突破口，建设更多健身和体育设施，但现阶段山西省农村的体育基础设施仍有不足，许多地方的体育器材、健身器材已经损坏但无法得到及时的修理。当前我国十分重视新农村的建设，可以将农村体育公共设施的建设也纳入其中，如一些人们常用的篮球场、乒乓球桌、健身器材等基础体育设施。一些经济相对发展较好的农村地区，可以根据自身的条件适当添加其他体育设备，例如，建设室内体育活动场地、服务站等。

其中，村委会作为农村生活的基层管理组织也起到了重要的作用，扮演着农村文化体育活动的组织者和维护者角色，并且负责各项经费的筹措及各项任务和经费的分配，经过统计得出，汇报演出是在山西农村最常出现的文体活动类型，举办的频率为每年一次或两次，有的地区甚至两年一次。有些地方将组织演出活动视为"劳民伤财"的举动，举办会演也只是为了应付上级指示，并不真正用心。项目方面以健身类的舞蹈和展现当地风俗文化的表演为主，意在贴近群众生活，对于农村生活氛围的改善有一定的积极作用，但是演员方面多以专业演员为主，当地的农民群众参加表演的并不多，因此参与感也不强，对演出的感受也不强烈，仅停留在"看热闹"的层面上，并不能真正地感同身受。同时许多村委会由于缺乏专业人才对资金进行管理，经常造成有限资源的浪费，在文体活动的组织方面也缺乏经验，形式单一重复，也是农村文体活动开展乏力的主要病因。

综合以上的分析，我们可以发现，山西省农村体育公共服务体制还有很多不完善的地方，供给方式单一且并不能很有效地支撑体育公共服务，缺乏对融资和市场供给的重视，对于现阶段的山西来说，经济发展程度位于中游，政府在山西省各地的农村体育公共服务供给建设中能起到的作用将越来越有限，要想将农村体育公共服务情况发展得更好，就需要多元化的主体结构来支撑，从根本上改变农民的生活和经济状态，开放其思想。农民的生活正在逐步改善，需求也在一步步提高，当前的农村体育公共服务体制却无法真正贴近农民需求，使供给的内容不能实现供给的最优化配置。号召当地企业与其他组织团体、个

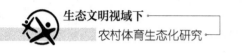

人共同为农村体育公共服务贡献力量，构成多元化的供给主体组成方式，才能解决当前供给小于需求、供给效率低下的状态，也才是实现农村体育公共服务长期可持续发展的途径。

三、山西省农村体育公共服务供给的运行机制创新研究

要想解决山西省在农村体育公共服务供给方面的问题，我们需要具体问题具体分析。从该省的现状来看，若想通过农村体育公共服务供给机制的改革来改变现有的困境，需从以下几个方面入手。

（一）注重农民的真正需求

需求决定了供给的内容，我们要懂得因地制宜，满足不同地区农村居民的地域性需求，在供给之前要真正了解农民在体育公共服务方面的需求，达成农民的意愿，具体实施方式可以以村委会为主导，引导并组织成立公益性质的民间团体，团体成员由当地村民组成，当地村民是文体活动中的主力军。活动内容方面也应由该团体了解民意后决定，只有这样才能有效满足当地农民对文体活动的实际需求，并提供合适的体育公共服务产品，既实现了均衡供给，也保证了有限资源的合理利用。

（二）注重决策的合理性

在了解到农民的真正需求之后，我们也需要科学的决策机制去保证需求能真正得以实现，政府机构和相关职能部门在以往的体育公共服务供给中一直担任着决策者的角色，其重要性不言而喻，然而体育公共服务的需求不是决策者的需求，而是农民的需求，决策应当依照需求制定，因此只有让农民也参与到决策中，才能有效地保证农民的需求被满足。这样的决策不再是高高在上、自上而下的行使决策。尊重农民的意愿、满足农民需求的决策机制才是合理的决策机制。

（三）注重资金、资源来源的多元化

融资机制的改善是增强农村体育公共服务供给的根本，现有的农村体育设施基础差、文体活动少的问题都是资金、资源的短缺造成的，政府已经在这方面做出了表率，出台了很多鼓励政策和条款，如《全民健身条例》，设立了"农村全民健身工程专项资金"等，但若想真正使农村体育公共服务供给能够长期可持续发展，不能仅仅依靠政府，只有将供给渠道多元化、运作方式市场化，加大社会资源在供给中的占比，才能做到供给的生生不息，只有建立长效的农村体育公共服务供给的融资机制，引入多种形式的社会资源投资农村体育公共服务供给，做到政府、社会、市场的"三足鼎立"，才能使农村体育公共服务保

持稳定发展，从根本上解决农村体育公共服务供给不足的问题。

（四）注重市场化改革

市场机制是农村体育公共服务供给机制创新与改革的重点。我们可以从我国各行各业的发展轨迹中发现，良好健康的市场机制是一个行业生命力的根源所在，而农村体育公共服务作为一项公益性质的社会服务项目，怎样在市场化改革中保持其公益性成为相关学者需要思考的难点。笔者认为对农村体育公共服务做出市场化改革的首要前提是确保政府的主导与监管作用，不能完全放任其市场化，而是要有计划、分步走地逐渐实现与市场的融合。在具体的实施中，政府要制定优惠政策，结合当地实际情况选择经费来源，运营可以采用委托管理的方式进行。为了防止企业或个人在运营的过程中利用体育场地或体育活动来谋私利，监管力度一定要随之加大力度，政策法规要调整，以保证其公益性不受污染，坚持严格兴建与管理、营利性和非营利性分开的原则，创建政府与市场相结合的供给机制。

（五）注重实施保障

对于当前的农村体育公共服务体系来说，现有的保障体系还很不健全，相关法律法规有一定程度的缺失，这也与一直以来农村体育公共服务体系并不是商业性建设有关。上文中所提出的融资机制和市场机制虽然能够实现农村体育公共服务的可持续性发展，但在一定程度上改变了农村体育公共服务的性质，供给主体、供给渠道的多元化使农村提供公共服务的整个流程变得复杂，资金、资源也变得丰富，因此也就需要相应的法规作为保障，需要建立专门的监管保障部门。保障的主要对象包括资金、资源的来源方，供给渠道和资金、资源使用方向、使用渠道等，不忽视任何一个环节和细节，这也是保障农村体育公共服务有效开展、保持其公益性的根本。

（六）注重监管的重要性

监督机制的建设要明确以当地政府为主导的原则，可根据实际情况出台相关政策，划分职责与监管范围，以便各部门行使好各自的职能。各地要建立统一的建设标准，有关的职能部门要积极地做好监督，要从头至尾地跟进并监督体育基础设计的建设，从最开始的融资阶段，到建设、运营阶段，都要做好监管工作，对资金的使用情况、设施的建设情况都要严格审核，专款专用，在体育设施与场所建设完成后也要定期检查与维护，要专人负责，明确负责人员的职责，认真反馈，维护好农村体育公共服务的运行。

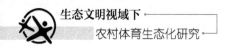
四、结论

通过上文的分析和讨论，我们不难发现，山西省现有农村体育公共服务机制中还有很多不足之处，这些问题体现在不了解农民真正需求、供给内容少、融资渠道少、可用资金、资源少等方面。农村体育公共服务机制的改革已经迫在眉睫，只有从机制上根本转变，实现创新，才能真正改变山西农村体育公共服务建设的现有局面。我们要从转变农民思想入手，拓宽融资渠道，实现政府、社会、市场三方的和谐合作，并随之建设好相应的保障和监管体系，多管齐下，多方合作，为农村体育公共服务供给提供更多的生命力，使其能够更加长远、稳定地发展。

第六节　山西省历届农民运动会分析比较研究

我国是世界上唯一定期举办农民运动会的国家，农民运动会是农民参加的、综合大型的运动会。山西省农民运动会创办于 1960 年，比 1988 年的第一届全国农民运动会早了 28 年，迄今已经举办了 7 届。农民运动会的开展推动了山西省农民健身工程建设，展现了新时代农民的精神风貌，丰富了农民群众精神文化生活，提高了农民健康水平。对山西省历届农民运动会举办地点、竞赛项目变化、市场运作、主题、吉祥物等情况的分析与研究，可以为山西省农民体育的健康发展提供理论依据。

一、山西历届农民运动会的比较分析

（一）举办地点及年份分析

历届山西省农民运动会举办年份和举办地如表 11-17 所示。

表 11-17　历届山西省农民运动会举办年份和举办地

届数	举办时间	举办地
第一届	1960年2月	临汾市
第二届	1988年2月	太原市南郊区小店镇
第三届	1992年2月	太原市南郊区小店镇
第四届	2000年2月	晋中市
第五届	2004年4月	晋中介休市
第六届	2007年9月	吕梁孝义市
第七届	2011年9月	长治市襄垣县

中华人民共和国成立初期，现代体育从城镇发展到农村，并随农业合作化迅速发展起来。20 世纪 50 年代，"准备劳动与卫国体育制度"、体育锻炼标准的实施，就曾掀起了中华人民共和国第一股群众体育热潮。学校、工厂、街道和农村的场院里，到处回响着广播体操的旋律，跃动着体育锻炼的身影，充分展示出新生的中华人民共和国的勃勃生机。1956 年 6 月，国家体委和青年团中央在北京召开首次全国农村体育工作会议，会议肯定了农村体育与民兵训练相结合的做法，要求迅速建立县一级的体育运动委员会，配备一定数量的专职干部，以加强领导，"并要求继续依靠青年团组织领导和开展农村体育工作"[①]，使中国农村出现了前所未有的体育热新景象。

中华人民共和国成立初期，山西省政府也非常重视农民体育的开展，早在1960 年 2 月 21—26 日就已在临汾市成功举办第一届全省农民运动会，比 1988年的全国农民运动会早了 28 年，成为较早举办农民运动会的省市之一。但是这一时期，国家正处于三年困难时期，同时为了纠正"大跃进"的错误行为，国家体委提出了农村体育要适度发展，暂时不搞或者少搞，使大多数农民停止了体育锻炼。"文化大革命"开始后，各级体育运动委员会瘫痪，农村集体体育活动基本停顿，农民体育发展遇到寒冬。

20 世纪 80 年代以后，随着市场经济和改革开放的不断深入，富裕起来的农民具备了更多参加体育活动的条件。各级政府建立健全体育组织机构，因势利导地组织农民开展各项体育活动。1986 年 9 月，为适应我国农村经济飞速发展，人民生活水平不断提高，满足广大农民对体育活动的迫切需求，经国务院批准，中国农民体育协会正式成立，并确定每四年举办一届全国农民运动会。伴随着全国农民体育热潮，山西省于 1987 年 10 月经省委、省政府批准成立山西省农民体育协会。1988 年 2 月，山西省第二届农民运动会在太原市南郊区小店镇举办。

山西省第三届农民运动会于 1992 年 2 月在太原市南郊区小店镇举办，检阅了改革开放以来内陆农民在体育方面的发展成就，展示了 20 世纪 90 年代农民的精神风貌，实现了理念农民体育活动的经验交流，促进了农民体育事业的发展，为振奋民族精神，增强全民族身体素质，推动农村改革开放，加强物质文明、精神文明建设做出了贡献。

山西省第四届农民运动会于 2000 年 2 月 24—28 日在晋中市举办。其目的是检阅全面实施全民健身计划以来农民体育的新成就。在世纪之交举办山西省第四届农民运动会，这是全省农民文化生活的一件大事，充分展现了山西农民激情满怀跨入新世纪的精神风貌。

山西省第五届农民运动会于 2004 年 4 月在介休市举行，这届农民运动会充分体现了省政府对"三农"问题的高度重视，以及对全省农民的深切关怀。"人

---

① 刘梅英. 2011. 中国工业化进程中农村体育问题研究. 南京：南京师范大学：80.

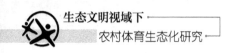

民奔小康，身体要健康。"2004 年是农村体育年。来自全省 11 个市的 569 名运动员和裁判员汇聚介休体育场，他们代表全省 2300 万农民，挑战极限，超越自我，展示风采。

山西省第六届农民运动会于 2007 年 9 月在吕梁孝义市举办。举办山西省第六届农民运动会是全省 2300 万农民生活中的一件喜事，是山西省"全民健身与奥运同行"活动中的一件大事，是"十一五"以来山西省举办的首届农民体育盛会，也是展示山西省农民良好精神风貌的一次体育盛会。随着新农村现代化建设的深入推进，山西省农业、农民、农村发生了积极变化，富裕起来的农民踊跃参加体育运动，促进了农村的和谐、稳定。该届农民运动会是对新农村建设成就的大检验，是对农民精神风貌的大检验，是备战 2008 年全国农民运动会、迎接北京奥运会的大动员，对凝聚人心、加快建设经济社会发展强省具有重要意义。

山西省第七届农民运动会于 2011 年 9 月在长治市襄垣县举行。这届农民运动会是对 2006 年以来实行的农民体育健身工程效果的检阅。这届大会的举办对农民身体素质的提高、全省农民体育事业的健康发展、农业和农村经济的持续协调发展，以及建设转型跨越新山西目标的实现产生极大的推动作用。

从表 11-17 可以看出，山西省历届农民运动会的举办地点在全省分布不均，山西中部地区举办过四次，分别为太原两次，晋中地区晋中市、介休市各一次，其余三次分别为晋南地区的临汾市、晋东南地区的长治市、晋西南吕梁地区的孝义市。目前晋北地区的忻州、朔州、大同还没有举办过全省农民运动会。

（二）历届山西省农民运动会项目变化分析

分析表 11-18 可知，从历届农民运动会的项目设置来看，农民运动会的比赛规模呈逐渐扩大的趋势。在项目演变上，由第一届的田径、篮球、射击、举重等 4 个项目逐渐发展到第七届的田径、篮球、中国象棋、健身秧歌（二套、三套、四套规定套路及自选套路）、钓鱼、毽球踢毽、跳绳、武术、健排舞、风筝等 10 个大项和 86 个小项。比赛项目逐渐增多，规模逐渐变大已成为当今农民运动会发展的趋势。农民运动会形成了传统农村体育项目、与农业生产技术相结合的项目及现代竞技项目三个部分紧密结合的格局。其特点表现出以下变化：①由竞技化走向休闲化。山西省第一届农民运动会的比赛项目为竞技性很强的田径、篮球、射击、举重，随后的几届农民运动会相继出现了象棋、自行车、摔跤、风筝、毽球、秧歌、健排舞等休闲体育内容，是建设社会主义新农村精神文明建设、和谐社会发展的体现。②现代体育注入民族传统体育。山西省第一届农民运动会的项目设置主要是西方竞技体育内容，随着中西方文化的碰撞、冲突、同化发展，保护民族传统文化越来越受到关注，在文化自救、文化自觉、文化安全、文化创新的背景下，农民运动会出现了具有中国特色文化内涵的武术、中国象棋、中国式摔跤、风筝、毽球、健身秧歌等。

表 11-18　历届山西省农民运动会项目的设置情况

届数	项目	个数/个
第一届	田径、篮球、射击、举重等	6
第二届	田径、篮球、乒乓球、摔跤、象棋、武术、自行车等	6
第三届	田径、篮球、乒乓球、摔跤、自行车、象棋、武术等	6
第四届	田径、篮球、自行车载重、中国象棋、中国式摔跤、风筝、毽球等	6
第五届	田径、篮球、中国象棋、钓鱼、摔跤、风筝、第二套健身秧歌等	7
第六届	田径、健身秧歌、武术、象棋、钓鱼、篮球、摔跤、风筝、毽球等，共设86个小项，其中趣味、民间、传统比赛71个小项	9
第七届	田径、篮球、中国象棋、健身秧歌（二套、三套、四套规定套路及自选套路）、钓鱼、毽球踢毽、跳绳、武术、健排舞、风筝等10个大项和86个小项	10

（三）参赛地区和参赛运动员人数变化情况

从表 11-19 可以看出，山西省农民运动会的参赛地区的稳定化发展。第一届农民运动会上有来自全省的五个地区派出队伍参加，到 1988 年的第二届，扩展为全省的 11 各地市，体现了全省各地对农民体育工作的重视程度。经过多年发展，参赛人数由第一届的 313 人增长到第七届的 1300 人，人数增长三倍多，反映出山西省农民在参与体育锻炼的热情和成就。

表 11-19　历届农民运动会各变量分析

届数	参赛地区数/个	人数/人	主题	吉祥物	会徽	宗旨	冠名
第一届	5	313	—	—	—	—	—
第二届	11	560	—	—	—	—	—
第三届	11	630	—	—	—	—	—
第四届	11	710	—	—	—	—	—
第五届	11	768	舞动的介休	—	—	团结、奋进、文明、富裕	介休国土资源杯
第六届	11	1056	魅力孝义、精彩农运	义虎	有	运动、奋进、和谐	孝义楼东俊安杯
第七届	11	1300	健康山西、绿色襄垣、和谐农运	祥翔、圆缘	有	拼搏、超越、运动、幸福	仙堂山杯

（四）主题与宗旨

举办任何一场大型国际体育赛事都会涉及赛事文化、赛事管理，以及赛事对当地民生的影响等社会问题[①]。山西省农民运动会从2004年介休市举办的第五届开始制定赛事主题，第五届为"舞动的介休"，第六届为"魅力孝义、精彩农运"，第七届为"健康山西、绿色襄垣、和谐农运"。带有举办地的主题口号表达了赛事的基本理念。

---

① 张现成，刘峰，樊浩，等. 2012. 第 26 届"大运会"主题口号的诠释. 安顺学院学报，14（3）：71-74.

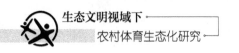

现代奥林匹克运动诞生时就制定了宗旨，通过没有任何歧视、具有奥林匹克精神——以友谊、团结和公平的精神互相了解——的体育活动来教育青年，从而为建立一个和平的更美好的世界做出贡献。现代大型体育赛事都有内涵鲜明的赛事宗旨，赛事宗旨是体育竞赛的目的或对社会发展的某一方面应做出的贡献的陈述。山西省农民运动会从 2004 年介休市举办的第五届开始制定赛事宗旨，第五届为"团结、奋进、文明、富裕"，第六届为"运动、奋进、和谐"，第七届为"拼搏、超越、运动、幸福"。

（五）吉祥物与会徽

吉祥物是人们在事物固有的属性和特征上，着意加工而成的，它用以表达人们的情感愿望，是能带来吉祥、好运的人、动物或东西，蕴涵举办地的文化、历史、形象和精神。山西省农民运动会像其他大型赛事一样从 2007 年第六届开始设计吉祥物和会徽。

山西省第六届农民运动会吉祥物是义虎。美丽的孝义坐落于雄伟的吕梁山脚下，随着经济开放的脚步也建设成为吕梁最富饶的地方，就如同一只猛虎冲出了大山，走出了贫困。孝义素有"义虎"之美誉。此吉祥物设计以义虎为主要表现手法，热情友好、慈善和睦的义虎手举熊熊燃烧的火炬奔走于每一个角落，向每位到访的朋友传递着孝义人民对全省各地来宾的热烈欢迎，同时更展现出一种火热的体育精神。会徽有一个汉字"义"与一个数字"6"变形组合而成一个运动健将形象。

山西省第七届农民运动会吉祥物为祥翔、圆缘，以兔子为造型基础元素进行吉祥物设计，机灵乖巧的"祥翔"和"圆缘"来源于生肖图，是"襄垣"的谐音，寓意祥和、腾飞、圆满、缘分，传达了对本届农运会的美好祝愿。吉祥物形象生动活泼、健康向上，给人以阳光、朝气蓬勃的感受。会徽由 X 和圣火组成，用襄垣的首字母 X 变形为拼搏向上、激情跨越的现代农民形象。整个标志运用奥运五环的颜色，寓意襄垣老百姓心系奥运。图案化的"7"寓意第七届山西省农民运动会，绿色代表环保，蓝色象征蓝天，体现襄垣人民立志要打造健康、绿色、和谐、人文农民运动会的目标和决心。图案中使用 11 个麦穗，代表山西省的 11 个市。运动员头部的圣火寓意着山西省第七届农民运动会将是一次激情昂扬的盛会，更象征着新时代的襄垣农民的日子红红火火、幸福美满。

（六）赛事冠名

随着现代体育的高度商业化，体育赛事倍受人们关注。我们从表 11-19 中可以看出，农民运动会发展到今天越来越受到社会各界和各级领导的关注。改革开放后，各领域的改革不断深入，体育市场化发展经过多年摸爬滚打，逐步走向成熟。随着我国市场经济的发展和体育体制的改革，从 20 世纪 90 年代中后期开始，北京、上海、广州等大城市在运作部分重大体育赛事时，从单一的纯政府运作模式逐渐转变，开始引入市场力量。经历一段时期的发展，我国体育赛事市场化程度逐渐提高，运作方式越来越多样化。山西省农民运动会从第六届开始市场化运作，开始商业化冠名，分别为介休国土资源杯、孝义楼东俊安杯、仙堂山杯。市场化运作既减轻了财政负担，又给举办地带来了巨大的社会效益和经济效益，给赛事举办方、赞助商、新闻媒体、酒店餐饮和旅游业等利益相关群体提供良好的获利途径，能够极大地促进大众体育消费的增长，对举办地区及城市产生刺激经济增长、增加就业机会、完善基础设施、提升城市环境、树立城市形象等积极影响。

二、结束语

中国奥林匹克委员会名誉主席何振梁曾说过："农运会是中国体育的一个创举。"这个创举的意义，也许就在于体现农民提高生活质量，更快乐、更好玩地奔向全面小康吧！山西省农民运动会走过七届历程，随着政府对农民体育的政策扶持、资金投入加大和农民健康意识的提高，农民运动会规模不断增大，农民运动会的赛会文化日趋丰富，为全民健身营造良好的社会氛围，对于发展农村体育，促进农民身心健康，建设和谐社会主义新农村具有重要的现实意义。

第七节　山西省长治市"农民体育健身工程"实施现状与发展对策研究

发展农民体育健身工程是现阶段社会主义新农村精神建设中投资小、见效快、农民受益的惠民工程。农民健身工程对发展农村体育事业、促进农民健康素质的提高、丰富农村文化生活、促进农民身体健康、改善农民生活质量、增强农村基层组织凝聚力、发展体育产业、培育农村消费市场及推动社会主义新农村建设有着重要的意义。

一、研究对象与方法

（一）研究对象

本次研究以山西省长治市管辖的 40 个行政村的农民体育健身工程为研究对象。

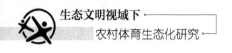

（二）研究方法

1. 文献资料法

笔者通过互联网检索和查阅了与本次研究有关的文献资料，并对其进行整理、归纳、分析，为本研究提供理论依据。

2. 访谈法

笔者在调研过程中通过走访和电话访谈长治市各级政府的部分群众体育管理者，了解和掌握农村体育健身工程实施情况和存在问题，为本次研究提供了相关资料。

3. 问卷调查法

笔者根据研究目的，结合课题实际，制定了课题调研问卷。本次研究按照社会学普遍接受的 ±3% 精度范围，确定调查样本数目，并采用分层随机抽样方式对长治市管辖的 40 个农村调查点进行问卷调查和实地考察，共发放问卷 800 份，回收问卷 787 份，其中有效问卷 724 份，有效回收率为 91.99%。笔者通过问卷调查，了解了农民体育健身工程实施的现状特征和掌握农民对相关问题的看法，以及改革的总体思路与构想。

4. 数理统计法

本次研究运用 SPSS13.0 统计软件对调查问卷进行数理统计。

二、结果分析

（一）长治市农民体育健身工程建设情况

长治市在实施农民体育健身工程过程中采取市级领导负责、职能部门牵头、相关部门协作、县级组织实施、社会各界参与的方法，在总体规划、建设标准、质量监管等环节制定了一系列制度和措施，有力推进农村文化体育场所全覆盖的进度。长治市各级县、乡政府在农民体育健身工程建设过程中坚持采取以政府资金投入为主、社会支持为辅，利用体育彩票公益金配置器材的方式，广泛筹措资金，并将其用于农民体育健身工程建设和正常开展。2011 年底，长治市管辖的 3507 个行政村中的 2674 个行政村建设了体育场地。其中，屯留县作为长治市农民体育健身工程的典型县、先进县，实现了农民体育健身工程全覆盖，该县村村有体育场地。屯留县以"体育强县，建设健康屯留"为目标，按照省政府对农民体育健身工程全覆盖的要求，累计投资近亿元，在 294 个行政村先后建成农民体育健身广场 39 个、农民体育健身公园 41 个，农村体育场地面积达到了 33.2 万平方米，农民人均体育场地面积达到了 1.7 平方米。屯留县将农民体育健身工程全覆盖作为全县民生工程十件惠民实事之一，本着"依山则山、傍水则水、临路则路、宜平则平、宜大则大、宜精则精"的原则，在全县广大农村，因地制宜、科学规划、合理布局，展现了"各有特色、自然和谐、精细秀美、就近便民"的建设风格。山区、丘陵以建设健身公园、健身路径为主，平川以建设健身广场和篮球场为主。该县通过典型引路、逐步突破、强力推进的办法，加快了农民体育健身工程建设进度。该县还将农民体育健身工程建设列入全县经济和社会发展考评体系千分制考核主要内容之一，并实行县四套班子领导包点、科级干部包村、企事业单位帮扶的机制，同时成立农民体育健身工程督查领导组，对各乡镇的农民体育健身工程建设情况进行考核和督查，确保了农民体育健身工程全覆盖"两年工程一年完"目标的实现。

（二）农民体育健身工程指导员状况

社会体育指导员是发展我国群众体育，增进国民身心健康，促进社会主义精神文明建设的一支主力军。2011年底长治市已有社会体育指导员5000余人，取得二级社会体育指导员资格证的有1131人。问卷调查的40个行政村，配有社会体育指导员的有31个，没有配备社会体育指导员的有9个，可见，目前长治市农村体育指导员配备较好。但是访谈发现，这些社会体育指导员专业化程度不高，基本没有专职社会体育指导员，大多数情况是体育教师、大学生村官、其他业余人员等兼职指导农民体育锻炼，有关农民体育健身的理论、技术、组织方法和手段还不能满足农民健身的需要。

（三）农民对农民体育健身工程的了解程度

调研发现，农民了解该工程内涵的情况不容乐观。只有6.81%的农民知道并了解，31.19%的农民知道但不了解，高达28.25%的农民从来没有听说过这工程。由此可知，农民对于农民体育健身工程的了解程度不高。通过访谈我们知道，大部分农民了解到是国家为他们修建健身场地，为他们提供体育锻炼场地，至于资金来源、相关政策不是很了解。可见，农民体育健身工程在农村的宣传力度依旧不够，需要进一步扩大宣传。这关系到生活在社会底层的农民健康问题，关系到全民健身计划全面落实，关系到农民对国家惠民政策的知情权，关系到社会主义新农村的建设。

（四）农民对农民体育健身工程建设的满意度

衡量国家实施农民体育健身工程的根本价值，在于了解其是否能够满足当地农民进行体育健身的需要，是否能够得到农民群众的积极认可和良好评价。通过调研农民对国家建设体育健身工程的满意情况，我们可以发现农民体育开展过程中存在的问题，了解农民健身的意愿和要求，为进一步深入推进农民体

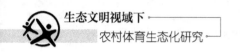
育健身工程的建设与实施提供决策依据。在对农民体育健身工程实施情况满意度的调查中，我们发现农民虽然对农民体育健身工程不太了解，但是对国家投入大量资金建设体育场地，给予肯定和认可。有71%的农民选择了满意和比较满意，只有11%的农民选择了不满意，可见长治市农民体育健身工程建设情况较好，农民满意度较高，而个别农村体育场地选址偏僻和器械损坏没有得到及时维护修理等，造成了农民对体育健身工程建设效果的满意度下降。

（五）农民的体育锻炼项目分析

调查结果显示，农民进行体育锻炼时，喜欢选择的体育项目是健身走、跑步，健身操、秧歌，全民健身路径，武术，球类等。可见，农民由于经济收入有限，在体育锻炼时主要参与资金投资小、技术难度低等体育项目，其次就是受场地、时间和空间限限制小的健身秧歌和武术太极拳等传统体育项目。

（六）农民不参与体育健身原因分析

调研结果显示，有156人不参加体育锻炼，占调研总数的19.50%。究其原因，居于首位的是无时间，占68.68%，选择劳动可以代替体育的占58.47%，选择不知道怎么锻炼的占37.89%，选择无兴趣的占21.32%，选择无活动场地的占7.24%。访谈后，我们了解到不参加体育锻炼的农民基本上把大部分时间和主要精力用于生产劳动和其他提高收入的临时性工作。他们认为生产劳动就是身体的活动，能够代替体育锻炼，另外，他们劳作后身体比较疲惫，没有精力再进行专门的体育锻炼。在农闲时候，他们选择的娱乐方式是打麻将、扑克等娱乐活动。这些成为阻碍长治市农民参与体育健身的主要原因。

三、结论

长治市农民体育健身工程项目建设在相关部门的高度重视下，坚持从实际出发，强化组织协调，体育部门、发改部门、财政部门、各乡镇及行政村积极配合，工作进展比较顺利，有力推进农村文化体育场所全覆盖的进度。工程建设资金投入以国家和公益彩票为主，企业和个人投入较少，还需广开渠道，筹措资金。农民虽然对农民体育健身工程了解较少，但是对体育场地建设比较满意。农民在体育锻炼项目上除了选择受场地、资金、技术限制较小的健身走或跑步，健身操、秧歌外，多数农民选择了全民健身路径进行锻炼，显示了该工程的实施效果。专职体育社会指导员较少，大多由体育教师、大学生村官、业余人员兼任，在组织和指导农民参与体育锻炼时出现困难，这也是农民不参与体育锻炼的瓶颈之一。

四、建议

第一，加强宣传，强化农民健身意识。各级主管部门除了重视农民体育健身工程的实施，在宏观政策上给予支持和倾斜，还要提供必要的政策措施、物质保障和精神鼓励。加强与新闻单位的合作，充分利用农村举办体育活动的机会，采取多种形式进行相关宣传报道，使地方特色的传统体育项目和现代体育项目有机结合，从而更好地保证农民体育健身工程的实施效果。

第二，提高农民科学文化素养，营造体育健身氛围。依托农村文化站和图书室等提高农民科学文化素养，有助于提高农民对体育健身的认识水平和改变农民原有的价值观念，有利于营造农民体育健身工程文化氛围的形成。

第三，提高农民的经济收入水平，改善农民生活质量。受资金影响，农民体育锻炼项目比较单一，主要在公共健身场所进行体育锻炼。部分农民为生产和生活奔波，没时间、没条件进行体育锻炼。所以，政府要在提高农民创收上下功夫。

第四，加强农民体育健身工程的维护管理工作，充分发挥大学生村官在体育工作中的热情、激情和模范带头作用，积极深入开展农村社会体育指导员、体育场地器材管理员的培训工作，将他们培养成为农村体育的骨干力量，充分挖掘利用农村社会的体育人才，引导和鼓励他们兼职农村体育工作，加强和充实农村体育指导员的力量。

第八节　山西省运城市农民体育健身工程实施效果调查研究

农民体育健身工程以行政村为主要实施对象，以经济、实用的小型公共体育健身场地设为重点，把场地建到农民身边，同时推动农村体育组织建设、体育活动站点建设，广泛开展农村体育活动，构建农村体育服务体系。

农民体育健身工程的实施不仅可以提高农民的身体健康素质，改善农民的生活水平，丰富农民的业余生活，更可以繁荣先进的农村体育文化，引导农民朋友转变传统的民风民俗，提高农民的文化素质，同时还可以刺激农民体育消费，培养农民体育骨干，扩大农村的体育人口。但是，运城市在农民体育健身工程的实施中存在着农村体育发展的经费来源少、体育场地不足、农民缺乏必要的健身指导、农民参与体育锻炼的积极性不高、基层农村体育管理体制落后等几个方面的问题。

本次研究针对运城市农村实施农民体育健身工程的效果进行调查研究，以

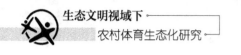
期为有关部门的决策提供参考，为全面实施农民体育健身工程提供理论依据。

一、研究对象与方法

（一）研究对象

本次研究以运城市具有代表性的新绛县、稷山县、平陆县为对象，对农民体育健身工程的实施进行调查研究。

（二）研究方法

1. 文献资料法

笔者在参阅相关研究成果的基础上，查阅收集了有关部门的文件资料，通过检索中国期刊网、SPORTDISC 等数据库，为本次研究提供了理论依据。

2. 访问调查法

笔者对参加全民健身路径锻炼的部分运城农村居民进行实地访问。

3. 问卷调查法

笔者根据研究的需要，向在新绛、稷山、平陆等地随机选取的 200 名 16～60 岁的村民发放调查问卷，回收问卷 180 份，有效问卷 170 份，问卷有效回收率为 85%。

4. 数理统计法

根据研究目的，笔者对所获得的数据采用 SPSS17.0 统计软件进行了处理。

二、结果与分析

（一）农民对农民体育健身工程的了解情况

1. 农民对农民体育健身工程的评价

在问卷调查中，我们了解到农民对农民体育健身工程实施的一些评价（表 11-20）。有 52.9% 的农民选择了好，有 26.4% 的农民选择了一般，有 20.6% 的农民选择了无所谓。这说明农民体育健身工程的实施还得到了一大部分农民的好评。选择好的 52.9% 的农民都认为农民体育健身工程这项惠民工程给农民带来了切身的好处，让体育健身设施走进了农村，建到了房前、屋后，使更多的农民朋友参与到体育锻炼中，娱乐了身心，增强了体质，同时也增进了邻里之间的关系。

表 11-20　农民对农民体育健身工程的评价（N=170）

看法	人数/人	占比/%
好	90	52.9
一般	45	26.4
无所谓	35	20.6

2. 农民对农民体育健身工程的了解度

分析表 11-21 可知，农民体育健身工程的实施在基层工作中缺乏宣传力度，没有人对农民体育健身工程完全了解，仅有 20.2% 的农民对农民体育健身工程有一定的了解。而 79.8% 的农民根本就不了解。这主要是因为农民的文化程度偏低，平时的主要精力都放在农活上，余暇时间多数喜欢打麻将等。因此，农民体育健身工程的实施过程中应加大宣传力度，让更多的农民了解农民体育健身工程。

表 11-21　农民对农民体育健身工程的了解度（N=170）

了解程度	人数/人	占比/%
完全了解	0	0.0
比较了解	15	8.2
了解一部分	20	11.8
不了解	135	79.8

3. 农民对农民体育健身工程的满意度

分析表 11-22 可知，在农民对农民体育健身工程的满意度的调查中，有 18 人选择了不满意，占到被调查总人数的 10.5%；有 41 人选择了满意度一般，占到被调查总人数的 24.1%。可以看出，农民体育健身工程实施的过程中还存在着一些问题，主要是体育场地设施不足、缺乏健身指导，这两个问题成为农民健身的瓶颈，这关系到农民到哪里去健身、如何去健身。因此，在农民体育健身工程的实施过程中，我们要加大对体育场地设施的建设和对农村体育指导员的培养，以让更多的农民参与到体育锻炼中。

表 11-22　农民对农民体育健身工程的满意度（N=170）

满意度	人数/人	占比/%
非常满意	111	65.5
满意度一般	41	24.1
不满意	18	10.5

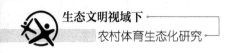
（二）农民体育健身工程的实施情况

1. 农民体育健身工程场地设施的建设情况

随着农民体育健身工程的实施，体育场地设施走进了农村，建到了农民的房前屋后，不仅方便了农民参加体育锻炼，而且丰富了农民的余暇生活。通过随机走访新绛、稷山、平陆的一些村庄和相关部门的领导，我们了解到运城市农村体育场地设施建设情况，以平陆为例，现有行政村 223 个，其中有 220 个村建有体育场地设施。基本达到每个村都建设有体育场地设施，主要问题都是场地类型单一，数量不足。以王村为例，2011 年全村现有常住人口 3200 人，建有体育场地 1 块，人均场地面积只有 0.75 平方米，仍然很难满足农民体育健身的需求。

2. 体育组织建设情况

在新农村建设的推动下，运城市的农民体育健身工程得到迅速的发展，截至 2011 年底，运城市共建立市级体育协会 168 个，区（县）级体育协会 629 个。全民健身晨晚练辅导站 2007 年有 1456 个，2011 年已达到 3546 个。青少年俱乐部由 2004 年的 56 个发展到 2011 年的 108 个。90% 的乡镇建有体育组织。然而，具体到行政村，几乎没有任何的体育组织。

3. 社会体育指导员建设情况

截至 2011 年底，运城市有社会体育指导员 18 623 个，在体育局注册的社会体育指导员达 6531 个，平均每 1400 人配有一名社会体育指导员。社会体育指导员主要分布在运城市市区和发展较好的县城，在行政村的分布基本为零，总体来说，运城市的社会体育指导员数量过少、质量过低，并且分布也很不均匀。

通过调查，我们发现运城市农民体育健身缺乏组织和指导，由于农村的生活环境差、工资待遇低等，专业的社会体育指导员很少愿意去农村。农民体育健身工程的实施过程中需要人带动或组织农民去参加体育锻炼，因此要特别注意对农村体育积极分子的培养，从而带动更多的农民参与到农民体育锻炼中。

4. 影响农民体育健身工程实施的因素

我们从对运城市体育局群众体育科的领导及工作人员的走访中发现，影响农民体育健身工程实施的主要因素有经费的来源、体育健身指导员、农民的体育观念和各地领导的重视和支持程度等几个方面。

由于运城市经济发展欠发达，当地政府对体育经费的投入有限，农村体育场地和器材短缺，数量不足，因此各地在农民体育健身工程的实施过程中要拓宽融资渠道，多方筹措资金，加大对农村体育事业的资金投资。

由于农民体育锻炼缺乏组织和对体育健身的认识，农民参与体育锻炼的积极性不高。因此，各地在农民体育健身工程的实施过程中，要加大对农村社会体育指导员的培养,让更多的社会体育指导员走进农村。

在农民体育健身工程的实施过程中,解除观念对农民的束缚对农民积极参加体育锻炼有着重要的意义。增强农民的体育观念、改变农民对体育锻炼的认识,对农民体育健身工程的顺利实施有着非常重要的作用。我们可以通过报纸、电视、集市等平台向农民宣传体育的作用和意义,国家对农村体育的优惠政策、法规等。

农民体育健身工程是《全民健身计划纲要》中发展农村体育事业的重大举措,因此,只有各级各地政府和主管部门高度重视,才能保证农民体育健身工程的顺利实施和发展。

(三)农民体育健身工程对农民的影响

1. 农民体育健身工程对农民的理念、态度有积极影响

农民体育健身工程的实施让农民的理念有了本质的转变。之前,很多农民认为体育无用,通过农活同样能达到健身的目的,调查显示,农民体育健身工程的实施让农民对体育健身的作用有了新的认识,体育锻炼不仅可以强身健体、预防疾病,而且可以消遣娱乐,增进村民交流,促进交往。同时,农民对待体育的态度也有了明显的转变,从之前基本不参加体育活动转变为很多农民在闲暇时也会积极地去尝试体育带给他们的快乐(表11-23)。

表 11-23 农民体育健身工程对农民的影响(N=170)

主要影响	频数	占比/%
理念态度	72	42.4
体育消费	34	20.0
幸福指数	86	50.6
余暇生活方式	118	69.4

2. 农民体育健身工程对农村的体育消费有一定的促进

从表11-23中可以看到,虽然只有20%的农民参与了体育消费,而且消费的水平也比较低,但是相对于农民体育健身工程实施之前已经有了很大程度的提高。这一方面因为家庭经济生活水平较之前有了提高,另一方面因为之前农民对于体育消费的态度还处于一个比较初级的阶段。总体来说,农民体育健身工程对运城市的农村体育消费有了一定的促进。

3. 农民体育健身工程提高了农民的幸福感

农民体育健身工程的实施让广大农民更深入地了解健身的乐趣和对身体的益处,引导广大农民形成了健康文明的生活方式,提高了农民参加农民体育健身工程的积极性,为农民带来新鲜和乐趣的同时也提高了他们的身体素质。例

如，晚饭后，大家可以打打篮球、乒乓球等，既锻炼了身体，又提高了农民的协作精神，促进身心健康和谐发展的同时也提高了农民的幸福感。

可见，农民体育健身工程的实施，已经潜移默化地改变了人们的生活，提高了农民的生活幸福感。

4. 农民体育健身工程对农民余暇生活方式的影响

我们通过农民体育健身工程实施前后农民余暇时间的生活方式的对比（表11-24）可以看出，农民体育健身工程实施前，大部分农民在余暇时间选择了身体活动较少的娱乐方式，如打扑克、打麻将和看电视、玩电脑等，只有10.0%的农民在余暇时间选择了参加体育活动。而在农民体育健身工程实施后，44.2%的农民在余暇时间选择了参加体育活动，在余暇时间看电视、打麻将的农民比例明显减少。由此可见，农民体育健身工程的实施使得参加体育活动成为农民余暇时间的主要活动之一。

表11-24 农民体育健身工程实施前后农民余暇时间的生活方式（N=170）

余暇时间的生活方式	健身工程实施前农民余暇时间的生活方式		健身工程实施后农民余暇时间的生活方式	
	频数	占比/%	频数	占比/%
进行家务劳动	108	62.8	84	49.4
看电视、玩电脑	95	55.2	76	44.7
打扑克、麻将	90	52.3	64	37.6
休息	96	55.8	78	22.4
参加体育活动	17	10.0	75	44.2

三、结论与建议

（一）结论

运城市农民体育健身工程实施效果虽然明显，对农民的体育理念态度、体育消费、幸福指数、余暇生活方式均有了积极的影响，但仍存在着一些不可忽视的问题，如各级领导的重视和支持程度不够、经费来源狭隘、农民缺乏健身指导、农民参与健身的意识淡薄、基层管理机制滞后等。

（二）建议

首先，积极营造体育锻炼的氛围，加强农民的健身意识，拓宽农民体育健身工程的经费来源，建立器材的维护与保养制度，建立和健全体育组织制度。

其次，加强对农民体育健身工程的宣传力度，加大对农村健身积极分子的培养，让更多的人参与到体育锻炼当中。

最后，加大和加紧对农村体育组织的建设，在行政村设立专门的体育管理机构，使自发的、无序的农民体育锻炼成为有组织、有计划、讲科学的文化健身娱乐活动。

第九节　山西省农村体育公共服务有效供给及财政政策研究

　　山西省历史悠久，历史文化遗产较多，是中华民族的发祥地之一。所有的人一听到山西最先想到的就是煤，早前山西阳泉还有"煤都"的美誉。但是进入 21 世纪以后，人们强烈地认识到，煤资源的匮乏及它的不可再生，导致山西省的经济财力出现了一度匮乏的状态。农村体育属于体育的一部分，也是社会体育发展的重要组成部分，农村体育的发展在一定程度上反映着农村在政治、经济、文化上的进步程度。但是鉴于山西省经济正处于不断发展、不断转型的过程中，在农村体育的公共服务财政供给方面还存在很大的发展空间。恰当、合理、有效的财政政策及有效到位的财政供给，是山西省农村体育进一步更好发展的必要因素。

　　自"十三五规划"出台以后，国家体育总局也根据其内容，并总结"十二五"期间存在的问题，出台了《体育发展"十三五"规划》。在该规划，农村体育的发展依旧是老生常谈的问题。扩大体育产品和服务供给，促进体育消费，是"十三五"期间体育发展的重要内容。山西省的经济正处于不断发展、不断转型的阶段，农村体育的发展虽有一些改善，但依旧存在很大的问题。

　　本文结合山西省的实际情况，运用文献资料法、实地考察法等方法，并结合公共产品理论、公共选择理论、财政分权理论等，对山西省的农村体育公共服务供给政策及财政政策进行研究，较全面地阐述了山西省农村体育公共服务的供给及财政政策存在的问题，并提出了相应的解决方法，希望可以为促进山西省农村体育的进一步发展起到应有的作用。

一、研究对象与研究方法

（一）研究对象

本次研究的对象是山西省农村体育公共服务的供给及相关财政政策现状。

（二）研究方法

1．文献资料法

为了使本次研究有足够的理论支撑，笔者在中国知网、维普网上查阅了大量的相关资料，并认真阅读了《博弈论》《公共管理学》等一些关于经济管理的书籍。

2. 实地考察法

笔者对山西省的部分具有代表性、共性的乡镇、农村体育管理者进行了咨询，为了确保内容的高信度与高效度，又向当地的居民进行了深入了解，向体育管理者与向当地村民了解的信息符合度很高。

3. 访谈法

笔者走访了山西省个别具有代表性的财政局，对当地的财政收入、支出做了简单了解，并且具体了解了关于体育这一块当地财政的收入和支出。

4. 逻辑分析法

笔者通过走访、实地考察，并结合相关的财政管理等多方面的理论，运用纳什均衡理论对所得的结果进行了逻辑分析。

二、理论支撑

（一）公共产品理论

公共产品理论是新政治经济学的一项基本理论，也是正确处理政府与市场关系、政府职能转变、构建公共财政收支、公共服务市场化的基础理论。从财政学的角度而言，公共产品的存在给社会发展带来的问题在于，即便公共产品可以给人们带来大于成本支出的回报，人们也不会提供公共产品。对于国家或政府提供的公共产品，人们只负责享受，却从不考虑它的维护等问题。从经济学的角度而言，国家或社会提供的公共产品只是它们单方面认为是人们所需要的，而人们的需求到底是什么，它们提供的是否是人们需要的，他们却无从知晓。这样就会产生信息不对称的情况。公共产品的作用并不能发挥到极致。

（二）公共选择理论

公共选择理论是一种非市场决策的选择性理论，这种理论将市场分为经济市场和政治市场。在公共选择理论中，假设每个人都是可以理性地判断并最终选择自己需求的。事实并非如此，公共选择理论暴露出了不是每一个选择都是所有人都满意的选择，从博弈论的角度而言，只是达到了最大的利益化，但是不管是选择的主体还是选择的客体，都面临着取舍。

（三）财政分权理论

财政分权理论是指根据不同形式、类型将财政这个整块的"蛋糕"，分成好几块，来各自消化完成的理论。财政分权建立在符合经济发展规律、社会发展规律的基础上，根据每个人的需求和能力分"蛋糕"，这样既公平公正，又合权合法。

（四）基本公共服务均等化理论

基本公共服务是否均等化关系着一个地区、一个国家乃至整个社会是否可以和谐发展的问题。帕累托最优理论认为在资源一定的情况下，不管什么样的分配方式都不可能使一个人变好的同时，另一个人的利益不受到任何影响。

三、研究过程与结果

（一）山西省体育政策在农村的现实体现

山西省共有 11 个地级市，23 个市辖区，11 个县级市，85 个县，每个市县、乡镇的情况都不同，有的差距很大。如大同市大同县的吉家庄镇，作为一个乡镇，它的人口并不多，经济水平也很不景气；而临汾市洪洞县的广胜寺镇，它的人口之多，经济发展水平接近了一些县的发展。其占 80% 的乡镇农村学校都配有专业的体育老师；不管乡镇农村经济发展如何，都配有一定比例的场地器材。

1. 山西省农村体育组织服务现状

体育组织是促进体育活动顺利进行的必要条件，是推进农村体育活动开展的催化剂，是指导农村体育活动有序开展的强大动力。在山西省的农村中，体育组织服务现状分为四类：第一类是政府全套安排，村民只需被动参与即可，这导致村民参与活动时的积极性不高；第二类是政府给出一定的财政支持、政策支持，但是没有专业的体育人士进行指导，导致体育活动的开展状况百出；第三类是政府既不出资也不出政策，村民也几乎不参与有益于身体健康的体育活动；第四类是政府在经济、政策、人力等方面都会提供，并且可以使体育活动的参与者有高的积极性。在被调查的乡镇中，有 1/3 的乡镇都做到了第四种，如经常组织各种球类比赛，以及浮山市每年都会组织的乡村健美操大赛等。

2. 山西省农村体育设施现状

为贯彻国家政策，响应"发展体育运动，增强人民体质"的口号，各乡镇都有建设的专门的体育场地、器材。但是场地器材的后期使用维护成了大问题，甚至出现有人将这些公共设施据为己用的现象。乡镇体育场地器材不只是配备齐全就可以，还应该有专人负责公共产品的后期修护等问题。

3. 山西省农村体育健身指导现状

加强体育健身指导是提高体育健身的质量与效率，传递时尚健康健身理念

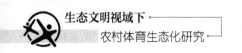

的重要途径。近年来，山西省也培养了很多体育类专业人才，并且平均每个乡镇、村学校都有一个专业的体育老师。并且一些发展较好的乡镇，已经聘请了很多社会体育指导员。健身俱乐部也逐渐在各市县普及，俱乐部还经常组织一些体育活动。很多市县会定期组织医生免费到贫困地区开展体质检测服务。体质监测服务可以有效帮助村民进一步关注自身体质，村民在得知自身体质状况的同时，还能得到一份详细的健康处方。

（二）山西省各地区的财政收入与山西省农村体育发展之间的关系

山西省各地区的财政收支与山西省农村体育发展之间存在着正相关的关系。首先，我们通过对比近 10 年山西省的财政状况与体育发展状况可知，这 10 年来山西省的经济不断转型，由煤矿等的原材料开采逐渐向第三产业的旅游业发展，既可以减少空气污染，又可以推动经济发展。在这个过程中，山西省的财政收入的确直线上升。农村的体育场地器材设施也逐渐多了起来，各种体育活动都在萌发。其次，山西省各地区财政收入增多，社会保障政策更加完善，村民也逐渐富裕起来，随着科技的不断发展，村民已不再面朝黄土背朝天地辛苦种地了，而是通过更高效更科学的方式实现省时高产。此时人们就会有相比以前更多的余暇时间，在这些余暇时间人们便慢慢开始关注健康问题。在政府政策的指导、经济的支持下，人们的健康意识不断提高，在体育上的消费形式、消费类型也随之增多。所以说山西省各地区的财政收入与山西省农村体育发展呈正相关的关系。

四、研究结论

（一）有效供给的重要性

有效供给即供给者供给的资源正好就是需求者所需要的资源，当然由于公共选择理论的存在，并不是达到了百分之百的有效，但是从博弈论的角度而言取得最大的共赢就已经很好了。毕竟，在供给者和需求者之间还是会存在很多信息不对称的情况。有效的供给使资源不被浪费，可以最大化地满足双方的需求。有效供给是农村体育均衡发展的重要环节。

（二）既存在问题也面临很好的发展机遇

通过研究发现，山西省的农村公共体育的有效供给及财政政策还有很多问题，还有很大的提升空。促进山西省农村公共体育有效供给的财政政策有：加大对农村体育公共服务财政的投入，尤其是偏远贫困的山区，实现体育公共资源的配置最优化；改善农村体育公共供给的财政分配，合理地安排每笔资金；构建公共服务型基层政府，如在每个乡镇设立专门的体育健康部等；合理有效划部门职能，财政的职能、政府的职能、村委会的职能，以及它们的权限，保障农村体育活动的开放性与科学合理性；完善山西省各地区的相关财政管理体制，如改善税收政策，增加财政收入；完善山西省农村公共体育的绩效评价，既可以监督各乡镇政府是否组织开展了体育活动，又可以了解各乡镇组织体育活动的情况如何，是混乱还是科学有序。

参考文献

白杰．2016．文明演进中的人的生态化发展研究．北京：北京交通大学．

鲍明晓．2005．经济学视野中的群众体育．体育科研，26（3）：1-4．

曹守和．2008．中华体育通史（第七卷）．北京：人民体育出版社．

陈彬．2002．我国农村体育基本理论研究现状．河南商业高等专科学校学报，15（5）：96．

陈芳．2012．城市化进程中连江县农村学校体育影响研究．福州：福建师范大学．

陈宁．2003．论农村体育的新发展．成都体育学院学报，（1）：1-4．

陈瑜文．2009．从哲学视角下审视我国农村体育发展．吉林体育学院学报，25（2）：17-19．

陈玉忠．2008．改革开放30年我国体育发展战略的演进与未来走向．上海体育学院学报，32（4）：25-31．

邓罗平，雷慧，张铁雄．2009．城市化进程中农村体育生态化服务体系建构．体育科学研究，13（4）：18-20．

董飞．2009．新农村建设中体育场地资源现状与对策研究．河南机电高等专科学校学报，17（2）：58-59．

董海洋．2009．新农村建设中农村体育发展研究——以盐城市射阳县为例．南京：南京农业大学．

段成荣，吴丽丽．2009．我国农村留守儿童最新状况与分析．重庆工商大学学报（社会科学版），（2）：24-30．

高力翔．2008．我国市民社会发展滞后于非营利性体育组织发展滞后与非营利性体育组织异化的相关性．上海体育学院学报，32（4）：31-34．

高力翔，孙国友，王步．2007．我国市民社会对非营利性体育组织发展的影响．天津体育学院学报，22（5）：430-432．

高美华，于海涛．2008．新形势下农村体育可持续发展对策的研究．体育科技文献通报，16（2）：90-92．

郭朝阳．2006．管理学（中国版）．北京：北京大学出版社．

胡科．2007．农民工体育组织管理模式选择．首都体育学院学报，19（6）：25-28．

胡庆山．2010．新农村建设背景下我国村落农民体育的理论与实证研究．北京：北京体育大学出版社．

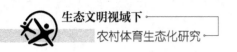

胡庆山，王健，王维，等．2007．新农村建设中农民体育发展的文化审视——以湖北省大洲村为个案．体育科学，27（10）：40-48．

胡霞．2009．社会变迁背景下农村体育发展的对策研究．济南：山东大学．

黄爱峰．2004．中国小城镇体育发展之思考．西安体育学院学报，21（1）：23-24．

黄文辉，万义．2010．湘西农民体育健身工程的实施现状及对策研究．山西师大体育学院学报，25（3）：14-17．

黄细渭．2007．新时期湖北省农村体育服务体系之研究．武汉：武汉体育学院．

井志侠．2008．新中国村落体育变迁的社会学分析——以小岗村为例．苏州：苏州大学．

雷文静．2011．新农村建设背景下农村体育发展与农村社会变革的适应性研究——以重庆市水土镇为例．重庆：西南大学：5-42．

冷晓春，张册，张明记．2009．城市农民工体育健身的社会支持研究．南京体育学院学报（社会科学版），23（3）：47-49．

李克强．2013．农村公共产品供给与农民发展．北京：中国社会科学出版社．

李玲．2007．农村老年体育现状的分析与对策研究．科技信息，（24）：595．

李凌．2015．体育生态化发展模式及路径研究——"城市化与生态文明建设"的视角．浙江体育科技，37（4）：1-5．

李强．2008．中国社会变迁30年．北京：社会科学文献出版社．

李泽群，齐立斌．2007．社会主义新农村体育服务体系的构建．湖南农业大学学报，8（4）：42-44．

林楚辉．2009．当前学校体育在发展进程中的问题思考．体育与科学，30（1）：83-86．

林克明．2005．建设小康社会进程中我国农村体育现状、特征及发展对策的初步研究．安徽体育科技，26（1）：16-18．

刘林箭，张毅．2008．新农村体育指导．成都：四川大学出版社．

刘巍．2009．新农村体育事业发展问题研究．北京：中国物资出版社．

刘学军．2012．21年来我国体育生态研究述评．浙江教育学院学报，（5）：105-112．

刘毅勃．2017．体育生态化发展路径研究．湖北体育科技，36（2）：126-129．

刘玉，田雨普．2009．后现代行政视角下的农村体育文化发展研究．天津体育学院学报，（3）：202-204．

刘志民，虞重干．2005．小城镇体育大社会问题——我国16个小城镇经济、社会与体育发展的实证研究．北京：人民教育出版社．

刘志敏，丁振峰．2010．农民体育健身工程实施效果研究．体育文化导刊，（4）：19-23．

卢文云．2006．中国农村体育研究述评．北京体育大学学报，29（4）：451-453．

卢元镇．2005．中国体育文化纵横谈．北京：北京体育大学出版社．

卢兆振．2008．困境与抉择：当前我国农村基层体育组织建设滞后的社会学研究——我国"强政府、弱社会"国情下农民社会体育组织发展遭遇的环境瓶颈分析．南京体育学院学报，22（6）：56-60．

陆传照．2009．新农村建设与农民生活方式的变革．中共云南省委党校学报，10（4）：55-58．

陆学艺．2001．中国农村体育现代化基本问题．北京：中共中央党校出版社．

罗湘林．2006．对一个村落体育的考察与分析．体育科学，（4）：86-95．

骆秉全，孙文．2007．多元化筹集农村体育经费问题研究．体育科学，（4）：31-38.

吕树庭，裴立新．2003．关于小城镇作为中国农村体育发展战略重点的思考．上海体育学院学报，27（3）：7-10.

马成亮，郝建峰．2006．山西省农村全民健身活动现状及发展趋势的研究．中国体育科技，42（2）：9-11.

孟凡杰，谭作军，高泳．2008．我国"农民体育健身工程"的调查研究——以河南省试点为例．中国体育科技，44（4）：116-119.

苗大培．2004．论体育生活方式．北京：北京体育大学出版社.

牛亚莉．2005．体育文化论．兰州：甘肃人民出版社.

裴立新．2003．当前农村体育发展中若干重大问题的理性思考．体育与科学，24（3）：5-9.

裴立新．2006．全面小康社会多元化全民健生服务体系的研究．北京：北京体育大学出版社.

裴立新，刘永刚．2006．农村中心镇体育发展现状与对策研究——以广东省农村中心镇为个案．体育与科学，27（1）：62-64.

彭国华，张莉，庞俊鹏．2017．中国农村公共体育服务政策变迁历程及启示．体育文化导刊，（3）：26-29.

孙刚．2012．山西省长治市农民体育健身工程实施现状与发展对策研究，体育科技文献通报，20（11）：14-15.

孙刚．2013．城镇化进程中农村体育研究．北京：中国言实出版社.

孙刚．2013．农民体育健身工程视域下农民体育消费研究．临沂大学学报，35（3）：108-111.

孙刚，李茂．2012．山西省农民体育参与现状及发展对策研究．山西大同大学学报（自然科学版），28（5）：75-78.

孙刚，王开广．2015．社会发展视域中的农民体育发展环境分析．山西大同大学学报（自然科学版），（2）80-82.

孙刚，王开广，王志强．2011．中学师生对开展"冬季阳光跑步"运动认知的调查研究——以山西大同地区为例．搏击·体育论坛，（9）：9-10.

孙刚，魏彪，王志强．2013．农村体育的现实困境与发展出路的研究．运动，（4）：9-10.

唐鹏，潘蓉，刘嘉仪．2010．农村公共体育服务体系的建构研究．体育与科学，31（6）：53-57.

田翠琴，齐心．2005．农民闲暇．北京：社会科学文献出版社.

田雨普．2006．全面建设小康社会背景下我国农村体育的发展战略．体育学刊，（9）：6-9.

田雨普．2009．农民体育发展战略研究．南京：南京师范大学出版社.

涂传飞，陈志丹，严伟．2007．对全国农民运动会的发展现状、面临问题及改进对策的研究．北京体育大学学报，30（11）：1484-1486.

万义，白晋湘．2006．湘西地区农民体育发展现状与对策研究．沈阳体育学院学报，25（6）：34-37.

汪光焘．2003．走中国特色的城镇化道路．求是，（16）：17-19.

王保华．2013．影响农村体育发展的因素探析．体育世界，（9）：38-39.

王雷，王芳．2004．我国多元化体育服务体系影响因素研究．武汉体育学院学报，38（5）：1-3.

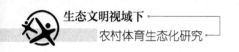

王毅. 2014. 双重失灵与农村体育公共服务的探索. 体育文化导刊,（6）：15-18.

王永. 2005. 论城镇化对农村体育的影响——来自上海市张江镇农村体育发展的启示. 北京：北京体育大学.

吴俊杰. 2005. 中国构建和谐社会问题报告. 北京：中国发展出版社.

吴声光. 1999. 试论社会主义初级阶段农村体育的特征. 体育科技,（Z1）：1-3.

肖林鹏, 李宗浩, 杨晓晨. 2007. 我国公共体育服务体系概念开发及其结构探讨. 天津体育学院学报, 22（6）：472-475.

徐东锋. 2008. 构建以农村学校为基地的农村体育发展战略思考. 体育与科学,（3）：65-67.

薛建明, 仇桂且. 2014. 生态文明与中国现代化转型研究. 北京：光明日报出版社.

姚磊. 2015. 农村体育基本公共服务供需分析. 体育文化导刊,（3）：19-22.

姚磊. 2015. 新型城镇化进程中农村体育基本公共服务供给：有限性与有效性. 北京体育大学学报, 38（11）：7-17.

姚磊, 田雨普, 谭明义. 2010. 村落农民体育参与者的价值取向：基于社会分层视角的分析——安徽省小岗村、小井庄和落儿岭三村的实证研究. 天津体育学院学报,（3）：210-213.

叶澜. 1991. 教育概论. 北京：人民教育出版社.

于向. 2007. 新农村体育发展的制约因素分析与对策研究. 北京体育大学学报, 30（6）：745-747.

袁铜墙. 2007. 农民体育还是农村体育. 巢湖学院学报, 9（3）：111-113.

展治中. 2016. 基于农民需求的农村体育公共服务供给的研究——永济市农村为例. 北京：北京体育大学.

张邦辉, 王琪. 2006. 论和谐社会中农民工的利益保障. 未来与发展,（12）：2-5.

张岚. 2010. 我国农民体育消费的现状与对策研究. 吉林体育学院学报,（5）：44-46.

张立驰. 2008. 毛泽东的青年工作观. 毛泽东思想研究,（4）：40-43.

张晓春. 2011. 1—6届全国农民运动会解读. 吉林体育学院学报, 27（4）：34-36.

张焱. 2007. 全国农民运动会对农村体育发展的影响. 体育科学研究, 11（3）：29-31.

张英, 程远义. 2009. 新生代城市农民工参与体育健身的现状. 体育成人教育学刊, 25（1）：47-49.

赵丽莉. 2008. 基于国内外比较分析的我国新农村体育发展研究. 济南：山东大学.

赵丽丽. 2012. 吉林省工业化、城镇化与农业现代化统筹发展问题研究. 长春：吉林大学：23-28.

赵小林. 2009. 农村居民体育消费现状及影响因素分析——以河北省为例. 乡镇经济,（5）：38-40.

郑文海. 2006. 乡镇社会体育组织及体育活动开展现状与对策——以西北地区为调研个案. 体育与科学, 27（6）：62-66.

周洁, 柳方庆. 2005. 刍议我国现阶段农村体育开展的现状和发展对策. 西安体育学院学报,（S1）：57-59.

朱海忠. 2008. 制度背景下的农村留守妇女问题. 西部人口, 29（1）：85-89.

附　　录

附录一　中华人民共和国体育法

（1995 年 8 月 29 日第八届全国人民代表大会常务委员会第十五次会议通过，1995 年 8 月 29 日中华人民共和国主席令第五十五号公布，自 1995 年 10 月 1 日起施行）

第一章　总　　则

第一条　为了发展体育事业，增强人民体质，提高体育运动水平，促进社会主义物质文明和精神文明建设，根据宪法，制定本法。

第二条　国家发展体育事业，开展群众性的体育活动，提高全民族身体素质。体育工作坚持以开展全民健身活动为基础，实行普及与提高相结合，促进各类体育协调发展。

第三条　国家坚持体育为经济建设、国防建设和社会发展服务。体育事业应当纳入国民经济和社会发展计划。国家推进体育管理体制改革。国家鼓励企业事业组织、社会团体和公民兴办和支持体育事业。

第四条　国务院体育行政部门主管全国体育工作。国务院其他有关部门在各自的职权范围内管理体育工作。县级以上地方各级人民政府体育行政部门或者本级人民政府授权的机构主管本行政区域内的体育工作。

第五条　国家对青年、少年、儿童的体育活动给予特别保障，增进青年、少年、儿童的身心健康。

第六条　国家扶持少数民族地区发展体育事业，培养少数民族体育人才。

第七条　国家发展体育教育和体育科学研究，推广先进、实用的体育科学技术成果，依靠科学技术发展体育事业。

第八条　国家对在体育事业中做出贡献的组织和个人，给予奖励。

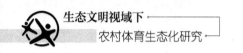

第九条　国家鼓励开展对外体育交往。对外体育交往坚持独立自主、平等互利、相互尊重的原则，维护国家主权和尊严，遵守中华人民共和国缔结或者参加的国际条约。

第二章　社会体育

第十条　国家提倡公民参加社会体育活动，增进身心健康。社会体育活动应当坚持业余、自愿、小型多样，遵循因地制宜和科学文明的原则。

第十一条　国家推行全民健身计划，实施体育锻炼标准，进行体质监测。国家实行社会体育指导员技术等级制度。社会体育指导员对社会体育活动进行指导。

第十二条　地方各级人民政府应当为公民参加社会体育活动创造必要的条件，支持、扶助群众性体育活动的开展。城市应当发挥居民委员会等社区基层组织的作用，组织居民开展体育活动。农村应当发挥村民委员会、基层文化体育组织的作用，开展适合农村特点的体育活动。

第十三条　国家机关、企业事业组织应当开展多种形式的体育活动，举办群众性体育竞赛。

第十四条　工会等社会团体应当根据各自特点，组织体育活动。

第十五条　国家鼓励、支持民族、民间传统体育项目的发掘、整理和提高。

第十六条　全社会应当关心、支持老年人、残疾人参加体育活动。各级人民政府应当采取措施，为老年人、残疾人参加体育活动提供方便。

第三章　学校体育

第十七条　教育行政部门和学校应当将体育作为学校教育的组成部分，培养德、智、体等方面全面发展的人才。

第十八条　学校必须开设体育课，并将体育课列为考核学生学业成绩的科目。学校应当创造条件为病残学生组织适合其特点的体育活动。

第十九条　学校必须实施国家体育锻炼标准，对学生在校期间每天用于体育活动的时间给予保证。

第二十条　学校应当组织多种形式的课外体育活动，开展课外训练和体育竞赛，并根据条件每学年举行一次全校性的体育运动会。

第二十一条　学校应当按照国家有关规定，配备合格的体育教师，保障体育教师享受与其工作特点有关的待遇。

第二十二条　学校应当按照国务院教育行政部门规定的标准配置体育场地、设施和器材。学校体育场地必须用于体育活动，不得挪作他用。

第二十三条　学校应当建立学生体格健康检查制度。教育、体育和卫生行政部门应当加强对学生体质的监测。

第四章　竞技体育

第二十四条　国家促进竞技体育发展，鼓励运动员提高体育运动技术水平，在体育竞赛中创造优异成绩，为国家争取荣誉。

第二十五条　国家鼓励、支持开展业余体育训练，培养优秀的体育后备人才。

第二十六条　参加国内、国际重大体育竞赛的运动员和运动队，应当按照公平、择优的原则选拔和组建。具体办法由国务院体育行政部门规定。

第二十七条　培养运动员必须实行严格、科学、文明的训练和管理，对运动员进行爱国主义、集体主义和社会主义教育，以及道德和纪律教育。

第二十八条　国家对优秀运动员在就业或者升学方面给予优待。

第二十九条　全国性的单项体育协会对本项目的运动员实行注册管理。经注册的运动员，可以根据国务院体育行政部门的规定，参加有关的体育竞赛和运动队之间的人员流动。

第三十条　国家实行运动员技术等级、裁判员技术等级和教练员专业技术职务等级制度。

第三十一条　国家对体育竞赛实行分级分类管理。

全国综合性运动会由国务院体育行政部门管理或者由国务院体育行政部门会同有关组织管理。

全国单项体育竞赛由该项运动的全国性协会负责管理。

地方综合性运动会和地方单项体育竞赛的管理办法由地方人民政府制定。

第三十二条　国家实行体育竞赛全国纪录审批制度。全国纪录由国务院体育行政部门确认。

第三十三条　在竞技体育活动中发生纠纷，由体育仲裁机构负责调解、仲裁。体育仲裁机构的设立办法和仲裁范围由国务院另行规定。

第三十四条　体育竞赛实行公平竞争的原则。体育竞赛的组织者和运动员、教练员、裁判员应当遵守体育道德，不得弄虚作假、营私舞弊。在体育运动中严禁使用禁用的药物和方法。禁用药物检测机构应当对禁用的药物和方法进行严格检查。严禁任何组织和个人利用体育竞赛从事赌博活动。

第三十五条　在中国境内举办的重大体育竞赛，其名称、徽记、旗帜及吉祥物等标志按照国家有关规定予以保护。

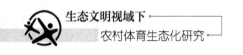

第五章　体育社会团体

第三十六条　国家鼓励、支持体育社会团体按照其章程，组织和开展体育活动，推动体育事业的发展。

第三十七条　各级体育总会是联系、团结运动员和体育工作者的群众性体育组织，应当在发展体育事业中发挥作用。

第三十八条　中国奥林匹克委员会是以发展和推动奥林匹克运动为主要任务的体育组织，代表中国参与国际奥林匹克事务。

第三十九条　体育科学社会团体是体育科学技术工作者的学术性群众组织，应当在发展体育科技事业中发挥作用。

第四十条　全国性的单项体育协会管理该项运动的普及与提高工作，代表中国参加相应的国际单项体育组织。

第六章　保 障 条 件

第四十一条　县级以上各级人民政府应当将体育事业经费、体育基本建设资金列入本级财政预算和基本建设投资计划，并随着国民经济的发展逐步增加对体育事业的投入。

第四十二条　国家鼓励企业事业组织和社会团体自筹资金发展体育事业，鼓励组织和个人对体育事业的捐赠和赞助。

第四十三条　国家有关部门应当加强对体育资金的管理，任何组织和个人不得挪用、克扣体育资金。

第四十四条　县级以上各级人民政府体育行政部门对以健身、竞技等体育活动为内容的经营活动，应当按照国家有关规定加强管理和监督。

第四十五条　县级以上地方各级人民政府应当按照国家对城市公共体育设施用地定额指标的规定，将城市公共体育设施建设纳入城市建设规划和土地利用总体规划，合理布局，统一安排。

城市在规划企业、学校、街道和居住区时，应当将体育设施纳入建设规划。

乡、民族乡、镇应当随着经济发展，逐步建设和完善体育设施。

第四十六条　公共体育设施应当向社会开放，方便群众开展体育活动，对学生、老年人、残疾人实行优惠办法，提高体育设施的利用率。

任何组织和个人不得侵占、破坏公共体育设施。因特殊情况需要临时占用体育设施的，必须经体育行政部门和建设规划部门批准，并及时归还；按照城市规划改变体育场地用途的，应当按照国家有关规定，先行择地新建偿还。

第四十七条　用于全国性、国际性体育竞赛的体育器材和用品，必须经国务院体育行政部门指定的机构审定。

第四十八条　国家发展体育专业教育，建立各类体育专业院校、系、科，培养运动、训练、教学、科学研究、管理以及从事群众体育等方面的专业人员。国家鼓励企业事业组织、社会团体和公民依法举办体育专业教育。

第七章　法律责任

第四十九条　在竞技体育中从事弄虚作假等违反纪律和体育规则的行为，由体育社会团体按照章程规定给予处罚；对国家工作人员中的直接责任人员，依法给予行政处分。

第五十条　在体育运动中使用禁用的药物和方法的，由体育社会团体按照章程规定给予处罚；对国家工作人员中的直接责任人员，依法给予行政处分。

第五十一条　利用竞技体育从事赌博活动的，由体育行政部门协助公安机关责令停止违法活动，并由公安机关依照治安管理处罚条例的有关规定给予处罚。

在竞技体育活动中，有贿赂、诈骗、组织赌博行为，构成犯罪的，依法追究刑事责任。

第五十二条　侵占、破坏公共体育设施的，由体育行政部门责令限期改正，并依法承担民事责任。有前款所列行为，违反治安管理的，由公安机关依照治安管理处罚条例的有关规定给予处罚；构成犯罪的，依法追究刑事责任。

第五十三条　在体育活动中，寻衅滋事、扰乱公共秩序的，给予批评、教育并予以制止；违反治安管理的，由公安机关依照治安管理处罚条例的规定给予处罚；构成犯罪的，依法追究刑事责任。

第五十四条　违反国家财政制度、财务制度，挪用、克扣体育资金的，由上级机关责令限期归还被挪用、克扣的资金，并对直接负责的主管人员和其他直接责任人员，依法给予行政处分；构成犯罪的，依法追究刑事责任。

第八章　附　则

第五十五条　军队开展体育活动的具体办法由中央军事委员会依照本法制定。

第五十六条　本法自 1995 年 10 月 1 日起施行。

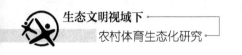

附录二 全民健身计划纲要

（1995 年 6 月 20 日国务院发布）

为了更广泛地开展群众性体育活动，增强人民体质，推动我国社会主义现代化建设事业发展，特制定本纲要。

一、面临的形势

（一）建国 40 多年来，我国体育事业取得了很大成就。群众性体育活动蓬勃开展，参加体育活动的人数不断增加，人民体质与健康状况有了很大改善，全民健身工作日益受到社会的重视和支持，群众性体育活动的内容和形式更加丰富多彩，群众体育健身的物质条件逐步得到提高，体育在提高人民整体素质，促进社会主义精神文明和物质文明建设方面发挥着越来越显著的作用。

（二）当前，我国经济建设和社会发展对人民的整体素质提出了新的更高要求。但是，全民健身工作的现状还不能适应社会主义现代化建设的需要。群众的体育健身意识还不够强，群众性体育活动的开展还不够广泛，经常参加体育锻炼的人数还不够多，现有体育场地设施在向社会开放、满足群众开展体育锻炼的需要方面还有较大差距，全民健身工作的科学技术和监测管理还比较落后，有关的法规制度还不够完善，适应社会主义市场经济体制的全民健身管理体制和运行机制还在探索之中。这些问题，应随着经济和社会事业的发展，逐步加以解决。

（三）为进一步增强人民体质，适应我国社会主义现代化建设的需要，必须采取切实有效的措施，推行全民健身计划，发展群众体育。

二、目标和任务

（四）全民健身计划到 2010 年的奋斗目标是：努力实现体育与国民经济和社会事业的协调发展，全面提高中华民族的体质与健康水平，基本建成具有中国特色的全民健身体系。

（五）依据实现社会主义现代化建设第二步战略目标的要求，积极发展全民健身事业。到 20 世纪末，经济、社会和体育发展程度不同的各类地区，经常参加体育活动的人数都应有所增长，人民体质明显增强，群众参加体育活动的时间、体育消费额等逐步加大，群众体育健身活动的环境和条件有较大的改善。

（六）依据建立社会主义市场经济体制的要求，深化体育改革。到本世纪末，初步建立适应社会主义市场经济体制的全民健身管理体制，初步形成人民群众广泛参与、充满发展活力的运行机制，建立起社会化、科学化、产业化和法制化的全民健身体系的基本框架。

三、对象和重点

（七）全民健身计划以全国人民为实施对象，以青少年和儿童为重点。

青少年和儿童的健康成长关系到国家的富强和民族的昌盛，要发动全社会关心他们的体质和健康。各级各类学校要全面贯彻党的教育方针，努力做好学校体育工作。要对学生进行终身体育的教育，培养学生体育锻炼的意识、技能与习惯。继续搞好升学考试体育的试点，不断总结完善，逐步推开。盲校、聋校、弱智学校要重视开展学生的体育活动。要积极创造条件，切实解决学校体育师资、经费、场地设施等问题。

（八）机关和企、事业单位要加强职工体育工作，因人、因时、因地制宜，开展形式多样、健康文明的职工体育健身活动。

（九）积极发展社区体育。街道办事处要加强对体育工作的组织，发挥居民委员会和基层体育组织的作用，做好社区体育工作。体育行政部门要给予支持和指导。

（十）提高农民的体质与健康水平是农村社会发展的一项重要内容，充分发挥村民委员会和各级农民体育协会的作用，并与文化站协同配合，做好农村体育工作。继续开展评选全国体育先进县活动，推动农村体育的发展。

（十一）实施《军人体育锻炼标准》，进一步发展部队体育，增强体质，提高部队战斗力。培养部队体育骨干。部队在搞好自身体育工作的同时，要积极支持和帮助驻地附近的居民开展群众性体育活动。

（十二）积极发展少数民族体育，在民族地区广泛开展以少数民族传统体育项目为主的体育健身活动。建立健全各级少数民族体育协会，培养少数民族体育人才。

（十三）重视妇女和老年人的体质与健康问题，积极支持他们参加体育健身活动。注意做好劳动强度较大、余暇时间较少的女职工的体育工作。加强对老年人体育健身活动的科学指导。

（十四）广泛开展残疾人体育健身活动，提高残疾人的身体素质和平等参与社会活动的能力。丰富残疾人体育健身方法，培养体育骨干，提高残疾人体育运动水平。

（十五）积极为知识分子创造体育健身条件，倡导和推广适合其工作特点的体育健身方法，重视对中高级知识分子进行健康检查和体质测定工作。

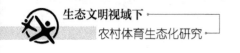

四、对策和措施

（十六）把推行全民健身计划纳入国民经济和社会发展的总体规划，坚持群众体育与竞技体育协调发展的方针，以普遍增强人民体质为重点，加强领导，统筹规划，切实抓出成效。

（十七）加强宣传工作，形成全民健身的舆论导向，增强全民体育健身意识，提高对全民健身工作的重视程度。使全社会认识到，身体素质是思想道德素质和科学文化素质的物质基础，全民健身工作是社会主义精神文明和物质文明建设的重要内容，体育发展水平是社会进步与人类文明程度的一个重要标志。

（十八）加强群众体育的法制建设，认真执行现有体育法规，有计划地制定并实施社会体育督导、群众体育工作、体育社团、场地设施管理等方面的法规制度。

逐步完善群众体育运动竞赛制度，加强对工人、农民、少数民族、残疾人以及各类学生运动会等的组织和管理。突出群众体育运动会和竞赛活动的群众性、健身性、民族性、趣味性和科学性。

（十九）充分发挥各群众组织和社会团体在开展群众性体育活动中的重要作用，建立健全行业、系统体育协会和其他群众体育组织，逐步形成社会化的全民健身组织网络。

（二十）体育部门要改善资金支出结构，逐步增加群众体育事业费在预算中的支出比重。鼓励企、事业单位、社会团体、个人资助体育健身活动。提倡家庭和个人为体育健身投资，引导群众进行体育消费，拓宽体育消费领域，开发适应我国群众消费水平的体育健身、康复、娱乐等市场。

（二十一）实施体质测定制度，制定体质测定标准，定期公布全民体质状况。实施《社会体育指导员技术等级制度》，加强社会体育骨干队伍建设。

（二十二）推广简便易行和适合不同年龄、性别、职业特点与体质状况的体育健身方法。挖掘和整理我国传统体育医疗、保健、康复等方面的宝贵遗产，发展民族、民间传统体育。

（二十三）加强人民体质与健康的科学研究和技术开发。要发挥体育科技队伍的作用，体育科研单位和体育院校要以群众体育和全民健身的科学研究为重点，要增加对群众体育科学研究的投入，加快科技成果向群众体育健身实践的转化。

（二十四）体育场地设施建设要纳入城乡建设规划，落实国家关于城市公共体育设施用地定额和学校体育场地设施的规定。任何单位和个人不得侵占体育场地设施或挪作他用。各种国有体育场地设施都要向社会开放，加强管理，提高使用效率，并且为老年人、儿童和残疾人参加体育健身活动提供便利条件。

五、实施步骤

（二十五）本纲要采取整体规划，逐步实施的方式。从现在起到 2010 年分为两期工程。第一期工程自 1995—2000 年，分为三个阶段：1995—1996 年为第一阶段，进行宣传发动和改革试点，初步掀起一个全民健身活动热潮。1997—1998 年为第二阶段，通过重点实施、逐步推进，形成崇尚健身、参与健身的社会环境和社会风气。1999—2000 年为第三阶段，全面展开全民健身计划的各项工作并普遍取得成效，建立具有中国特色的全民健身体系的基本框架。

第二期工程自 2001—2010 年，经过十年的努力，把全民健身工作提高到一个新的水平，基本建成具有中国特色的全民健身体系。

（二十六）本纲要在国务院领导下，由国家体委会同有关部门、各群众组织和社会团体共同推行。国家体委负责组织实施。

各级地方人民政府及其体育行政部门应根据当地具体情况，制定本地区的规划和实施方案。各部门、各系统也应制定相应的规划和实施方案。

中国人民解放军和人民武装警察部队可根据本纲要的要求，结合部队实际参照执行。

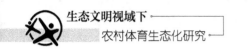

附录三 《全民健身计划纲要》第二期工程
（2001—2010 年）规划

（体群字〔2001〕102 号 2001 年 8 月 14 日）

经国务院批准颁布的《全民健身计划纲要》第一期工程预期目标已经达到，具有中国特色的全民健身体系的框架初步形成。根据未来 10 年我国经济建设、社会发展的远景目标和《2001—2010 年体育改革与发展纲要》的要求，对《全民健身计划纲要》第二期工程作如下安排。

一、指导思想

（一）以江泽民同志"三个代表"重要思想为指导，把增强人民体质，提高国民身体素质，满足人民群众日益增长的体育需求作为根本任务。

（二）继续坚持国家与社会共同兴办体育事业的格局，走社会化、科学化、产业化的道路。

（三）深刻汲取法轮功的教训，增强阵地意识、政治意识，坚持依法行政、依法治体，逐步建立健全政策法规，保障全民健身事业的持续健康发展。

（四）抓住西部大开发的有利时机，积极扶持中西部地区和民族地区发展全民健身事业。同时鼓励经济发达地区不断完善居民开展健身活动的条件。

（五）继续抓好建身边场地、抓身边组织、办身边活动的"三边"工程，切实把全民健身事业的基础建设和制度建设放到重要位置，全面部署，突出重点，讲求实效，推动普及。

二、目标和任务

（六）经过 10 年努力，实现全民健身事业与国民经济和社会事业的协调发展，全面提高国民身体素质，基本建成具有中国特色的全民健身体系和面向大众的体育服务体系。

（七）群众体育普及程度明显提高，全社会体育意识普遍增强。经常参加体育锻炼的人数在现有基础上增加到占总人口的 40% 左右，国民体质普遍增强。

人均体育场地面积显著提高，城市社区和乡镇建有方便居民进行健身活动的体育设施，青少年课外体育活动阵地在现有的基础上有较大的发展。群众体育健身活动的环境和条件明显改善。城市社区、农村乡镇普遍建立体育指导站（中心），社会体育指导员数量达到 65 万人以上。

（八）群众体育管理体制逐步完善。形成以地方政府为主的全民健身管理体制，国家与社会、个人共同兴办，充满生机活力的全民健身运行机制。

三、对策和措施

（九）进一步强化各有关部门共同推行全民健身计划的职责。体育行政部门负责组织实施工作。充分发挥各级工会、共青团、妇联、各行业和社会各界办体育的积极性。在各级人民政府的领导下，大力发展各具优势和特色的地方全民健身事业。

（十）各级体育行政部门要切实把推行全民健身计划作为工作重点，加强领导，统筹规划。主要领导要亲自抓，研究解决实施中的问题。

（十一）加强以学校为重点的青少年体育工作．各类学校要坚持德智体全面发展的方针，十分重视学生的身体健康，保证学生每天有不少于 1 小时的体育锻炼时间，按照教育性、科学性、趣味性、全面性的原则，坚持寓学、寓练于乐，使学生掌握基本的运动技能，养成锻炼身体的良好习惯。

（十二）加强以乡镇为重点的农村体育工作。要建立以乡镇为龙头，村民委员会为基础，农民体协为纽带的组织网络。大力开展"因地制宜、科学文明"贴近广大农民的体育活动。

（十三）加强以社区为重点的城市体育工作。要充分利用社区内各单位人才、资源和场地等条件，建立各类体育协会、健身俱乐部等便于居民就近就便参加体育活动的组织。社区体育要坚持业余、自愿、小型、多样。

（十四）关注老年人、残疾人体育。要依托社区开展老年人、残疾人体育，发挥社区体育组织在老年人、残疾人体育活动中的积极作用，加快社区老年人、残疾人体育设施的建设，公共体育场所要为老年人、残疾人提供优先优惠服务。

（十五）倡导民族传统体育。进一步发挥少数民族地区的优势，开发民族体育资源，做好民族传统体育项目的挖掘、整理和推广工作。

（十六）重视军队体育。军队体育由军队根据实际情况具体组织，国家体育总局将继续使用体育彩票公益金支持部队开展体育健身活动。增强官兵体能，活跃部队文化生活，提高部队战斗力。

（十七）继续加大全民健身宣传工作的力度，各级体育宣传主管部门要推动和协助新闻媒体报道全民健身工作开展情况、典型经验和典型事例，重大活动

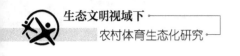

要集中报道，扩大影响。

（十八）开展以青少年为重点的"五个亿万人群"（即：亿万青少年儿童，亿万农民、亿万职工、亿万妇女、亿万老年人）的健身活动。抓好每年全民健身周活动。大力开展形式多样，丰富多彩，适合不同人群参与的全民健身活动。不断提高全民健身活动的科学化、组织化、规范化水平。组织引导好广场体育、公园体育以及节假日体育。

（十九）积极推进群众体育科技进步，加强全民健身研究与服务工作。在继续开展国民体质监测系统研究基础上，有针对性地进行科学健身方法和手段的研究。重视群众体育研究成果的推广、应用与普及工作，反对伪科学。

（二十）加强城市街道和农村乡镇体育指导站（中心）建设，做到"有人员、有阵地、有经费、有活动"。建立健全群众体育社会团体和其他群众体育组织，形成社会化的全民健身组织网络。

（二十一）加快培养社会体育指导员的步伐，不断扩大队伍，对在营利性体育健身场所从事体育组织和指导工作的人员，逐步施行职业资格证书制度。

（二十二）加快体育健身场地设施建设和开放。建议地方各级人民政府要集中一定财力，有计划地建设社区、乡镇和居民区公共体育设施。全国公共体育场馆设施要做到全部用于开展全民健身活动，有条件的学校做到体育场馆在课余时间向社会开放。

（二十三）加强相关法规建设，积极制定社会体育工作、体育社会团体、体育场地设施建设与管理及保障不同人群参与体育活动等方面的法规制度。加强体育法制宣传和执法力度，保障人民群众合法的体育权利。

（二十四）各级人民政府要逐年增加对全民健身事业的资金投入，鼓励厂矿、企业、个人等社会力量资助支持全民健身事业。

（二十五）国家体育总局在继续利用体育彩票公益金抓好全民健身工程建设的同时，实施"雪炭计划"，扶贫帮困。从2001年开始，集中一定数量的体育彩票公益金，对如三峡库区、革命老区、老少边穷地区和遭受自然灾害严重的地区，援建公用体育健身设施，建设一批具有一定规模和影响的形象工程。

（二十六）施行国民体质监测制度，开展国民体质测定和监测工作，力争将国民体质监测指标纳入国家社会发展综合评价指标，并定期公布国民体质状况。发挥国民体质测定与监测工作的社会效益，争取逐步使国民体质测定标准成为学校和行业招生、招工的基础指标。

（二十七）实施对西部地区和经济落后地区全民健身事业发展的扶持政策，加大在全民健身设施建设、青少年体育俱乐部建设和社会体育指导员培养等方面的支持力度。

四、实施步骤

（二十八）按照"整体规划、逐步实施"的要求，第二期工程分为二个阶段。2001—2005 年为第一阶段，巩固完善已经建立的全民健身体系的基本框架，2006—2010 年为第二阶段，全面推进全民健身体系建设；普遍提高全民健身体系各个部分的规模和水平，实现《全民健身计划纲要》的目标和任务，基本建成具有中国特色的全民健身体系。

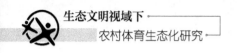
附录四 农村体育工作暂行规定

（体群字〔2002〕53 号 2002 年 4 月 12 日）

第一章 总 则

第一条 为了贯彻落实《全民健身计划纲要》，加快发展农村体育事业，依据《中华人民共和国体育法》，制定本规定。

第二条 各级人民政府体育、农业部门应当根据各自职责，做好农村体育的管理和组织工作。

第三条 体育工作应当坚持从实际出发，以农民为主要对象，以乡镇为重点，面向基层，服务农民；以开展全民健身活动为基础，以加强体育设施建设、繁荣农村体育为中心，深化体育改革，推动体育发展，不断满足广大人民群众日益增长的体育健身需求，提高农民身体素质，丰富农村文化生活，为农村两个文明建设服务。

第四条 农村体育工作的基本任务是：贯彻国家有关体育和农村工作的法规及方针政策，发展体育事业，增进农民的身心健康，培养有理想、有道德、有文化、守纪律的新型农民，建设社会主义新农村；紧紧围绕发展经济、建设小康的目标，全面落实全民健身计划，大力倡导和推广适合农村特点、科学、文明、健康的健身方式，提高农民的生活质量；健全业余训练体系，发现和培养优秀体育后备人才；加强农村体育场地设施建设和管理，改善和提高群众体育健身的物质条件；发展体育产业，培育和发展体育市场。促进农村经济和社会的协调发展，为农业和农村工作服务。

第五条 应当纳入当地国民经济和社会发展整体规划，纳入社会主义精神文明建设和小康建设内容。各级体育主管部门应当明确农村体育在体育事业中的基础地位，加强政策支持和技术推广，加大资金技人，扶持体育场地设施建设。对在发展农村体育事业中做出突出贡献的组织和个人给予表彰和奖励。

第六条 各级体育主管部门应当扶持少数民族地区发展体育事业，发展民族和民间传统体育，挖掘、保护、整理、推广优秀的民族、民间传统体育项目，培养少数民族体育人才，不断提高民族、民间传统体育水平。

第七条 农村各级各类学校应当全面贯彻国家教育方针，落实《学校体育工作条例》，保障学生在素质教育中健康成长；应当利用学校体育教师和体育场地设施等资源优势，为农村体育服务。

第二章　组织管理

第八条　县级体育主管部门应当加强本行政区域农村体育工作，建立与当地农村体育发展相适应的工作机构，配备工作人员，会同有关部门共同推进农村体育事业的发展。应当加强对当地体育社会团体和基层体育组织的管理、指导和监督，支持其依照法律、法规和章程开展工作，发挥他们在发展农村体育事业中的重要作用。

第九条　有条件的县可以建立社会体育指导中心，乡镇、居委会可以建立体育指导站。县、乡镇、材和居民小区适时建立和发展体育健身点。社会体育指导中心、体育指导站、体育健身点应根据当地条件安排场地设施，制定工作计划，结合其他文化体育工作配备专兼职工作人员，安排一定的活动经费。县级体育主管部门和乡镇、居委会应当加强对社会体育指导中心、体育指导站和体育健身点的管理，为其开展工作创造条件。

第十条　乡镇、居委会应当加强对体育工作的领导，应当为群众参加体育活动创造必要的条件，支持和扶助群众性体育活动的开展。村民委员会、居民委员会和基层文化体育组织应当组织开展群众性体育活动。

第十一条　县应当根据条件和工作需要，建立体育总会，对农民体育进行组织和指导。县、乡镇、居委会应当积极建立农民体育协会、老年人体育协会、单项体育协会等体育社会团体。体育社会团体应当加强自身建设，依照法律、法规和章程开展工作。

第三章　物质保障

第十二条　农村体育事业经费和体育基本建设资金应当列入县级财政预算和基本建设投资计划，并随着经济发展，逐步增加对体育事业的投入，乡镇、居委会应当随着经济的发展适当投入体育事业经费和体育基本建设资金，发展体育事业。县、乡镇、居委会应当鼓励企业、事业组织、社会团体和个人以投资、捐赠和赞助等形式支持发展体育事业。

第十三条　农村应当在全面推进小康县、小康乡镇、小康村的建设中，搞好体育场地设施建设。农村体育场地设施建设应当按照国家有关公共体育场地设施用地定额指标的规定，纳入当地国民经济和社会发展规划及城镇建设规划和土地利用总体规划，合理布局，统筹安排。县级体育主管部门应当配合有关部门搞好各类体育设施建设规划。县城应当建设比较完善的体育场地设施。区位条件优越、基础建设好、已经形成一定规模的小城镇应当按照国家发展小城镇的部署，率先搞好体育场地设施建设，在农村体育场地设施建设中发挥引导、示范、带动作用。

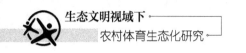

第十四条　县、乡镇、居委会应当坚持多样、实用、就近、方便的原则，在群众居住区建设体育设施。有条件的县、乡镇可建综合性群众健身活动中心，不断提高农村体育场地设施的建设规模和水平。县级体育主管部门应当会同有关部门共同发展公园体育和广场体育，加强对公园体育、广场体育的建设、指导和管理。县、乡镇、居委会应当鼓励企业事业组织、社会团体和个人投资建设体育设施。

第十五条　县、乡镇、居委会应当加强对公共体育设施的管理和维护，保障功能完好，使用安全。农村公共体育设施应当向社会开放，方便群众开展体育活动，提高使用率和服务质量。应当对学生、老年人、残疾人实行优惠办法。机关、企业、事业组织的体育设施应当创造条件向社会开放。

第十六条　县、乡镇、居委会应当为儿童青少年开辟校外体育活动场所，建设儿童青少年体育活动中心或体育俱乐部，丰富学生校外生活。

第十七条　任何组织和个人不得侵占、破坏公共体育设施。因特殊情况需要临时占用体育设施的，必须经县级体育主管部门和建设规划部门批准，并及时归还；按照规划需要改变体育场地用途的，应当按照法律规定，首先选择适当地点，在不减少原有体育场地面积和不降低原有体育场地标准的前提下，新建体育场地后，方能改变原体育场地用途。非法侵占、破坏公共体育设施的组织和个人，应当依法承担法律责任。

第四章　体育活动

第十八条　农村体育活动应当坚持与生产劳动、文化活动相结合，坚持业余、自愿、小型、多样和因人、因时、因地制宜、科学文明的原则，利用传统节日和农闲季节，开展群众喜闻乐见、丰富多彩的体育活动。农村体育竞赛和表演活动应当突出经常性、普遍性、民族性、多样性、趣味性和科学性。任何组织和个人都应当依法开展体育活动，严禁在体育活动中从事赌博、封建迷信和一切违法活动。

第十九条　县、乡镇、居委会应当定期举办全民健身运动会，每年有计划地开展多种形式的体育竞赛和表演活动。

第二十条　县、乡镇、居委会应当注重开展老年人、残疾人和妇女、儿童的体育健身活动，为他们参加体育健身活动创造条件，提供方便。

第二十一条　县、乡镇、居委会应当宣传、普及体育科学知识，推广简便易行、科学有效的体育健身方法。

第二十二条　学校应当每年至少举办一次全校性体育运动会，经常举办各种小型体育竞赛及活动。应当坚持课外体育活动制度，保证学生课外体育活动时间，组织好各类体育代表队和课外体育小组，开展经常性的体育锻炼和课外运动训练，提高课外体育活动的组织化、科学化水平。

第二十三条　县、乡镇、居委会应当积极推行国民体质测定标准，扶持有条件的地方和单位建立体质测试站，组织广大群众进行体质检测。县级体育主管部门应当依照有关规定，严格体质测试机构的审批和管理。

第五章　体育训练

第二十四条　农村体育训练应当坚持普及与提高相结合的方针，建立体育训练网络，培育和发展当地传统体育项目和优势体育项目，培养优秀体育后备人才和社会体育骨干。

第二十五条　县级体育主管部门应当会同县级教育主管部门改善体育训练和文化学习的条件，提高训练和教学质量，共同办好少年儿童体育学校。各级各类少年儿童体育学校应当处理好文化学习和运动训练的关系，保障学生完成义务教育阶段的学习任务；应当具备所设项目训练的场地设施条件；应当遵循少年儿童生长发育规律和运动训练规律，科学选材、系统训练，提高办学质量和效益。

第二十六条　县级体育主管部门应当会同县级教育主管部门负责管理体育传统项目学校，扶持体育传统项目学校改善运动训练条件，搞好体育传统项目的训练指导工作。

第二十七条　县、乡镇、居委会应当鼓励和支持社会团体、企业事业组织和个人依法开办体育学校、体育俱乐部等体育训练机构。县级体育主管部门应当会同有关部门对开办体育训练机构的组织和个人进行审批，加强对社会开办的体育训练机构的管理，确保体育训练者的合法权益和身心健康。

第六章　体育骨干

第二十八条　县、乡镇、居委会和村应当建立以社会体育指导员为主体的体育骨干队伍。农村体育骨干包括社会体育指导员和组织、指导群众开展体育活动的体育教师、教练员、裁判员及其他志愿者。

第二十九条　体育骨干的基本职责是：动员、组织群众参与和开展体育活动；宣传体育科学知识，传授体育技能；指导群众进行科学锻炼；引导群众进行合理的体育消费。

第三十条　县级体育主管部门应当加强对体育骨干的培训和管理，提高体育骨干的思想道德素质和业务能力，充分发挥体育骨干的作用。

第七章　体育产业

第三十一条　县级体育主管部门应当结合当地体育和经济发展的实际，制定改革和发展农村体育产业的规划和措施，积极发展适合农村特点的体育竞赛、

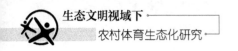

表演、培训、健身、娱乐、旅游、康复、咨询等体育产业，鼓励企业事业组织和个人依法兴办体育产业，繁荣体育市场。

第三十二条 县级体育主管部门应当会同有关部门加强对体育经营活动的管理和监督，保护体育经营者和体育消费者的合法权益。

第三十三条 开展农村体育活动应当本着勤俭办事业的原则，根据不同地区经济发展的实际状况，量力而行。不得以任何方式向农民集资、摊派，增加农民负担。

第八章 附 则

第三十四条 本规定中的县包括县、自治县、旗和农村人口占 50% 以上的县级市、县级区。

第三十五条 本规定自发布之日起施行。

附录五　关于实施农民体育健身工程的意见

为贯彻落实中共十六届五中全会精神和《中共中央国务院关于推进社会主义新农村建设的若干意见》（中发〔2006〕1号），在"十一五"期间推动实施农民体育健身工程，进一步加快新时期农村体育事业的发展，提出如下意见。

一、充分认识实施农民体育健身工程的重要意义

（一）我国是一个发展中的农业大国，农业、农村和农民问题历来受到党和政府的高度重视。广泛开展农村体育活动，对于增强广大农民体质、丰富业余文化生活、建设文明和谐的新农村有着重要的促进作用。长期以来，在党中央、国务院的亲切关怀下，有关部门采取切实有效的措施，通过政策引导、竞赛推动和激励表彰机制，我国农村体育事业得到了较快发展。特别是国务院颁布《全民健身计划纲要》（以下简称《纲要》）以来，农村体育进入了蓬勃发展的新阶段。但是，农村体育仍然是我国体育事业的薄弱环节，特别是由于基础薄弱，欠账过多，投入较少，农村公共体育场地设施建设严重滞后，城乡差距越来越大。农民日益增长的体育健身需求同农村公共体育场地设施严重不足的矛盾制约着农村体育活动的开展。随着国家社会经济的全面发展，我国农村体育工作的重点已从县逐步转移到乡镇，现在已经具备延伸到村庄的条件。进一步制定和完善我国农村体育事业发展的规划和政策，抓住社会主义新农村建设的历史机遇，加大扶持力度，推动农村体育场地设施建设，是当前农村体育事业乃至全国体育事业发展的需要。

（二）《纲要》提出，到2010年要基本建成具有中国特色的全民健身体系。构建全民健身服务体系重点在农村，难点也在农村。中共中央、国务院《关于进一步加强和改进新时期体育工作的意见》明确提出，要加大对农村体育事业发展的扶持力度，建设好群众健身场地，方便群众就近参加体育活动。实施农民体育健身工程，大力推进农村体育场地设施建设是构建全民健身服务体系的重要内容。通过各级政府的投入和广大农民群众的参与，把体育场地建到农民身边，提供最基本的健身条件，为农村体育组织的建立健全和活动的开展提供平台，将有效地推进农村全民健身服务体系的建设，使广大农民能够享受到基本的体育服务，有利于《纲要》规定的目标任务圆满完成。

（三）"十一五"时期是加速推进农村全面建设小康的关键时期，党的十六届五中全会提出"建设社会主义新农村"的重大任务，要突出抓好的重点之一

就是大力发展农村公共事业。今年的中央一号文件提出"推动实施农民体育健身工程",这是建设社会主义新农村的具体举措,是政府为广大农民办的一件实事。通过强化政府对农村的体育公共服务,扩大公共财政覆盖农村的范围,逐步缩小城乡间体育公共服务差距,占领农村体育文化阵地,丰富农民文化生活,使之成为农民强身健体、更新观念、发展经济的有效载体,引导农民建立科学文明的生活方式,有效改善广大农民的体质健康状况,提高生产力水平和生活质量,促进农村三个文明建设,加快农村城镇化和现代化进程,使和谐社会建设的基础和基层政权更加牢固。

二、实施农民体育健身工程的指导思想和目标任务

（四）实施农民体育健身工程要以"三个代表"重要思想为指导,坚持和落实科学发展观,按照建设社会主义新农村的要求,坚持"面向基层、服务农民;因地制宜、分类指导;量力而行、注重实效;引导扶持,不包办代替"。做到亲民、便民、利民,真正使广大农民受益。

（五）农民体育健身工程以行政村为主要实施对象,以村级公共体育场地建设为重点,把场地建到农民身边,把体育服务体系覆盖到农村。要坚持从实际出发,科学规划,在全国范围有计划、有步骤、有重点地逐步推进;实行各级政府扶持,社会力量支持,广大农民积极参与,有关部门大力协同,各尽其职、各负其责;运用多种手段和杠杆,建立竞争和激励机制,充分发挥各方面的积极性;制定基本的场地建设标准,不搞一刀切和统一模式。在建设中统筹体育与文化、教育、科技和青少年、老年活动场所的规划和综合利用,做到共建共享。在保证向农民开放并方便使用的条件下,可以与附近学校体育场地设施建设相结合。

（六）"十一五"期间,每年在全国范围一批有条件的行政村扶持建设公共体育场地设施,起到示范、带动和辐射作用。在各级政府、有关部门、有关方面的共同努力下,到2010年,争取占全国六分之一的行政村建有标准的公共体育场地设施,惠及约1.5亿农民。以此为契机,搭建农村体育公共服务平台,构建面向广大农民的体育服务体系,带动农村体育组织建设和体育活动的开展,引导广大农民形成健康、科学、文明的生活方式,使我国农村经常参加体育锻炼的人数明显增加。

三、农村公共体育场地设施建设的项目、建设要求、实施对象、投资原则和方式

（七）农村公共体育场地设施建设的基本标准是：一块混凝土标准篮球场,配备一副标准篮球架和2张室外乒乓球台。在此基础上,提倡经济条件较好,

人口较多的地区在尊重农民意愿的前提下，增加面积、器材及设施，形成体育文化广场，更好地满足农村体育文化生活需求。

（八）农村公共体育场地设施以符合建设条件，有积极性和主动性，能够认真履行建设、使用、管理职责的行政村为实施对象，采取申报审核方式择优确定。实施对象需具备以下条件：无标准体育场地设施；重视体育工作，群众参加体育健身活动热情高、有传统，村民对建设体育场地有积极性，自愿义务投工投劳；有场地设施建设用地；能自行解决部分配套资金；对体育场地设施的管理、维护、使用有措施。

（九）农村公共体育场地设施建设要结合当地发展规划，建在方便村民使用的地带，与绿化、美化相结合，起到改善环境的作用。混凝土标准篮球场按照建设部、国家体育总局《体育建筑设计规范》进行设计施工。在标准篮球场的四周，各向外开辟不少于5米的平整空地，便于群众观看比赛和开展健身操（舞）等其他体育活动。

（十）农村公共体育场地设施建设以中央和地方各级政府共同投入为主，社会集资为辅，体育彩票公益金主要在器材配置上予以支持。实施对象在不摊派，不增加农民负担的前提下自筹经费作为补充，引导农民自愿投工投劳。形成合理、稳定和有效的资金投入机制，做到投资渠道多元化。

（十一）通过资金和器材补助或"以奖代补"等方式，不同地区采取不同的投入机制，国家资金重点向中西部地区和贫困地区倾斜。

四、积极稳步推进农民体育健身工程

（十二）农村公共体育场地设施建设事关农村体育事业的长远发展，事关实施全民健身计划的大局，各级体育部门要从战略和全局的高度出发，将其作为"十一五"期间体育工作的一项重要任务。积极争取当地党委、政府的重视和支持，将实施农民体育健身工程纳入各级党委和政府的重要议事日程，纳入当地政府建设社会主义新农村的总体规划，纳入财政支出预算，列入相关评价体系。会同发改委、财政、农业、文化等部门，充分发挥村委会的组织实施作用，调动和激发农民参与建设的积极性和热情，形成国家、省、地、县、乡、村各司其职，齐抓共建的工作局面。

（十三）实施农民体育健身工程是一项长期任务，涉及面宽，要深入进行调查研究，摸清情况，科学地制定发展规划和年度实施方案，有计划、有步骤、有重点地逐步推进实施工作。2006年要全面启动实施工作，做好规划制定，部署实施工作，做好宣传发动，明确建设思路，规范操作程序，严明工作要求，为实施工作打好思想、组织和工作基础。做到精心规划、周密组织、认真部署、扎实推进。

（十四）农民体育健身工程是一项政府工程，要保证扶持资金和配备的器材及时到位，取信于民。同时要严格资金使用监督与审计制度，确保专款专用。要通过签订援建协议书，使实施对象认真履行权利和义务，确保建设质量，并按规定时间完成建设项目。将援建资金、设施和器材落到单位产权管理范围，防止资产的流失，保护其完整与安全，并承担起维护和管理的职责。

（十五）农民体育健身工程是构建农村体育服务体系的一项系统工程。在着重抓好公共体育场地设施建设的同时，各级体育部门要全面加大农村体育工作力度。推进农村各类体育组织和体育活动站（点）的建设，培养和建立以社会体育指导员为主体的农村体育骨干队伍，发挥其对开展农村体育活动的组织、带动和指导作用。利用传统节日和农闲季节，组织开展体育下乡活动，坚持与生产劳动和文化活动相结合，组织开展具有地方特色、农民喜闻乐见、易于参与的体育健身和竞赛活动，并形成制度。做到组织到位、骨干到位、活动到位，引导更多的农民群众投身到体育健身活动中来，切实发挥体育在社会主义新农村建设中的积极作用。

（十六）国家体育总局将建立农民体育健身工程实施工作评估管理机制；编发简报，及时交流各地经验和进展情况；建立电子信息管理系统，及时收集和汇总实施情况；组织有关人员对各地实施情况进行督查；对实施工作成绩突出的单位和个人予以表彰奖励。

附录六　体育发展"十三五"规划

　　"十三五"时期是全面建成小康社会决胜阶段，是协调推进"四个全面"战略布局，实现中华民族伟大复兴中国梦的重要时期，也是体育发展重要战略机遇期和筹办 2022 年北京冬奥会、冬残奥会的重要时期。为促进我国体育全面协调可持续发展，努力实现建设体育强国的目标，充分发挥体育在建设健康中国、推动经济转型升级、增强国家凝聚力和文化竞争力等方面的独特作用，根据党中央、国务院的总体部署和"十三五"时期我国体育发展面临的新形势、新任务、新要求，制定本规划。

一、"十二五"时期我国体育发展情况和"十三五"时期面临的形势

（一）"十二五"时期我国体育发展取得显著成就

　　党中央、国务院高度重视体育工作，特别是党的十八大以来，习近平总书记对体育工作多次发表重要讲话、作出重要批示和指示，对体育工作进行了一系列精辟论述，成为推动"十二五"时期体育发展的强大动力。各级政府对体育事业的投入不断加大，全社会参与体育的热情日益高涨，体育在实现中华民族伟大复兴中国梦和全面建成小康社会中的作用进一步显现。党中央、国务院的重大决策部署极大地激发了体育事业发展活力，北京成功获得 2022 年冬奥会举办权，中央全面深化改革领导小组审议通过了《中国足球改革发展总体方案》，足球改革发展的体制机制和政策措施实现了重大突破，国务院颁布实施了《全民健身计划（2011—2015 年）》，印发了《关于加快发展体育产业促进体育消费的若干意见》，体育发展获得重大机遇。体育各领域改革力度持续加大，实施行政审批制度改革，取消群众性和商业性体育竞赛活动审批，出台了《中国足球协会调整改革方案》，中国足球协会与体育总局脱钩，全国性单项体育协会改革试点稳步推进，启动了第一批 14 个全国性体育协会与体育总局的脱钩改革试点工作，全国综合性和单项体育赛事管理制度改革不断深化，改革了全运会计分政策和比赛成绩的公布方式。全民健身上升为国家战略，公共体育服务体系建设速度加快，全民健身意识极大增强，组织网络日趋完善，活动形式呈多样化，包括青少年在内的群众体育蓬勃发展。截至 2014 年底，全国经常参加体育锻炼的人数比例达到 33.9%，城乡居民达到《国民体质测定标准》合格以上的人数

比例是 89.6%，人均体育场地面积达到 1.5 平方米。竞技体育综合实力和国际竞争力进一步增强，优势项目继续保持和巩固，潜优势项目有所提升，田径、游泳等基础大项进步明显，冬季项目稳步发展。"十二五"期间我国运动员共获得世界冠军 596 个，创、超世界纪录 57 次。中国体育代表团在伦敦奥运会取得境外参赛最好成绩，在索契冬奥会实现冬奥会基础大项金牌零的突破。全面贯彻落实《国务院关于加快发展体育产业促进体育消费的若干意见》，体育产业规模逐步扩大，体育消费明显增加，2014 年体育产业总规模达到 13 574 亿元，产业结构持续优化，产业体系日趋健全，产业政策不断完善，与文化、旅游、医疗、养老、互联网等领域的互动融合日益加深。体育文化在体育发展中的地位进一步提高，体育对外交往进一步深化拓展，体育行业作风建设和反腐倡廉工作明显推进，体育法治、科技、人才、教育和宣传等工作不断开创新局面。

(二)"十三五"时期我国体育发展存在的矛盾与问题

"十三五"时期，我国体育发展将进入更加严峻的改革攻坚期。体育领域改革创新与体育强国建设的总体目标仍不相适应，体育与经济社会协调发展的机制有待进一步健全，人民群众日益增长的多元化、多层次体育需求与体育有效供给不足的矛盾依然突出。一些长期制约体育事业发展的薄弱环节和突出问题依然严峻：体育管理体制的改革尚需深化，体育发展方式急需转变，管办不分、政社不分、事社不分的体制弊端遏制了体育发展活力，调动社会力量参与体育的政策措施尚不完善。体育社会化水平不高，基层体育社会组织发展滞后，支持培育体育社会组织发展的机制仍需完善，全民健身公共服务体系有待进一步完善。竞技体育结构布局还不够科学合理，一些影响广泛的基础大项和集体球类项目水平较低，职业体育的快速发展迫切需要建立完善与之相适应的体制机制。体育产业总体规模不大与结构不完善并存，体育服务业比例偏低、种类偏少。体育文化在社会主义核心价值体系建设中的作用未能有效发挥，体育的多元价值有待深入挖掘。体育人才队伍建设还不能适应快速发展的形势，高素质复合型的体育管理人才依然缺乏。

(三)"十三五"时期我国体育发展面临的机遇

以习近平同志为总书记的党中央把体育作为中华民族伟大复兴的一个标志性事业，"十三五"时期党和国家对体育的重视和支持将更加有力，为体育繁荣发展提供了重要机遇。全面建成小康社会将为体育发展开辟新空间，体育在增强人民体质、服务社会民生、助力经济转型升级中的作用更加突出，经济发展新常态和体育供给侧结构性改革对体育与经济社会的协调发展提出了要求，体育产业作为新兴产业、绿色产业、朝阳产业，完全有条件和潜力成为未来我国经济发展新的增长点，体育消费对经济发展的贡献将不断增强。建设健康中国、全民健身上升为国家战略，将为体育发展提供新机遇，将不断满足广大人民群众对健康更高层次的需求，进一步营造崇尚运动、全民健身的良好氛围，推动体育融入生活，培育健康绿色生活方式，增强人民群众的幸福感和获得感，有效提高全民族健康水平。全面深化改革和依法治国的战略部署将为体育改革增添新动力，事业单位分类改革和体育社会组织改革的整体推进将进一步消除制约各类体育社会组织发展的体制和机制障碍，体育组织化水平和社会化程度将快速提升。信息化、全球化、网络化交织并进，为体育各领域的改革和发展提供了技术新引擎，"中国制造2025"、"互联网＋"行动计划、"大众创业、万众创新"为体育发展激发新活力，体育与政治、经济、社会和文化将产生更加积极全面的互动。新型外交战略将为展现体育文化软实力提供广阔舞台，筹办2022年北京冬奥会等国际大赛将不断提升中国体育的国际影响力，我国冰雪体育运动和冰雪产业将迎来快速发展新时期。把握"十三五"时期体育发展机遇，必须更新理念，拓宽视野，坚定不移地深化改革，扎实推进各项工作，在新的更高起点上推动我国体育全面协调可持续发展。

二、"十三五"时期体育发展的指导思想、基本原则、发展目标和发展理念

（四）"十三五"时期体育发展的指导思想

高举中国特色社会主义伟大旗帜，全面贯彻党的十八大和十八届三中、四中、五中全会精神，以马克思列宁主义、毛泽东思想、邓小平理论、"三个代表"重要思想、科学发展观为指导，深入贯彻习近平总书记系列重要讲话精神，解放思想、深化改革、开拓创新、激发活力，把增进人民福祉、促进人的全面发展作为体育发展的出发点和落脚点，坚持建设体育强国的战略定位，实施全民健身国家战略，推进健康中国建设，坚定不移走中国特色社会主义体育发展道路，创新体育发展方式，全面提升体育治理体系与治理能力现代化水平，努力将体育建设成为中华民族伟大复兴的标志性事业。

（五）"十三五"时期体育发展的基本原则

——坚持以人为本。必须牢固树立以人民为中心的发展思想，以保障人民群众的体育权益为着眼点，充分调动人民参与体育的积极性、主动性、创造性，进一步激发和调动各方活力，不断满足人民群众日益增长的多元化体育需求。

——坚持科学发展。必须从中国体育发展实际出发，遵循现代体育发展内在规律，顺应社会发展新趋势，加快转变体育发展方式，实现体育更高质量、更有效率、更加公平、更可持续的发展。

——坚持深化改革。必须始终坚持以改革促发展，破除体制机制障碍，充

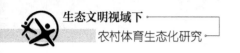

分发挥市场在体育资源配置中的决定性作用和更好地发挥政府作用，积极培育社会力量参与体育发展，不断完善中国特色体育发展道路。

——坚持依法治体。必须进一步强化法治理念，坚持依法决策、依法行政、严格执法，把体育发展纳入法制轨道，加快建设中国特色体育法治体系，切实保障公民体育权利。

——坚持党的领导。必须认真落实党中央、国务院发展体育工作的一系列指示精神，进一步把思想和行动统一到党和国家对体育发展的战略部署上，全面贯彻从严治党要求，坚定不移推进反腐倡廉，加强体育队伍思想政治与行风建设，积极应对各种风险挑战，为体育改革与发展提供更为坚实的政治保障。

（六）"十三五"时期体育发展的主要目标

根据全面建成小康社会的总体部署、实现体育强国的战略目标和建设健康中国的任务要求，深化体育重点领域改革，促进群众体育、竞技体育、体育产业、体育文化等各领域全面协调可持续发展，推进体育发展迈上新台阶。

——体育重点领域改革取得新突破，体制机制创新取得新成果。加快政府职能转变，推进足球项目改革试点，加速职业体育发展，创新体育社会组织管理和体育场馆运营，逐步完善与经济社会协调发展的体育管理体制和运行机制，基本形成现代体育治理体系。

——全民健身国家战略深入推进，群众体育发展达到新水平。《全民健身计划（2016—2020年》有效实施，全民健身公共服务体系日趋完善，人民群众健身意识普遍增强，身体素质逐步提高。到2020年，经常参加锻炼的人数达到4.35亿，人均体育场地面积达到1.8平方米。

——竞技体育发展方式有效转变，综合实力和国际竞争力进一步增强。项目结构不断优化，发展质量和效益显著提高。2016年里约奥运会努力保持和巩固既有运动项目优势和成绩地位。2018年平昌冬奥会在保持水平的基础上，扩大参赛规模，成绩稳中有升，追求超越。2020年东京奥运会，努力争取运动成绩领先地位。

——体育产业规模和质量不断提升，体育消费水平明显提高。到2020年，全国体育产业总规模超过3万亿元，体育产业增加值的年均增长速度明显快于同期经济增长速度，在国内生产总值中的比重达到1%，体育服务业增加值占比超过30%。体育消费额占人均居民可支配收入比例超过2.5%。

——体育文化在体育发展中的影响进一步扩大，在培育社会主义核心价值观中的作用更加突出。培育运动项目文化，力争打造一批高质量的体育文化精品工程，办好一批社会效益显著的体育文化品牌活动，把丰富多彩的体育文化理念融入体育事业发展的各个环节，为精神文明建设增添力量。

（七）"十三五"时期体育发展的基本理念

——创新发展。把创新作为推进体育发展的强大驱动力，充分激发各类主体的创新活力，积极推进理论创新、制度创新、科技创新、文化创新，推动体育领域"大众创业、万众创新"，探索体育发展新模式。

——协调发展。积极推动体育与经济社会的协调发展，不断增强各项体育工作的系统性和协同性，促进体育事业与体育产业协调发展、群众体育与竞技体育全面发展，推动城乡体育均衡发展、区域体育联动发展。

——绿色发展。充分发挥体育行业绿色低碳优势，服务于健康中国建设，倡导健康生活方式，推进健康关口前移，延长健康寿命，提高生活品质。倡导体育设施建设和大型活动节能节俭，挖掘体育在建设资源节约型、环境友好型社会中的潜力。

——开放发展。加强体育与社会相关领域的融合与协作，积极吸引社会力量共同参与体育发展。加强体育对外交往，积极借鉴国际体育发展先进理念与方式，增强在国际体育事务中的话语权。

——共享发展。加快完善体育共建共享机制，着力推进基本公共体育服务均等化，使全体人民在体育参与中增强体育意识，享受体育乐趣，提升幸福感，做到体育发展为了人民，体育发展依靠人民，体育发展成果由人民共享。

三、深化重点领域改革创新，增强体育发展活力

（八）加快政府职能转变

进一步厘清体育行政部门权力边界，减少审批事项，放宽市场准入，实施负面清单管理模式，加强事中事后监管。研究制定体育工作综合评价体系，从群众体育、竞技体育、体育产业、体育文化等方面综合评价政府体育工作。进一步健全政府购买体育服务体制机制，完善资金保障、监督管理、绩效评价等配套政策，制定政府购买体育服务指导性目录，把适合由市场和社会承担的体育服务事项，按照法定方式和程序，交由具备条件的社会组织和企事业单位承担，逐步构建多层次、多方式的体育服务供给与保障体系。

（九）创新体育社会组织管理

研究制定体育社会组织改革相关政策，大力引导、培育、扶持体育社团、体育民办非企业单位、体育基金会等体育社会组织发展，创新体育社会组织管理方式。落实《行业协会商会与行政机关脱钩总体方案》，稳步推进全国性体育社会组织改革试点工作，统筹解决试点工作中的重点难点问题，及时总结和推广改革试点经验，推动各级各类体育社会组织改革。

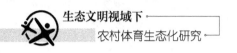
(十) 推进职业体育改革

积极探索社会主义市场经济条件下职业体育的发展方式，鼓励具备条件的运动项目走职业化道路，稳步推进职业体育发展。完善职业体育的政策制度体系，扩大职业体育社会参与，鼓励发展职业联盟，逐步提高职业体育的成熟度和规范化水平。健全职业体育法律、法规，推进体育信用体系建设，优化和规范职业体育发展环境。依法明确职业体育发展的主体，理顺各利益主体间的关系，切实维护各方合法权益。改进职业联赛决策机制，不断完善和建设中国特色职业体育联赛制度。

(十一) 实施足球改革

落实《中国足球改革发展总体方案》和《中国足球协会调整改革方案》，充分发挥体育行政部门在宏观管理、基本建设、政策规范、市场秩序等方面的基础保障、服务、引导和监管作用，中国足球协会切实履行领导和治理中国足球的任务。与有关部门配合，加强足球场地设施建设，继续推进校园足球发展。以青少年为重点，普及发展社会足球，不断扩大足球人口规模，夯实足球发展基础。改进足球竞赛体系和职业联赛体制。完善职业足球俱乐部的法人治理结构，加快现代企业制度建设，充分发挥俱乐部的市场主体作用。探索职业足球背景下国家队建设规律，处理好国家队、联赛、青少年足球发展的关系，统筹资源，协调利益，凝聚为国争光的共识。

(十二) 创新体育场馆运营

积极推进体育场馆管理体制改革和运营机制创新，引入和运用现代企业制度，激发场馆活力，探索大型体育场馆所有权与经营权分离。完善政府购买体育场馆公益性服务的机制和标准，健全体育场馆公益性开放评估体系。推行场馆设计、建设、运营管理一体化模式，将办赛需求与赛后综合利用有机结合。鼓励场馆运营管理实体通过品牌输出、管理输出、资本输出等形式实现规模化、专业化运营。增强大型体育场馆复合经营能力，拓展服务领域，延伸配套服务，打造城市体育服务综合体。

四、落实全民健身国家战略，加快推动群众体育发展

(十三) 不断完善基本公共体育服务

加快建设水平较高、内容完备、惠及全民的基本公共体育服务体系，逐步推动基本公共体育服务在地域、城乡和人群间的均等化。推进基本公共体育服务示范区建设，制定结构合理、内容明确、符合实际的基本公共体育服务标准体系。加强基本公共体育服务信息化建设，建立数据采集和监测体系。以实施

《全民健身计划（2016—2020年）》为主要抓手，落实目标任务和重大政策措施，创新全民健身组织方式、活动开展方式、服务模式，开展实施效果评估和满意度调查。

（十四）加强健身场地设施建设与管理

统筹规划，合理布局，规范标准，节约集约，重点建设一批便民利民的健身场地设施，逐步建成县（市、区）、街道（乡镇）、社区（村）三级群众健身场地设施网络，推进建设城市社区15分钟健身圈。推动休闲健身场地设施建设，构建休闲健身运动场地设施网络。结合基层综合性文化服务中心、农村社区综合服务设施建设及区域特点，加强乡镇体育场地设施建设。优化健身场地设施投资结构，鼓励社会资本投入健身设施建设，落实国家财税优惠政策。加强健身场地设施管理与维护，坚持建管并举，提高健身场地设施使用率。

（十五）广泛开展丰富多样的全民健身活动

完善全民健身活动体系，拓展全民健身活动的广度和深度。大力发展健身走（跑）、骑行、登山、徒步、游泳、球类、广场舞等群众喜闻乐见的运动项目，积极培育冰雪、帆船、击剑、赛车、马术、极限、航空等具有消费引领特征的时尚运动项目，扶持推广武术、太极拳、健身气功等民族民俗民间传统运动项目，鼓励开发适合不同人群、不同地域特点的特色运动项目。建立有效的业余竞赛活动体系和激励机制，探索多元主体办赛机制，促进全民健身活动广泛开展。

（十六）基本建成覆盖全社会的全民健身组织网络

大力培育基层全民健身组织，逐步建立遍布城乡、规范有序、充满活力的社会化全民健身组织网络。推动全民健身组织自身建设，提高综合服务能力。拓宽社会体育指导员的发展渠道，提升社会体育指导员的技能和综合素质，探索社会体育指导员与人群和项目结合的新模式。构建全民健身志愿服务组织网络，建立全民健身志愿服务长效机制。加强全民健身组织政策法规的制定，形成全民健身组织发展的管理和保障机制。

（十七）加大科学健身指导和宣传力度

进一步完善国民体质测试常态化机制，探索体质测定与运动健身指导站、社区医院等社会资源相结合的运行模式。建立广泛覆盖城镇乡村的体质测试平台，开展不同人群的国民体质测试工作，依托体质监测数据库，建立科学健身指导服务体系。组织开展科学健身主题宣传活动，引导各级各类媒体运用群众喜闻乐见的方式，普及健身知识，推广健康生活方式，提高公众对科学健身的

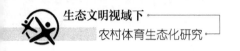

知晓率、参与率，提升运动健身效果。

（十八）加快青少年体育发展

实施青少年体育活动促进计划，进一步加强青少年体育俱乐部、体育传统校和青少年户外体育活动营地建设。广泛开展丰富多样的青少年公益体育活动和运动项目技能培训，促进青少年养成体育锻炼习惯，掌握一项以上体育运动技能。大力推动青少年校外体育活动场地设施建设，开发适应青少年特点的运动器械、锻炼项目和健身方法。探索青少年校外体育辅导员队伍的培育工作，推进青少年体育志愿服务体系建设，完善青少年体育评价机制。

（十九）保障特殊群体基本体育权利

构建政府主导、多元主体参与的特殊群体体育活动保障体系，加大供给力度，提高精准化服务水平。加强对老年人、残疾人等特殊群体开展体育活动的组织与领导，研制与推广适合特殊群体的日常健身活动项目、体育器材、科学健身方法。广泛调动社会力量，为贫困人口和农民工等弱势群体参加体育活动提供场地设施、科学指导等保障服务。

五、落实奥运争光计划，提高竞技体育综合实力

（二十）转变竞技体育发展方式

树立正确政绩观，充分认识竞技体育多元功能和综合社会价值。坚持和完善竞技体育举国体制，逐步形成国家办与社会办相结合的竞技体育管理体制和评估体系。加强对竞技体育发展理论、训练理念、技战术、组织管理等方面的研究和经验总结，使创新成为竞技体育发展的强大驱动力。完善国内综合性运动会和单项比赛竞赛组织与管理办法，发挥竞赛的杠杆作用，调动社会资源参与办赛积极性，建设品牌赛事，实现社会效益与经济效益融合统一。

（二十一）优化竞技体育项目结构

综合评估竞技体育项目发展潜力和价值，坚持突出重点、优化结构、提高效益。优势项目保持优势，潜优势项目加快发展，基础项目和集体球类项目水平稳步提高。引导国内区域间竞技体育协调发展，鼓励各省（区、市）重点发展符合本地区实际、具有区域特点的竞技体育项目。统筹奥运会项目与非奥运会项目、夏季奥运会项目与冬季奥运会项目、优势与潜优势项目、基础项目及集体球类项目协调发展，加快落后项目的发展进程。

（二十二）做好重大赛事的备战参赛和组织工作

继续贯彻实施《奥运争光计划纲要（2011—2020 年）》，狠抓备战工作的综合协调与组织保障，确保完成好 2016 年里约奥运会、2018 年平昌冬奥会和 2020 年东京奥运会等大型国际综合性赛事的备战参赛任务。进一步加强运动队思想政治工作。完善国家队竞争和奖励机制，建立符合运动项目实际的复合型国家队训练管理团队，完善《国家队训练质量管理评估办法》，提高训练质量和效益。加强运动训练基地建设。认真组织好全国综合性赛事和承办的国际赛事的筹办工作，做好重要国际赛事的备战参赛工作。

（二十三）加强竞技体育后备人才培养工作

制定出台《关于进一步加强竞技体育后备人才培养工作的指导意见》，充分发挥竞技体育举国体制优势，积极调动社会各界力量，拓宽后备人才培养渠道，构建富有成效的后备人才培养体系。以国家高水平体育后备人才基地建设为龙头，改革与完善三级训练网络，发挥学校尤其是体育院校在后备人才培养中的积极作用。加大对《奥运项目竞技体育后备人才培养中长期规划（2014—2024 年）》实施情况的督导检查力度，加快研究制定各项目青少年运动员选材标准，按照各项目青少年训练教学大纲实施系统训练，加强教练员、体育教师队伍建设，提高选材育才科技含量。

（二十四）完善运动员文化教育与保障体系

推进运动员文化教育常态化，协调做好公办体育运动学校运动员文化教育督导工作，推动义务教育阶段文化教育工作纳入当地教育管理序列。加强运动员在役期间的文化教育工作，建立运动员文化教育与保障信息服务系统。开展国家队文化教育示范队建设，引入社会力量创新教育模式。推进优秀运动员进入高等院校学习的各项政策改革。继续完善运动员收入分配和激励保障政策，实现社会保障制度对运动员全面覆盖。全面开展运动员职业意识养成教育、运动员职业生涯规划和职业培训工作。进一步做好退役运动员就业安置工作，完善运动员职业转换社会扶持体系，引导和鼓励退役运动员积极从事全民健身服务、学校体育、体育产业经营开发等工作。

（二十五）全面提升反兴奋剂工作水平

全面贯彻实施《反兴奋剂条例》《反兴奋剂管理办法》，完善反兴奋剂管理体系，探索建立兴奋剂综合治理长效工作机制，做好备战参赛的各类运动会的反兴奋剂工作。全面开展反兴奋剂教育资格准入，实施"反兴奋剂进校园工程"。继续开展反兴奋剂基础性工作，推进创新性的反兴奋剂新技术、新方法研究，提高兴奋剂管制的质量和水平。

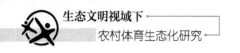

六、以筹办 2022 年北京冬奥会为契机，推动冬季运动发展

(二十六) 大力普及冰雪运动项目

研制并实施《群众冬季运动推广普及计划》，大力发展大众冰雪健身休闲项目，扶持滑冰、冰球和雪上等有潜力的冰雪健身休闲项目快速发展。加强冬季项目场地设施建设，加强冰雪运动专业指导和培训，支持有条件的企业和个人成立冰雪运动俱乐部、培训学校。积极打造"全国大众冰雪季"和"青少年冰雪运动普及"等群众性品牌冰雪活动，举办花样滑冰、冰球、冰壶和单板滑雪等赛事，积极推动冰雪运动进校园。大力发展冰雪运动产业，以带动冰雪设备和冰雪运动装备生产、大众冰雪健身服务平台建设为抓手，逐步打造多元冰雪产业链，有效扩大冰雪体育产业市场供给。推动有气候条件优势、有产业基础的东北地区加快发展冰雪运动。推进"冰雪运动南展西扩"战略，鼓励有条件的南方和西部省市积极开展冰雪运动。

(二十七) 提高冬季运动竞技水平

以北京冬奥会全面参赛为目标，扩大冬季运动开展规模，提高基础设施投入力度。落实《国家体育总局 2022 年北京冬奥会备战工作计划》，优化冬季项目的结构布局，建立完善国家、省市、社会、高校四级体系，巩固扩展短道速滑、花样滑冰、速度滑冰和空中技巧、单板滑雪等项目的基础和水平，加大冰球和高山滑雪等落后项目的政策扶持措施和投入力度，大力发展雪车、雪橇和北欧两项等新开展项目。精心打造各运动项目国家队，完善国家队的组建、选拔、训练、管理等各项制度，加强对国家队经费投入、奖励政策、基地建设、后勤服务、情报信息、科研等方面的保障。落实《冬季项目后备人才培养中长期发展规划》，实施"冬季项目后备人才培养工程"，加强高水平后备人才基地的建设，努力改善后备人才培养的训练设施和教练团队。有序推进 2018 年和 2022 年冬奥会的备战与参赛工作，力争进入第二集团前列。

(二十八) 积极筹办 2022 年北京冬奥会

践行《奥林匹克 2020 议程》，坚持"绿色办奥、共享办奥、开放办奥、廉洁办奥"的理念，将筹办冬奥会作为实施京津冀协同发展战略的重要举措，树立奥林匹克运动与城市良性互动、共赢发展的典范，创造更多持久的奥运遗产。认真分析国际冬季运动发展趋势，使我国冬季项目在观念、体制和机制上更好地与国际接轨，适应国际竞争的要求。加强对冬季项目各类专业人才培养力度，为成功举办一届精彩、非凡、卓越的冬奥会打下坚实基础。

七、扩大体育产品和服务供给，促进体育消费

（二十九）调整体育产业结构

进一步优化体育服务业、体育用品制造业及相关产业结构，实施体育服务业精品工程、体育用品制造业创新提升工程和体育产业融合发展工程。加快体育产业要素结构升级，培育专业人才、品牌、知识产权等高级要素。以足球、冰雪等重点运动项目为带动，通过制定发展专项规划、开展青少年技能培养、完善职业联赛等手段，探索运动项目的产业化发展道路。大力发展"体育+"，积极拓展体育新业态。引导和支持"互联网+体育"发展，鼓励开发以移动互联网为主体的体育生活云平台及体育电商交易平台。与旅游部门共同研制《体育旅游发展纲要》，开展全国体育旅游精品项目推介，打造一批体育旅游重大项目。

（三十）优化体育产业空间布局

围绕"一带一路"、京津冀协同发展、长江经济带三大国家战略，加快国家体育产业基地建设，合理规划布局全国体育产业发展。积极推进区域体育产业协同发展，加强京津冀、长三角、珠三角以及海峡两岸等体育产业圈建设。充分挖掘中西部地区体育产业的资源优势，鼓励各地因地制宜发展区域特色产业，形成东、中、西部体育产业良性互动格局。联合发展改革部门，继续加强对全国 35 个体育产业联系点城市、10 个联系点单位的政策指导，督促相关地区和单位切实做好联系点组织实施工作，加快出台一批可复制、可推广的政策创新成果，为全国体育产业发展提供引导经验。

（三十一）培育体育市场主体

着力扶持、培育一批有自主品牌、创新能力和竞争实力的骨干体育企业。深化体育类国有企业改革，提升体育产业领域中国有资产的价值。引导有实力的体育企业以资本为纽带，实行跨地区、跨行业、跨所有制的兼并、重组、上市。鼓励体育优势企业、优势品牌和优势项目"走出去"。积极支持体育产业的海外并购，鼓励吸引国际体育组织或体育企业、国际体育学校落户中国。全面落实国家扶持中小微企业发展的政策措施，积极扶持中小微体育企业发展，鼓励成立各类体育产业孵化平台，为体育领域的"大众创业、万众创新"提供环境。充分利用认证认可手段，为体育产业创新发展提供技术支撑。转变监管理念，加强对体育市场的事中事后监管，强化社会监督。

（三十二）扩大体育产品供给

推广运用政府和社会资本合作模式，加大财政金融扶持力度，支持社会力

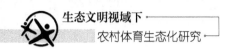

量进入体育产业领域，建设体育设施，开发体育产品，提供体育服务。联合发展改革、财政等部门，根据关于加快推进健康与养老服务工程建设的相关要求，放宽市场准入，发挥政府购买服务等支持作用，进一步丰富体育服务供给。引导企业增加科技投入，加大自主研发和科技成果转化，开发科技含量高、拥有自主知识产权的产品，培育一批具有自主知识产权的体育用品知名品牌，重点支持可穿戴运动设备和智能运动装备的研发和制造。

（三十三）引导体育消费

鼓励各地研究制定引导体育消费的政策措施，有条件的地区可以探索面向特定人群或在特定时间试行发放体育消费券。加强体育场馆等体育消费基础设施建设与改造，引导社会力量盘活存量资源，改造旧厂房、仓库、老旧商业设施等用于体育健身，鼓励机关、学校等企事业单位的体育场馆设施向社会开放。推动体育企业与移动互联网的融合，积极利用大数据、云计算、智能硬件和各类主题 APP 拓展客户，提升体育营销的针对性和有效性。总结和推广各地鼓励大众体育消费的先进经验。

（三十四）做好体育彩票工作

坚持国家彩票的方向，把握安全运营的生命线，全力做好体育彩票各项工作。转变发展理念和发展方式，大力强化体育彩票的公益属性、提高发展质量，增强公信力建设。狠抓依法治彩，继续贯彻《彩票管理条例》，进一步完善各项市场管理制度。加快建立健全与彩票管理体制匹配的运营机制。加快体育彩票创新步伐，积极研究推进发行以中国足球职业联赛为竞猜对象的足球彩票。适应发展趋势，完善销售渠道，稳步扩大市场规模。加强公益金的使用管理绩效评价，不断提升体育彩票的社会形象。

八、实施科教兴体，加快人才队伍建设

（三十五）完善体育科技创新体系

建立和完善资源布局合理、配置优化，适应体育领域"大众创业、万众创新"的科技创新体系。以高等院校、体育科研院所和重点实验室为基础，推进竞技体育专项研究平台、群众体育科学健身指导平台、体育产业科研服务平台建设。以运动促进健康、运动处方、科学健身指导与服务为重点，开展全民健身理论与方法的研究与应用。以"三大球"、基础大项、冬季项目取得突破为目标，加强科学选材、运动防护、训练监控、体能恢复、伤病治疗、运动康复、信息分析和应用等领域研究，着力解决重点运动项目关键技术问题。以具有自主知识产权的装备器材、新型体育服务技术、"互联网＋"产品为重点，着力推动科技创新和成果转化。

（三十六）繁荣体育哲学社会科学研究

紧密结合体育改革与发展实践，围绕体育发展中的重大理论与现实问题开展研究。重视高水平的研究成果应用，鼓励各级科研机构、高等院校建设体育智库，为体育发展和重大决策提供咨询服务。加强体育哲学社会科学研究队伍建设，重点培养体育理论研究骨干力量，加大青年体育理论人才的培养力度。推进体育哲学社会科学队伍学风建设，严格学术规范。

（三十七）壮大体育人才队伍

充分发挥高等院校的优势，加强体育特色专业和重点学科建设，壮大体育人才队伍，支持高等院校与运动项目协会协同创新，共同发展。创建体育院校创新创业服务平台，深化体育院校竞赛改革和创新，协调做好体育高等职业教育和继续教育。坚持人才优先发展，优化体育人才成长环境，完善体育人才培养开发、选拔任用、流动配置、激励保障机制。深入贯彻落实《全国体育人才发展规划》，实施《2022 年冬奥会人才工作规划》，继续实施"优秀中青年专业技术人才百人计划""精英教练员双百培养计划"等专项人才计划，充分发挥北京体育大学、国家教练员学院、国家体育总局干部培训中心等机构的作用，加强教练员岗位培训工作，提高竞技体育人才队伍质量，提升全民健身体育人才服务水平，扩大体育产业人才规模，形成一支德才兼备、结构合理、能力突出、业绩显著的骨干人才队伍。

九、加强体育文化建设，提高体育宣传和对外交往工作水平

（三十八）促进体育文化大发展、大繁荣

大力弘扬以爱国主义为核心的中华体育精神，培育和传播奥林匹克文化。加快推进运动项目文化建设，启动体育文化精品建设工程。充分挖掘体育的多元价值，精心培育体育公益、慈善和志愿文化。落实《中共中央关于繁荣发展社会主义文艺的意见》，扶持和引导体育文艺创作。结合国家文化发展战略，传承和推广优秀中华民族传统体育项目，保护和开发体育非物质文化遗产，以体育为载体阐释中国梦，推动中华体育文化走向世界。

（三十九）加强体育宣传与舆论引导工作

服务党和国家发展大局，适应媒体格局、受众对象、传播技术深刻变化的态势，以积极回应社会关切、提升体育事业公众形象为目的，以建立健全宣传工作机制为切入点，着力提高舆论引导能力和水平，大力宣传中华体育精神和

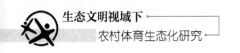

奥林匹克精神，为体育事业的健康发展提供舆论支持、精神动力和文化条件。加大对体育多元功能的挖掘与传播，加大对体育改革、全民健身和体育产业的宣传力度，完善和健全信息发布机制，推动政府信息公开。

（四十）进一步扩大对外体育交流与合作

在"优势互补，互利共赢"的基础上与世界体育大国、强国发展双边合作关系。本着"与邻为善，以邻为伴"的精神，与亚洲及周边国家开展体育交流与合作。根据"突出重点，量力而行"的原则，开展与非洲和拉美国家的务实合作，为体育发展营造良好的外部环境。积极参与政府间人文交流活动，以体育交流活动丰富人文交流的内涵。以筹办2022年北京冬奥会、2022年杭州亚运会和参加重大体育赛事为契机，拓展与国际体育组织的合作领域，积极参与国际体育事务，增强国际体育事务话语权，加快体育外事人才培养。

（四十一）巩固深化对港澳台体育交流与合作

进一步深化两岸体育各领域的交流与合作，巩固和发展两岸体育交流的良好局面。继续办好两岸体育交流座谈会，完善两岸体育组织间的对口交流机制，打造更多品牌性交流活动。坚持"奥运模式"框架，妥善处理国际体育领域的涉台问题，维护国家核心利益。按照"一国两制"方针和《基本法》有关规定，全面深化内地与港澳间的体育交流与合作，积极支持港澳体育发展。继续推动内地与港澳体育界的交流互动，增强港澳同胞的国家认同感和民族自豪感。

十、推进依法治体，提升体育法治化水平

（四十二）深入推进依法行政

依法履行政府职能，运用法治思维推进体育领域各项改革。强化法治意识，坚持法定职责必须为、法无授权不可为。不断提升各级政府体育主管部门职权的规范化、科学化水平。建立健全科学决策机制，确保体育发展各项决策程序正当、过程公开、责任明确。建立和完善体育行政部门法律顾问制度，加强行业协会脱钩的相关法律制度建设。

（四十三）完善体育法规体系建设

加快推进《体育法》修改工作，加强体育重点领域科学立法，扩大公民参与立法途径，构建系统的公民体育权利法律保护体系。统筹、完善体育法规体系建设。做好规章与法律、行政法间的衔接，协调体育规范性文件之间的内容，避免重复立法和法律冲突。

（四十四）切实提高体育行政执法水平

明确体育执法的权限，保证体育执法有法可依、运行规范，保障体育活动参与者的知情权、监督权。完善体育行政执法制度，合理配置执法力量，规范执法行为，加强行政执法责任制，确保执法人员权责统一，保证对体育执法的监督与监管。

（四十五）健全体育纠纷多元化解决机制

推进多元化体育纠纷解决机制建设，完善体育协会对职业联赛、反兴奋剂、运动员参赛资格等纠纷解决的听证制度。研究探索建立中国特色的体育仲裁制度，加强与国际体育仲裁机构的沟通合作。充分发挥体育调解在体育纠纷解决中的作用，不断提升和完善体育行政复议和行政诉讼对体育纠纷解决的救济功能。

（四十六）推进体育法治宣传教育

营造体育系统学法、守法、尊法、用法的良好氛围。各级体育部门领导干部和体育工作者，要持之以恒学法、坚定自觉遵法、严格自律守法、积极主动用法，养成遇事找法、办事依法、解决问题靠法的行为习惯。充分利用移动互联网等现代通信手段，创新普法形式，提高普法效率，确保普法实效。

十一、加强组织领导，确保规划落实

（四十七）加强组织领导

各级政府要高度重视体育工作，将体育发展纳入当地国民经济和社会发展的总体规划，把体育经费、基本建设资金列入本级财政预算和基本建设投资计划。各级体育部门要加强与发展改革、财政、税收、金融、国土等部门的联系与合作，建立健全体育工作领导协调机制。

（四十八）促进区域体育发展

积极推进京津冀、长三角、珠三角、海峡两岸等区域体育协同发展，构建区域体育协同发展的体制机制，共同打造合作平台，促进区域在体育资源共享、制度对接、要素互补、流转顺畅、待遇互认和指挥协同方面的良性互动，推动区域在体育健身圈建设、体育赛事举办、体育产业发展、体育人才培养交流等方面的协同发展。

（四十九）做好扶贫援助工作

以体育需求为导向，不断创新体育扶贫工作的方式和组织形式，实施精准

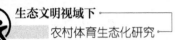

援助，丰富革命老区、民族地区、边疆地区和贫困地区的体育生活，做好体育援疆、援藏工作，提高当地体育发展水平。

（五十）强化基础性工作

整合力量、完善队伍，进一步加强体育事业和体育产业统计工作，健全体育信息发布制度。完善体育标准体系，提高体育标准化水平。实施体育领域的"互联网＋"战略，加速体育信息化建设进程。

（五十一）狠抓反腐倡廉和行业作风建设

贯彻全面从严治党要求，落实主体责任和监督责任，明纪立规，正风反腐，加大对重点领域的监督检查，强化监督和问责力度，建立惩防结合的源头治理体系，为体育发展营造风清气正的良好环境。

（五十二）加强监督落实

建立目标任务考核制度，分解落实本规划确定的目标任务，实行规划年度监督、中期评估和终期检查制度。建立健全动态调整机制，跟踪分析规划实施情况，为调整目标任务和制定政策措施提供依据，确保本规划目标任务如期完成。

附录七　全民健身计划（2016—2020 年）

　　全民健康是国家综合实力的重要体现，是经济社会发展进步的重要标志。全民健身是实现全民健康的重要途径和手段，是全体人民增强体魄、幸福生活的基础保障。实施全民健身计划是国家的重要发展战略。在党中央、国务院正确领导下，过去五年，经过各地各有关部门和社会各界的共同努力，覆盖城乡、比较健全的全民健身公共服务体系基本形成，为提供更加完备公共体育服务、建设体育强国奠定坚实基础。今后五年，面对人民群众日益增长的体育健身需求、全面建成小康社会的目标要求、推动健康中国建设的机遇挑战，需要更加准确把握新时期全民健身发展内涵的深刻变化，不断开拓发展新境界，使其成为健康中国建设的有力支撑和全面建成小康社会的国家名片。为实施全民健身国家战略，提高全民族的身体素质和健康水平，制定本计划。

一、总体要求

　　（一）指导思想。全面贯彻党的十八大和十八届三中、四中、五中全会精神，紧紧围绕"四个全面"战略布局和党中央、国务院决策部署，牢固树立和贯彻落实创新、协调、绿色、开放、共享的发展理念，以增强人民体质、提高健康水平为根本目标，以满足人民群众日益增长的多元化体育健身需求为出发点和落脚点，坚持以人为本、改革创新、依法治体、确保基本、多元互促、注重实效的工作原则，通过立体构建、整合推进、动态实施，统筹建设全民健身公共服务体系和产业链、生态圈，提升全民健身现代治理能力，为全面建成小康社会贡献力量，为实现中华民族伟大复兴的中国梦奠定坚实基础。

　　（二）发展目标。到 2020 年，群众体育健身意识普遍增强，参加体育锻炼的人数明显增加，每周参加 1 次及以上体育锻炼的人数达到 7 亿，经常参加体育锻炼的人数达到 4.35 亿，群众身体素质稳步增强。全民健身的教育、经济和社会等功能充分发挥，与各项社会事业互促发展的局面基本形成，体育消费总规模达到 1.5 万亿元，全民健身成为促进体育产业发展、拉动内需和形成新的经济增长点的动力源。支撑国家发展目标、与全面建成小康社会相适应的全民健身公共服务体系日趋完善，政府主导、部门协同、全社会共同参与的全民健身事业发展格局更加明晰。

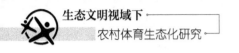

二、主要任务

（三）弘扬体育文化，促进人的全面发展。普及健身知识，宣传健身效果，弘扬健康新理念，把身心健康作为个人全面发展和适应社会的重要能力，树立以参与体育健身、拥有强健体魄为荣的个人发展理念，营造良好舆论氛围，通过体育健身提高个人的团队协作能力。引导发挥体育健身对形成健康文明生活方式的作用，树立人人爱锻炼、会锻炼、勤锻炼、重规则、讲诚信、争贡献、乐分享的良好社会风尚。

将体育文化融入体育健身的全周期和全过程，以举办体育赛事活动为抓手，大力宣传运动项目文化，弘扬奥林匹克精神和中华体育精神，挖掘传承传统体育文化，发挥区域特色文化遗产的作用。树立全民健身榜样，讲述全民健身故事，传播社会正能量，发挥体育文化在践行社会主义核心价值观、弘扬中华民族传统美德、传承人类优秀文明成果和提升国家软实力等方面的独特价值和作用。

（四）开展全民健身活动，提供丰富多彩的活动供给。因时因地因需开展群众身边的健身活动，分层分类引导运动项目发展，丰富和完善全民健身活动体系。大力发展健身跑、健步走、骑行、登山、徒步、游泳、球类、广场舞等群众喜闻乐见的运动项目，积极培育帆船、击剑、赛车、马术、极限运动、航空等具有消费引领特征的时尚休闲运动项目，扶持推广武术、太极拳、健身气功等民族民俗民间传统和乡村农味农趣运动项目，鼓励开发适合不同人群、不同地域和不同行业特点的特色运动项目。

激发市场活力，为社会力量举办全民健身活动创造便利条件，发挥网络等新兴活动组织渠道的作用，完善业余体育竞赛体系。鼓励举办不同层次和类型的全民健身运动会，设立残疾人组别，促进健全人与残疾人体育运动融合开展。支持各地、各行业结合地域文化、农耕文化、旅游休闲等资源，打造具有区域特色、行业特点、影响力大、可持续性强的品牌赛事活动。推动各级各类体育赛事的成果惠及更多群众，促进竞技体育与群众体育全面协调发展。重视发挥健身骨干在开展全民健身活动中的作用，引导、服务、规范全民健身活动健康发展。

（五）推进体育社会组织改革，激发全民健身活力。按照社会组织改革发展的总体要求，加快推动体育社会组织成为政社分开、权责明确、依法自治的现代社会组织，引导体育社会组织向独立法人组织转变，推动其社会化、法治化、高效化发展，提高体育社会组织承接全民健身服务的能力和质量。

积极发挥全国性体育社会组织在开展全民健身活动、提供专业指导服务等方面的龙头示范作用。加强各级体育总会作为枢纽型体育社会组织的建设，带动各级各类单项、行业和人群体育组织开展全民健身活动。加强对基层文化体育组织的指导服务，重点培育发展在基层开展体育活动的城乡社区服务类社会组织，鼓励基层文化体育组织依法依规进行登记。推进体育社会组织品牌化发展并在社区建设中发挥作用，形成架构清晰、类型多样、服务多元、竞争有序的现代体育社会组织发展新局面。

（六）统筹建设全民健身场地设施，方便群众就近就便健身。按照配置均衡、规模适当、方便实用、安全合理的原则，科学规划和统筹建设全民健身场地设施。推动公共体育设施建设，着力构建县（市、区）、乡镇（街道）、行政村（社区）三级群众身边的全民健身设施网络和城市社区 15 分钟健身圈，人均体育场地面积达到 1.8 平方米，改善各类公共体育设施的无障碍条件。

有效扩大增量资源，重点建设一批便民利民的中小型体育场馆，建设县级体育场、全民健身中心、社区多功能运动场等场地设施，结合基层综合性文化服务中心、农村社区综合服务设施建设及区域特点，继续实施农民体育健身工程，实现行政村健身设施全覆盖。新建居住区和社区要严格落实按"室内人均建筑面积不低于 0.1 平方米或室外人均用地不低于 0.3 平方米"标准配建全民健身设施的要求，确保与住宅区主体工程同步设计、同步施工、同步验收、同步投入使用，不得挪用或侵占。老城区与已建成居住区无全民健身场地设施或现有场地设施未达到规划建设指标要求的，要因地制宜配建全民健身场地设施。充分利用旧厂房、仓库、老旧商业设施、农村"四荒"（荒山、荒沟、荒丘、荒滩）和空闲地等闲置资源，改造建设为全民健身场地设施，合理做好城乡空间的二次利用，推广多功能、季节性、可移动、可拆卸、绿色环保的健身设施。利用社会资金，结合国家主体功能区、风景名胜区、国家公园、旅游景区和新农村的规划与建设，合理利用景区、郊野公园、城市公园、公共绿地、广场及城市空置场所建设休闲健身场地设施。

进一步盘活存量资源，做好已建全民健身场地设施的使用、管理和提档升级，鼓励社会力量参与现有场地设施的管理运营。完善大型体育场馆免费或低收费开放政策，研究制定相关政策鼓励中小型体育场馆免费或低收费开放。确保公共体育场地设施和符合开放条件的企事业单位、学校体育场地设施向社会开放。

（七）发挥全民健身多元功能，形成服务大局、互促共进的发展格局。结合"健康中国 2030"等总体发展战略，以及科技、教育、文化、卫生、养老、助残等事业发展，统筹谋划全民健身重大项目工程，发挥全民健身在促进素质教育、文化繁荣、社会包容、民生改善、民族团结、健身消费和大众创业、万众创新等方面的积极作用。

充分发挥全民健身对发展体育产业的推动作用，扩大与全民健身相关的体育健身休闲活动、体育竞赛表演活动、体育场馆服务、体育培训与教育、体育用品及相关产品制造和销售等体育产业规模，使健身服务业在体育产业中所占比重不断提高。鼓励发展健身信息聚合、智能健身硬件、健身在线培训教育等全民健身新业态。充分利用"互联网＋"等技术开拓全民健身产品制造领域和

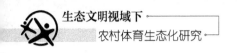

消费市场，使体育消费在居民消费支出中所占比重不断提高。

（八）拓展国际大众体育交流，引领全民健身开放发展。坚持"请进来、走出去"，拓展全民健身理论、项目、人才、设备等国际交流渠道，推动全民健身向更高层次发展。

搭建全民健身国际交流平台，加强国际互动交流。传播和推广全民健身发展过程中的中国理念、中国故事、中国人物、中国标准、中国产品，发出中国声音，提升国际影响力，有效发挥全民健身在推广中国文化、提升国家形象和增强国家软实力等方面的独特作用。

（九）强化全民健身发展重点，着力推动基本公共体育服务均等化和重点人群、项目发展。依法保障基本公共体育服务，推动基本公共体育服务向农村延伸，以乡镇、农村社区为重点促进基本公共体育服务均等化。坚持普惠性、保基本、兜底线、可持续、因地制宜的原则，重点扶持革命老区、民族地区、边疆地区、贫困地区发展全民健身事业。

将青少年作为实施全民健身计划的重点人群，大力普及青少年体育活动，提高青少年身体素质。加强学校体育教育，将提高青少年的体育素养和养成健康行为方式作为学校教育的重要内容，保证学生在校的体育场地和锻炼时间，把学生体质健康水平纳入工作考核体系，加强学校体育工作绩效评估和行政问责。全面实施青少年体育活动促进计划，积极发挥"青少年阳光体育大会"等青少年体育品牌活动的示范引领作用，使青少年提升身体素质、掌握运动技能、培养锻炼兴趣，形成终身体育健身的良好习惯。推进老年宜居环境建设，统筹规划建设公益性老年健身体育设施，加强社区养老服务设施与社区体育设施的功能衔接，提高使用率，支持社区利用公共服务设施和社会场所组织开展适合老年人的体育健身活动，为老年人健身提供科学指导。进一步加大对国家全民健身助残工程的支持力度，采取优惠政策，推动残疾人康复体育和健身体育广泛开展。开展职工、农民、妇女、幼儿体育，推动将外来务工人员公共体育服务纳入属地供给体系。加大对社区矫正人员等特殊人群的全民健身服务供给，使其享受更多社会关爱，在融入社会方面增加获得感和满足感。

加快发展足球运动和冰雪运动。着力加大足球场地供给，把建设足球场地纳入城镇化和新农村建设总体规划，因地制宜鼓励社会力量建设小型、多样化的足球场地。广泛开展校园足球活动，抓紧完善常态化、纵横贯通的大学、高中、初中、小学四级足球竞赛体系。积极倡导和组织行业、社区、企业、部队、残疾人、中老年、五人制、沙滩足球等形式多样的民间足球活动，举办多层级足球赛事，不断扩大足球人口规模，促进足球运动蓬勃发展。大力推广普及冰雪运动，利用筹备和举办北京2022年冬奥会和冬残奥会的契机，实施群众冬季运动推广普及计划。支持各地建设和改建多功能冰场和雪场，引导社会力量进入冰雪运动领域，推进冰雪运动进景区、进商场、进社区、进学校，扶持花样滑冰、冰球、高山滑雪等具有一定群众基础的冰雪健身休闲项目，打造品牌冰雪运动俱乐部、冰雪运动院校和一系列观赏性强、群众参与度高的品牌赛事活动。积极培育冰雪设备和运动装备产业，推动其发展壮大。鼓励各地依托当地自然人文资源开展形式多样的冰雪运动，实现 3 亿人参与冰雪运动，使冰雪运动的群众基础更加坚实。

三、保障措施

（十）完善全民健身工作机制。通过强化政府主导、部门协同、全社会共同参与的全民健身组织架构，推动各项工作顺利开展。政府要按照科学统筹、合理布局的原则，做好宏观管理、政策制定、资源整合分配、工作监督评估和协调跨部门联动；各有关部门要将全民健身工作与现有政策、目标、任务相对接，按照职责分工制定工作规划、落实工作任务；智库可为有关全民健身的重要工作、重大项目提供咨询服务，并在顶层设计和工作落实中发挥作用；社会组织可在日常体育健身活动的引导、培训、组织和体育赛事活动的承办等方面发挥作用，积极参与全民健身公共服务体系建设。以健康为主题，整合基层宣传、卫生计生、文化、教育、民政、养老、残联、旅游等部门相关工作，在街道、乡镇层面探索建设健康促进服务中心。

（十一）加大资金投入与保障。建立多元化资金筹集机制，优化投融资引导政策，推动落实财税等各项优惠政策。县级以上地方人民政府应当将全民健身工作相关经费纳入财政预算，并随着国民经济的发展逐步增加对全民健身的投入。安排一定比例的彩票公益金等财政资金，通过设立体育场地设施建设专项投资基金和政府购买服务等方式，鼓励社会力量投资建设体育场地设施，支持群众健身消费。依据政府购买服务总体要求和有关规定，制定政府购买全民健身公共服务的目录、办法及实施细则，加大对基层健身组织和健身赛事活动等的购买比重。完善中央转移支付方式，鼓励和引导地方政府加大对全民健身的财政投入。落实好公益性捐赠税前扣除政策，引导公众对全民健身事业进行捐赠。社会力量通过公益性社会组织或县级以上人民政府及其部门用于全民健身事业的公益性捐赠，符合税法规定的部分，可在计算企业所得税和个人所得税时依法从其应纳税所得额中扣除。

（十二）建立全民健身评价体系。制定全民健身相关规范和评价标准，建立政府、社会、专家等多方力量共同组成的工作平台，采用多层级、多主体、多方位的方式对全民健身发展水平进行立体评估，注重发挥各类媒体的监督作用。把全民健身评价指标纳入精神文明建设以及全国文明城市、文明村镇、文明单位、文明家庭和文明校园创建的内容，将全民健身公共服务相关内容纳入国家基本公共服务和现代公共文化服务体系。进一步明确全民健身发展的核心指标、评价标准和测评方法，为衡量各地全民健身发展水平提供科学依据。出台全国全民健身公共服务体系建设指导标准，鼓励各地结合实际制定全民健身公共服

务体系建设地方标准，推进全民健身基本公共服务均等化、标准化。鼓励各地
依托特色资源，积极创建体育特色城市、体育生活化街道（乡镇）和体育生活
化社区（村）。继续完善全民健身统计制度，做好体育场地普查、国民体质监测
以及全民健身活动状况调查数据分析，结合卫生计生部门的营养与慢性病状况
调查等，推进全民健身科学决策。

（十三）创新全民健身激励机制。搭建更加适应时代发展需求的全民健身激
励平台，拓展激励范围，有效调动城乡基层单位和个人的积极性，发挥典型示
范带动作用。推行《国家体育锻炼标准》，颁发体育锻炼标准证书、证章，有条
件的地方可通过试行向特定人群或在特定时段发放体育健身消费券等方式，建
立多渠道、市场化的全民健身激励机制。鼓励对体育组织、体育场馆、全民健
身品牌赛事和活动等的名称、标志等无形资产的开发和运用，引导开发科技含
量高、拥有自主知识产权的全民健身产品，提高产品附加值。对支持和参与全
民健身、在实施全民健身计划中做出突出贡献的组织机构和个人进行表彰。

（十四）强化全民健身科技创新。制定并实施运动促进健康科技行动计划，
推广"运动是良医"等理念，提高全民健身方法和手段的科技含量。开展国民
体质测试，开发应用国民体质健康监测大数据，研究制定并推广普及健身指导
方案、运动处方库和中国人体育健身活动指南，开展运动风险评估，大力开展
科学健身指导，提高群众的科学健身意识、素养和能力水平。推动移动互联网、
云计算、大数据、物联网等现代信息技术手段与全民健身相结合，建设全民健
身管理资源库、服务资源库和公共服务信息平台，使全民健身服务更加便捷、
高效、精准。利用大数据技术及时分析经常参加体育锻炼人数、体育设施利用
率，进行运动健身效果综合评价，提高全民健身指导水平和全民健身设施监管
效率。推进全民健身场地设施创新，促进全民健身场地设施升级换代，为群众
提供更加便利、科学、安全、灵活、无障碍的健身场地设施。积极支持体育用
品制造业创新发展，采用新技术、新材料、新工艺，提高产品科技含量，增加
产品品种，提升体育用品的质量水平和品牌影响力。鼓励企业参与全民健身科
技创新平台和科学健身指导平台建设，加强全民健身科学研究和科学健身指导。

（十五）加强全民健身人才队伍建设。树立新型全民健身人才观，发挥人才
在推动全民健身中的基础性、先导性作用，努力培养适应全民健身发展需要的
组织、管理、研究、健康指导、志愿服务、宣传推广等方面的人才队伍。创新
全民健身人才培养模式，加大对民间健身领军示范人物的发掘和扶持力度，重
视对基层管理人员和工作人员中榜样人物的培育。将全民健身人才培养与综治、
教育、人力资源社会保障、农业、文化、卫生计生、工会、残联等部门和单位
的人才教育培训相衔接，畅通各类人才培养渠道。加强竞技体育与全民健身人
才队伍的互联互通，形成全民健身与学校体育、竞技体育后备人才培养工作的
良性互动局面，为各类体育人才培养和发挥作用创造条件。发挥互联网等科技
手段在人才培训中的作用，加大对社会化体育健身培训机构的扶持力度。

（十六）完善法律政策保障。推动在《中华人民共和国体育法》修订过程中进一步完善全民健身的相关内容，依法保障公民的体育健身权利。推动加快地方全民健身立法，加强全民健身与精神文明、社区服务、公共文化、健康、卫生、旅游、科技、养老、助残等相关制度建设的统筹协调，完善健身消费政策，将加快全民健身相关产业与消费发展纳入体育产业和其他相关产业政策体系。建立健全全民健身执法机制和执法体系，做好全民健身中的纠纷预防与化解工作，利用社会资源提供多样化的全民健身法律服务。完善规划与土地政策，将体育场地设施用地纳入城乡规划、土地利用总体规划和年度用地计划，合理安排体育用地。鼓励保险机构创新开发与全民健身相关的保险产品，为举办和参与全民健身活动提供全面风险保障。

四、组织实施

（十七）加强组织领导与协调。各地要加强对全民健身事业的组织领导，建立完善实施全民健身计划的组织领导协调机制，确保全民健身国家战略深入推进。要把全民健身公共服务体系建设摆在重要位置，纳入当地国民经济和社会发展规划及基本公共服务发展规划，把相关重点工作纳入政府年度民生实事加以推进和考核，构建功能完善的综合性基层公共服务载体。

（十八）严格过程监管与绩效评估。县级以上地方人民政府要制定本地《全民健身实施计划（2016—2020 年）》，做好任务分工和监督检查，并在 2020 年对《全民健身实施计划（2016—2020 年）》实施情况进行全面评估。建立全民健身公共服务绩效评估指标体系，定期开展第三方评估和社会满意度调查，对重点目标、重大项目的实施进度和全民健身实施计划推进情况进行专项评估，形成包括媒体在内的多方监督机制。